विस्मृत निबन्ध

(हिन्दी के शीर्षस्थानीय लेखकों के निबन्धों का संग्रह)

विस्मृत निबन्ध

सम्पादक

लीलाधर मंडलोई

भारतीय ज्ञानपीठ

लोकोदय ग्रन्थमाला : ग्रन्थांक-1303

ISBN 978-93-263-5555-1

विस्मृत निबन्ध

(निबन्ध संग्रह)

सम्पादक : लीलाधर मंडलोई

संयोजन सहयोग : संजय दुबे

प्रथम संस्करण : 2017

मूल्य : 350 रुपये

प्रकाशक : **भारतीय ज्ञानपीठ**

18, इन्स्टीट्यूशनल एरिया, लोदी रोड, नयी दिल्ली-110 003

मुद्रक : विकास कम्प्यूटर ऐंड प्रिंटर्स, दिल्ली

आवरण-चित्र : लीलाधर मंडलोई

आवरण-सज्जा : चन्द्रकान्त शर्मा

VISMRAT NIBANDH
(Collection of Essays)
Edited by Leeladhar Mandloi

Published by
Bharatiya Jnanpith
18, Institutional Area, Lodi Road, New Delhi-110 003
Ph. : 011-24698417, 24626467; 23241619 (Daryaganj)
Mob. : 9350536020; e-mail : bjnanpith@gmail.com
sales@jnanpith.net; website : www.jnanpith.net

First Edition : 2017
Price : Rs. 350

मेरी बात

खड़ी बोली के इतिहास में निबन्ध की यात्रा ऐतिहासिक है। आज़ादी की लड़ाई के दौरान निबन्ध पहले-पहल अख़बारों का हिस्सा बने। लेखक इस विधा के माध्यम से अपनी बात बड़ी चतुराई से अभिव्यक्त करते थे। उनके भीतर हास्य और व्यंग्य की धारा होती थी और कही गयी बात पाठक तक सम्प्रेषित हो जाती थी। 19वीं सदी से निबन्ध ने अपना आकार लेना शुरू किया। इसका 'फॉर्मलेस फॉर्म' इसे पठनीय बनाता है। इसमें मिथक, रिपोर्ताज, रेखाचित्र, कविता, यात्रा आख्यान आदि कथेतर विधाएँ अपना स्थान सहजता में बना लेती हैं। अर्थात यह विधा फ्यूज़न की अपार सम्भावनाओं से लैस है। ललित से लेकर वैचारिक निबन्धों की यात्रा रोमांच से भरी हुई है। राजाराममोहन राय ने अख़बार में निबन्ध की जगह को लेकर कहा था—''मेरा उद्देश्य यही है कि मैं जनता के सामने ऐसे बौद्धिक निबन्ध उपस्थित करूँ जो उनके अनुभव को बढ़ाएँ और सामाजिक प्रगति में सहायक हों।'' इस तरह निबन्ध पत्रकारिता और साहित्य के बीच की पहली कड़ी बनते हैं। यह यात्रा आज तक जारी है। इस विधा में प्रयोगधर्मिता के नये-नये आयाम प्रकट होते रहते हैं। 19वीं सदी के अख़बार—उदंत मार्तण्ड, विशाल भारत, प्रजामित्र, समाचार सुधावर्षण, भारत मित्र, मतवाला आदि कई अख़बारों में निबन्ध का विकास हुआ। इसके निर्माण और विकास में भारतेन्दु, पं. अम्बिकाप्रसाद वाजपेयी, पराडकर, बालमुकुन्द गुप्त, बाबू शिवपूजन सहाय, मुंशी नवजादिक लाल, निराला, महावीर प्रसाद द्विवेदी, आचार्य रामचन्द्र शुक्ल, गणेश शंकर विद्यार्थी से लेकर प्रेमचन्द, अज्ञेय, परसाई, शरद जोशी, रघुवीर सहाय आदि की अविस्मरणीय भूमिका है। इन लेखकों के प्रयास ने इस विधा को पत्र-पत्रिकाओं में केन्द्रीय बनाया।

प्रस्तुत किताब में संस्कृति सभ्यता से सम्बन्धित कुछ दुर्लभ विस्मृत निबन्ध हैं। इन निबन्धों को पढ़ते हुए आप निबन्ध की अबाध-अविराम यात्रा का अनुभव कर सकेंगे। यह शिक्षक और छात्रवर्ग के लिए महत्त्वपूर्ण उपयोगी संचयन है। इस कृति में आप समय, समाज, संस्कृति और सभ्यता के सूक्ष्म सन्दर्भों से रूबरू हो

सकेंगे। निबन्धों की बनती हुई भाषा का विरल आस्वाद यहाँ पूरे गौरव के साथ उपस्थित है। चुस्त वाक्य संरचनाओं का सौन्दर्य यहाँ चमकता हुआ दिखेगा। वरिष्ठतम से वरिष्ठ पीढ़ी के 43 लेखक यहाँ पहली बार उपस्थित हैं। कदाचित इसे अपनी तरह का इधर छपनेवाला विरला विनम्र प्रयास कहा जा सकता है। प्रकाशित लेखकों की सूची इस तथ्य को संकेतित करेगी कि 21वीं सदी को निबन्ध की ऐतिहासिक यात्रा से जोड़ना कितना उपयोगी कर्म है।

विशेषकर विद्यार्थियों और पाठकों के लिए यह अनुपम उपहार है। आशा है आपके निजी और सार्वजनिक संग्रहालयों के लिए यह अपरिहार्य किताब होगी।

—लीलाधर मंडलोई

अनुक्रम

अयोध्यासिंह उपाध्याय

साहित्य सर्वस्य

साहित्य शब्द का जो शाब्दिक अर्थ है, वह स्वयं बहुत व्यापक है, उसको संकुचित अर्थ में ग्रहण करना संगत नहीं। साहित्य समाज का जीवन है, वह उसके उत्थान-पतन का साधन है, साहित्य के उन्नत होने से उन्नत, उसके पतन से समाज पतित होता है। साहित्य वह आलोक है जो देश को अन्धकार-रहित, जाति-मुख को उज्ज्वल और समाज के प्रभाहीन नेत्रों को सप्रभ रखता है। वह सबल जाति का बल, सजीव जाति का जीवन, उत्साहित जाति का उत्साह, पराक्रमी जाति का पराक्रम, अध्यवसायशील जाति का अध्यवसाय, साहसी जाति का साहस और कर्तव्य-परायण जाति का कर्तव्य है।

वह धर्म-भाव जो भव-भावनाओं का विभव है, वह ज्ञान-गरिमा जो गौरव-कामुक को सगौरव करती है, वह विचार-परम्परा जो विचारशीलता की शिला है, वह धारणा जो धरणी में सजीव जीव-धारणा का आधार है, वह प्रतिभा जो अलौकिक प्रतिभा से प्रतिभासित हो, पतितों को उठाती है, लोचनहीन को लोचन देती है और निरवलम्ब का अवलम्बन होती है, वह कविता जो सूक्ति-समूह की प्रसविता हो संसार ही सारवत्ता बतलाती है, वह कल्पना जो कामद कल्पलतिका बन सुधाफल फलाती है, वह रचना जो रुचिर-रुचि-सहकारी है, वह ध्वनि जो स्वर्गीय ध्वनि से देश को ध्वनित बनाती है, वह सजीवता जो निर्जीवता-संजीवनी है वह साधना जो समस्त सिद्धि का साधन है, वह चातुरी जो चतुर्वर्ग-जननी है, वह चारु चरितावली जो जाति चेतना और चेतावनी की परिचालिका है—जब हमारे साहित्य का सर्वस्य थी, उस समय हम पर पवित्र वेदों का आविर्भाव हुआ, हमने अनुपम उपनिषदों की रचना की, दर्शनों के दर्शन कराये, सूत्रों को रचकर समाज को एक सूत्र में बाँधा, आदर्श-चरित के आदर्श रमणीय वाल्मीकि रामायण को बनाया, और अशेष ज्ञान-भंडार महाभारत जैसे महान ग्रन्थ को निर्मित कर भारत का मुख उज्ज्वल किया।

हमारे त्रिदेवों में त्रिलोकपति की सृजन, पालन, संहार-सम्बन्धिनी त्रिशक्ति का अद्‌भुत विकास है। ब्रह्मदेव चतुर्मुख, अथवा चतुर्वेद-रचयिता, ललाट-फलक-लिपि-विधाता और समस्त विधिविधान-सर्वस्व है। उनको शक्ति-वीणा झंकार जीवनमृत-जीवन-संचारिणी और उनकी वाग्देवी विविध विद्या-स्वरूप है। भगवान विभु चतुर्भुज हैं, चार हाथों से समस्त लोक का लालन-पालन करते हैं, वे क्षीरनिधि-निकेतन हैं, इसीलिए स्तनपायी जीवमात्र को प्रतिदिन क्षीरपान कराते रहते हैं; वे विश्वम्भर हैं, इसीलिए उनकी विश्वम्भरी शक्ति ब्रह्मस्तम्भ-पर्यन्त का प्रतिफल पालन-पोषण करती है। भगवान भूतनाथ की मूर्ति बड़ी भावमयी है, वह बतलाती है, संसार-हित के लिए अवसर आने पर गरल पान कर लो, परन्तु जो कुसुम-सायक बनकर मर्मवेधी बाण प्रहार करता है उसका संहार अवश्य करो; लोक-लाभ के निमित्त आकाश निपतित कठोर जलपात शिर पर वहन करो, पर उरगों की उरगता निवारण करने से मत चूको। शक्ति कितनी ही प्रचंड हो, दो क्या उसको दस भुजाएँ क्यों न हों, परन्तु अपने साधनबल से उसे भी अंग-मुक्त किये बिना मत छोड़ो। हमारा साहित्य जब इस मर्मभरी भाषा में बतलाता था और हममें उसके समझने की मार्मिकता थी—उस समय हम पृथ्वी को दुहते थे, समुद्र को मथकर चौदह रत्न निकालते थे, पंचभूत पर शासन करते थे, व्योमयानों द्वारा आकाश में उड़ते थे, समुद्र पर पुल बनाते थे, पहाड़ को कानी उँगली पर नचाते थे, देह होते विदेह थे, राज प्रासाद में रहकर गृह-संन्यासी थे, कायाकल्प करते थे, और राजत्यागी होकर भी कृपा पात्र को राजपद पर प्रतिष्ठित कर देते थे। अध्यात्म शक्ति इतनी प्रबल थी कि असीम पयोधिजल को गंडूष-जल समझते थे, पर्वत को नतमस्तक कर देते थे और चक्रवर्ती भूपाल के रत्न-मंडित मुकुट को पद-रज द्वारा आरंजित बनाते थे।

कहते व्यथा होती है कि कुछ कालोपरान्त हमारे ये दिन नहीं रहे—हम में प्रतिकूल परिवर्तन हुए और हमारे साहित्य में केवल शान्त और शृंगार रस की धारा प्रबल वेग से बहने लगी। शान्त रस की धारा ने हमको आवश्यकता से अधिक शान्त और उसके संसार की असारता के राग ने हमें सर्वथा सारहीन बना दिया। शृंगार रस की धारा ने भी हमारा अल्प अपकार नहीं किया, उसने भी हमें कामिनी-कुल-शृंगार का लोलुप बनाकर समुन्नति के समुच्च शृंग से अवनति के विशाल गर्त में गिरा दिया। इस समय हम अपनी किंकर्तव्यविमूढ़ता, अकर्मण्यता, अकार्य्यपटुता को साधुता के परदे में छिपाने लगे और हमारी विलासिता, इन्द्रिय-परायणता, मानसिक मलिनता भक्ति के रूप में प्रकट होने लगी। इधर निराकार की निराकारता में रत होकर कितने सब प्रकार बेकार हो गये, उधर आराध्यदेव भगवान वासुदेव और परम आराधनीया राधिका देवी की आराधना के बहाने पावन प्रेम-पंथ कलंकित होने लगा। न तो लोकपावन भगवान श्रीकृष्ण लौकिक प्रेम के प्रेमिक हैं, न तो वंदनीया

वृषभानुनन्दिनी कामनामयी प्रेमिका; न तो भुवनाभिराम वृन्दावनधाम अवैध विलास-वसुन्धरा है, न कल-कल-वाहिनी कलिन्द-नन्दिनी कूल कामकेलि का स्थान। किन्तु, अनधिकारी हाथों में पड़कर वे वैसे ही चित्रित किये गये हैं। कतिपय महात्माओं और भावुक जनों को छोड़कर अधिकांश ऐसे अनधिकारी ही हैं, और इसीलिए उनकी रचनाओं से जनता पथच्युत हुई। केहरि पत्नी के दुग्ध का अधिकारी स्वर्णपात्र है, अन्य पात्र उसको पाकर अपनी अपात्रता प्रकट करेगा। मध्यकाल से लेकर इस शताब्दी के आरम्भ तक का हिन्दी-साहित्य उठाकर आप देखें, वह केवल विलास का क्रीड़ा-क्षेत्र और काम-वासनाओं का उद्‌गार मात्र है। सन्तों की बाणी और कतिपय दूसरे ग्रन्थ अवश्य इसके अपवाद हैं। ऐसा ग्रन्थ जो हिन्दू जाति का जीवनसर्वस्व, उन्नायक और कल्पतरु है, जो आदर्श चरित का भंडार, और सद्‌गुणव-रत्नों को रत्नागर है, जो आज दस करोड़ से भी अधिक हिन्दुओं का सत्पथ-प्रदर्शक है, यदि है तो रामचरितमानस है, और वह गोस्वामी जी के महान तप का फल है। कुछ ग्रन्थ हिन्दी भाषा में नीति और सद्विचार-सम्बन्धी और हैं; किन्तु उनकी संख्या बहुत थोड़ी है।

न वह साहित्य साहित्य है, न वह कल्पना, जिसमें जातीय भावों का उद्‌गार न हो। जिन काव्यों, ग्रन्थों को पढ़कर जीवनी शक्ति जागरित नहीं होती, निर्जीव धमनियों में गरम रक्त का संचार नहीं होता, हृदय में देश-प्रेम-तरंगें तरंगित नहीं होतीं, वे केवल निस्सार वाक्य-समूह मात्र हैं। जो भाव देश को, जाति को, समाज को स्वर्गीय विभव से भर देते हैं, उनमें अनिर्वचनीय ज्योति जगा देते हैं, उनको स्वावलम्बी, स्वतन्त्र, स्वधर्मरत और स्वकीय कर देते हैं, यदि वे भाव किसी उक्ति की सम्पत्ति नहीं, तो वह मौक्तिक हीन शक्ति है। जिसमें मनुष्य जीवन की जीवन्त सत्ता नहीं, जो प्रकृति के पुण्य पाठ की पीठ नहीं, जिसमें चारुचरित चित्रित नहीं, मानवता का मधुर राग नहीं, सजीवता का सुन्दर स्वाँग नहीं, वह कविता सलिल रहित सरिता है। जिसमें सुन्दरता विकसित नहीं, मधुरता मुखरित नहीं, सरसता विलसित नहीं, प्रतिभा प्रतिफलित नहीं, वह कवि-रचना कुकवि-वचनावली है। जो गद्य अथवा पद्य जाति की आँखें खोलता है, पते की सुना राह पर लगाता है, मर्मवेधी बातें कह सावधान बनाता है, चूकें दिखा चौकन्ना करता है, चुटकियाँ ले सोते को जगाता है, वह इस योग्य है कि सोने के अक्षरों में लिखा जावे, वह अमृत है जो मरतों को जिलाता है। हिन्दी में ऐसे गद्य-पद्य विरल हैं।

❑

आनन्द नारायण शर्मा

हिन्दी कविता में प्रकृति चित्रण

सृष्टि के आरम्भ से ही मानव-समाज का प्रकृति से गहरा सम्बन्ध रहा है। डार्विन के विकासवाद के सिद्धान्त को यदि हम न भी मानें, तब भी यह तो मानना ही पड़ेगा कि अपनी आदिम अवस्था में मनुष्य बहुत कुछ अंशों में जंगली जैसा था। प्रकृति के खुले मैदान में रहना और सीधे प्राकृतिक उपादानों से ही अपनी खाद्य-सामग्री ग्रहण करना उसने जाना था। प्रकृति से उसका सम्पर्क बहुत निकट था। वह उससे घिरा हुआ था। लेकिन वन, पर्वत, कन्दराओं, उपत्यकाओं द्वारा जहाँ वह पोषित तथा रक्षित था, वहीं ज्वालामुखी के विस्फोट, दावाग्नि, घनघोर वृष्टि द्वारा भक्षित भी। बड़ी-बड़ी नदियाँ न केवल अपने उभय कूलों को प्लावित कर कृषि के योग्य जमीन तैयार करती थीं, अपितु अपनी सबल धारा से सैकड़ों बस्तियों का संहार भी कर देती थीं। प्रकृति के प्रकोप से बचने के लिए अब आज की तरह सुलभ साधन तो थे नहीं, इसलिए आदिम मानव के हृदय में प्राकृतिक उपादानों के प्रति पूजा की आस्था थी और भय का भाव भी। सम्भव है, भय ही पूजा का कारण हो। और उसने इनके एक-एक कल्पित देवता मान कर अर्चना आरम्भ कर दी। प्रकाश, अन्धकार, हवा, आग और पानी के लिए मित्र, वरुण, सूर्य, पवन, अग्नि, सविता, पूषण, इन्द्र आदि की कल्पना उसी युग की याद दिलाती है। स्मरण रहे, ये देवता उस आदि वैदिक काल के हैं जब त्रिदेवता (ब्रह्मा, विष्णु, महेश) की भी उत्पत्ति नहीं हुई थी।

यह नहीं कि प्रकृति की उपयोगिता ने ही केवल मानव मन को प्रभावित किया था। निश्चय ही उसके सौन्दर्य ने उसे आकृष्ट किया होगा। प्रकृति के रमणीय दृश्य, ऊषा की स्निग्ध छटा, सान्ध्यकालीन समुद्र तट पर समीर की मन्थर गति, पावस के इन्द्रधनुष का सतरंगा आलोक सदा मनुष्य के हृदय में उल्लास का स्रोत बहाते रहे हैं। ऋग्वेद की—

> एषा दिवो दुहिता प्रत्यदर्शि व्युच्छन्ती युवतिः शुक्रवासाः।
> प्रबोधमन्त्यरुणोभिरश्वैरुषाऽऽभाति सुभुजा स्थेन॥

जैसी सौन्दर्यानुभूतिपरक पंक्तियों को निरे उपयोगितावाद की कसौटी पर

कसना उनके साथ अन्याय करना होगा। प्रगतिशील शब्दों में ही कहें तो मानव-तन की भूख ही सब कुछ नहीं। उस जमाने में मन की भूख उतनी ही बलवती होगी, जितनी आज है। इन्हीं कारणों से प्रकृति ने मनुष्य के जीवन में अपना एक महत्त्वपूर्ण स्थान बना लिया और जब उसकी भावनाएँ हृदय की कारा तोड़कर बाहर निकलीं, विचारों ने वाणी पाई, अनायास ही प्रकृति के चित्रों का उसमें समावेश हो गया। वाल्मीकि या हिन्दी के ही आदि कवियों ने प्रकृति का चित्रण इसी रूप में किया है। प्राकृतिक दृश्यों के निरीक्षण से उसके मन में जो आनन्द उत्पन्न होता हुआ, उसको उन्होंने जैसा-का-तैसा वर्णित कर दिया है। अपनी ओर से उसमें कुछ नहीं मिलाया। संस्कृत वालों को छोड़ दें तो हिन्दी के सिद्ध और वीरगाथा कालों में भी इसके अनेक उदाहरण मिल जाएँगे।

किन्तु सभ्यता के विकास के साथ ही मानव के भावों में भिन्नता आती गयी। उसने क्रमश: जटिल बना दिया मानव-मस्तिष्क को। अब उसमें सरोवरों के शान्त जल जैसी स्वच्छता, स्थिरता न रह गयी। वह प्रकृति में अपने हृदयगत भावों को प्रकृति अपने सुखों के साथ हँसती और दुखों के साथ रोती दिखलाई देती थी। जायसी के पद्मावत में सारी प्रकृति का पुरुष से समागम के हेतु श्रृंगार, उत्कंठा या विरह-विकलता का चित्रण है। कुछ बाद की कविता में ऐसे ही वर्णनों का आधिक्य है, मनोवैज्ञानिक घात-प्रतिघातों का साम्राज्य है।

और आगे बढ़ने पर प्रकृति से पृष्ठभूमि तथा उद्दीपन का काम लिया गया मिलेगा। किसी घटना का पूर्वाभास या उसके बाद की अवस्था दिखलाने के लिए भी प्रकृति की आवश्यकता होती है। श्रृगाल या उल्लू का अपशकुन के लिए बाधा प्रयोग होता है। बेर का वृक्ष अशुभ माना जाता है, सहकार शुभ। दृश्यों की इस प्रकार की मनोवैज्ञानिक योजना द्वारा प्रभाव और प्रेषणीयता में बहुत वृद्धि हो जाती है। राम-वन गमन के समय अयोध्या में शोक का व्यापक प्रसार हो गया था। तुलसी ने वहाँ प्रकृति को भी रोता हुआ चित्रित किया है। क्या जड़ क्या चेतन उस समय सभी राम के वियोग में विलाप करते हैं। सूर ने भी कृष्ण के ब्रज छोड़ते समय कुछ ऐसी ही दशा दिखलाई है। यहाँ तक आते-न-आते प्रकृति का निजी महत्त्व बहुत कम हो जाता है एवं उसकी स्वतन्त्र-सत्ता समाप्त होने लगती है। उसके सारे क्रिया-कलाप अपने न रहकर मानव-मस्तिष्क के अधीन हो जाते हैं।

चौथे प्रकार के प्रकृति-चित्रण में प्रकृति के नाना रूपों का प्रयोग केवल उपमा या उदाहरण के लिए होता है। इस कोटि की कविताएँ हिन्दी में सबसे अधिक मात्रा में मिलती हैं। कहने को तो इस शैली की उद्‌भावना वीरगाथा-काल में ही हो चुकी थी, क्योंकि 'पृथ्वीराज रासो' में—

अलसंग नयन भयनं मुदित, रुदित अनंगह अंग तिहि।

आनी सुमन्त आरम्भ वर, भूलत देखत देह जिहि॥

जैसी पंक्तियाँ मिलती हैं, पर रीति-काल वालों ने तो इस दिशा में कमाल ही कर दिया। जहाँ कहीं नायक नायिका की सुन्दरता का वर्णन करना हुआ, बस लीजिए, उपमानों की झड़ी लगा दी गयी, जैसे वर्णित व्यक्ति के अंग अपने में कोई महत्त्व ही न रखते हों। 'मुख-कमल' और 'मुख-चन्द्र' का रूपक कविता के आदिकाल से चला आ रहा है। तुलसीदास तक इस परम्परा का मोह न छोड़ सके। एक ही पंक्ति में एक उपमान चार-चार उपमेयों के साथ लाया गया है—

नवकंज-लोचन कंज-मुख कर-कंज पद-कंजारुणम्।

और रीति काल का तो कहना ही क्या! आँखों के लिए कमल, नाक के लिए शुक, दाँतों के लिए कुन्दकली, बाँहों के लिए मृणाल, जाँघों के लिए कदलीस्तम्भ, वेणी के लिए सर्प, चाल के लिए गज का तात्पर्य यह है कि हर अंग के लिए प्रकृति से उन लोगो ने उपमान ग्रहण किए। इनका प्रचलन इतना बढ़ा कि उपमाओं की झड़ी-सी लगा दी गयी। अतएव आज भी अलंकारों में उपमान का स्थान सर्वप्रथम है। रीतिकालीन कविता में इसके उदाहरण पग-पग पर पड़े मिलेंगे। ऐसी बाढ़ है कि उपयुक्तता-अनुपयुक्ता का ध्यान भी बह-सा गया है। श्रीपति कवि कहते हैं—

गोरी गरबोली तेरे गात की गुराई आगे,
चपला-निकाई अति लागत सहल-सी।

इसे यदि केवल 'व्यतिरेक' अलंकार का उदाहरण माना जाए तब तो कोई बात नहीं, मगर जरा भी गौर करने पर गात की गुराई की चपला की चमक से उपमा देना अनुचित लगेगा। इसी तरह "नित-प्रति पूनों ही रहत आनन ओप उजास" में भी चमत्कार भले ही हो, कवि मात्रा नहीं के बराबर है। फिर क्यों न?

खिड़की से मत झाँकियो चन्द्रवदनि अभिराम।
नहीं फेल कर जाएगा ब्लैक और प्रोग्राम॥

को भी सत्कविता की उपाधि दे दी जाए। रीतिकालीन कुछेक कवियों ने प्रकृति से उद्दीपन विभाव का भी काम लिया है। कहीं तो ये विभाव इतने छा गये हैं कि केवल उन्हीं से रस की निष्पत्ति भी मान ली जाती है। उदाहरणार्थ शृंगार का एक विभाव—

नभ में घनघोर से स्याम घटा, अति जोर भरी घहरान लगी।
पिक, चातक, मोरन की धुनि हूँ, चहुँ ओरन धूम मचान लगी॥
मलयानिल सीतल मन्द अली, मदनानल को धधकान लगी।
निरखै किन पीतम पाय परे, रहि है कबलौं अब मान-पगी॥

बहुत से कवि उपदेश देने के लिए भी प्रकृति का सहारा लेते हैं। उपदेश देने या दार्शनिक तत्त्वों का समावेश करने में इस बात का सदा ध्यान रखना होता है कि

कल्पना मनमाना काम न करने पाए। साधर्म्य का आरम्भ होना अनिवार्य है। तुलसीदास ने वर्षा और शरद ऋतु के वर्णन के साथ बहुत-से उपदेश दिए हैं। चित्रकूट की पयस्विनी नदी का मानस में वर्णन कवि के मानसिक विचारों का ही द्योतक है। दो-एक उदाहरण किष्किन्धा-कांड से—

दामिनि दमक रह न घनमाहीं। खलकै प्रीति जथा थिरु नाहीं॥
बरखहिं जलद भूमि नियराए। जथा नवहिं बुध विद्या पाए॥
बूँद अघात सहहिं गिरि कैसे। खल के बचन सन्त सह जैसे॥
क्षुद्र नदी भरि चली तोराई। जस थोरेहु धन खल बौराई॥
पंक न रेनु सोह अस धरनी। नीति-निपुन नृपकै जस करनी॥

प्राकृतिक उपादानों को लेकर संस्कृत-हिन्दी में बहुत-सी 'कविप्रसिद्धियाँ' चल पड़ी हैं। इनमें से अधिकांश वस्तु-जगत में नहीं देखी जातीं, कुछ भव्यार्थक विपरीत होती हैं और कुछ पर तो वास्तव में हँसी आती है। संस्कृत के आचार्यों ने इनका बड़ा विशद विवेचन-विश्लेषण किया है। लेकिन हिन्दी में सीधे संस्कृत से गृहण कर ली गयी हैं। वृक्षों, पुष्पों के सम्बन्ध में कुछ कवि-प्रसिद्धियाँ यों हैं—सुन्दरियों के पटु मृदु हास्य से चम्पा, क्षणमात्र से तिलक, स्पर्श से प्रियंगु, नर्मवाक्य से मन्दार, मुख-मदिरा से सिंचकर बकुल और सहकार, आलिंगन से कुरवक, पदाघातों से अशोक और सामने नृत्य करने से कर्णिकार विकसित और पुष्पित होते हैं। इनमें कल्पना को छूटकर उड़ान भरने का अवसर दिया है। कुछ ऐसे 'कविसमय' हैं जो सूक्ष्म निरीक्षण-शक्ति के अभाव में चल पड़े हैं; जैसे अशोक, चन्दन, बेंत आदि में फल-फूल नहीं लगते, ऐसा माना जाता है। गोसाईंजी ने स्पष्ट 'फूलै फलै न बेंत, जदपि सुधा बरसहिं जलद' लिखा है। पर सत्यता इसके विपरीत है। कोकिला केवल वसन्त में बोलना और चकोर का अंगार खाना भी ऐसी ही भ्रान्तियाँ हैं। कविता में प्रकृति से किनाराकशी ठीक नहीं, पर उसे इस प्रकार अनुचित ढंग से भी न घसीटना चाहिए। आज के वैज्ञानिक युग में इस तरह के वर्णन हास्यप्रद ही कहे जाएँगे। इसलिए अब इनका प्रचलन भी कम हो गया है। फिर भी ये रीति-काल के प्रकृति-चित्रण के एक महत्त्वपूर्ण अंश हैं, जहाँ इनमें आचार्यों ने अपनी सारी कला खर्च कर दी है। उन्होंने प्रकृति को दूर से देखा है, उससे साहचर्य नहीं स्थापित किया।

आधुनिक युग के आरम्भ के साथ ही प्रकृति-चित्रण के तरीके भी बदल जाते हैं। खड़ी बोली के कवियों ने प्राकृतिक वस्तुओं को उपमान बनाकर उनकी माला गूँथने की अपेक्षा उनका स्वतन्त्र चित्रण करना ही श्रेयस्कर समझा। प्रकृति, जो मनुष्य के चारों ओर आज भी अपनी राशि-राशि सुन्दरता बिखेरती हुई निष्प्रयास निष्प्रयोजन नहीं, बिखरी पड़ी है एकदम अस्तित्वहीन, स्पन्दनशून्य नहीं है। फिर क्यों उसे

अचेतन-निष्प्राण की तरह चित्रित किया जाए। जबकि गत्यात्मकता आज के युग की पहली शर्त है। फलतः नवयुग के प्रकृति-चित्रण में दो ही प्रकार के चित्र अधिक निकलेंगे चाहे कैमरे से लिया हुआ एक दृश्य का स्नैप या चलचित्रों की रवानी, जिसमें जीवन की गति हो। खड़ी बोली की कविता के प्रादुर्भाव काल में, जब गत्यात्मक चित्रों की ओर कलाकारों का ध्यान नहीं गया था अथवा उन्हें शब्दों में उतारने की शक्ति उनके पास नहीं थी, उसकी स्टैटिक सुन्दरता, जो गतिशील न होकर भी सजीव थी, कविता का विषय बनी। भारतेन्दु, श्रीधर पाठक आदि में हम वही पाते हैं। खड़ी बोली के पहले महाकाव्य 'प्रियप्रवास' का आरम्भ भी एक ऐसे ही वर्णन से होता है—

दिवस का अवसान समीप था, गगन था कुछ लोहित हो चला।
तरु शिखा पर थी अब राजती कमलिनी-कुल-वल्लभ की प्रभा॥

यह प्रकृति का एक निष्कलुष चित्र है। इसमें अपनी ओर से कवि ने उसे न तो कुछ दिया है, न उसकी सजीवता ही हरण की है। गुप्त जी के काव्य में भी ऐसे चित्रण प्रचुर मात्रा में मिलेंगे।

छायावादी युग ने प्राकृतिक दृश्यों के चित्रण को एक नयी दिशा दी है। छायावाद एक शब्द में प्रकृति-काव्य है। उसमें प्रतीकवादी विधान अपनाया जाता है। उसकी अधिकांश लक्षणाएँ और व्यंजनाएँ प्रकृति से सम्बद्ध हैं। प्रकृति की सूक्ष्म भावनाओं के मूर्त्त लाक्षणिक रूप से छायावाद की कविता अनुप्राणित हुई है। उसकी व्यंजनाओं में प्रकृति के मूक दृश्यों ने वाणी पाई है। उसके शब्दों में उसका संगीत मुखर हो उठा है। लहर, हिलोर, तरंग, वीचि और उर्मिका अन्तर पहली बार छायावाद ने ही परखा; सन्ध्या की झुटपुट बेला में, बाँसों के झुरमुट में, 'टी वी टुट टुटु' चहकती चिड़िया की ओर पहली बार उसी की नजर गयी। प्रसाद ने प्रकृति के वासनात्मक पहलू को अपनाकर उस पर गीत लिखे हैं। प्रकृति से जिस प्रकार का इन्द्रियग्राह्य सुख-दुख उन्हें प्राप्त हुआ, उसे उन्होंने ज्यों का त्यों वर्णित किया है। विराट को सीमा में बाँधने की शक्ति उनमें ही थी। 'कामायनी' में प्रकृति के विविध रूपों के अनुपम चित्र उतारे गये हैं। जहाँ मिट्टी की कठोर वस्तुवादी मान्यताओं से पलायन कर प्रकृति की गोद में उन्होंने शान्ति पाई है, वहीं उससे आगे बढ़ने, कर्म करने की प्रेरणा भी ली है।

पन्त किसी समय प्रकृति के ही कवि थे। हिन्दी को जितने अधिक प्राकृतिक चित्र उन्होंने दिए हैं, उतने शायद ही किसी दूसरे कवि द्वारा मिले हों। पर पन्त की सबसे बड़ी कमजोरी यह है कि वह प्रसाद या महादेव की तरह तह में नहीं बैठ सकते। उन्हें डूबने का गम है और 'सतह की चल जल माली' ही ज्यादा भाती है। यह उनकी अचेतन स्वीकारोक्ति है। इसलिए उनमें मुग्ध करने की शक्ति अधिक

है; वह रुककर कुछ देर सोचने को बाध्य नहीं करते। कहीं-कहीं उन्होंने प्रकृति को बहुत अधिक मूर्तिमान कर दिया है। एक उदाहरण—

कौन, कौन तुम परिहतवसना महलानमना भू-पतिता-सी?
धूलि-धूसरा मुक्त-कुन्तला किसके चरणों की दासी?
अहा! अभागिनि हो तुम मुझसी सजनि, ध्यान में अब आया,
तुम इस तरु की छाया हो मैं उनके पद की छाया!

इस प्रकार की कविता समस्त रीति-युग में एक भी नहीं मिलेगी। उस समय यह सम्भव ही न थी। बाद की कुछ प्रगतिवादी कविताओं में पन्त ने प्राकृतिक उपादानों से प्रतीकों का काम लिया है। मेरा आशय 'द्रुत झरो जगत के जीर्ण पत्र', 'गा कोकिल' तथा 'स्वर्णधूलि' में अपराजिता भाषा के साथ चित्रमयी कल्पना निखर रही है।

निराला के चित्रों में दार्शनिकता का अधिक समावेश हुआ है। निराला ध्वनि को बहुत ही महत्त्वपूर्ण स्थान देते हैं। वह किसी बात को सीधी तरह न कहकर एक समाँ बाँध देते हैं, एक वातावरण उपस्थित कर देते हैं, जिन पर पाठक सहसा दो क्षण सोचने को बाध्य हो जाता है। यही उनकी कला की सफलता है। 'तुलसीदास' में प्रकृति सदैव कुछ कहती-सी जान पड़ती है। एक दूसरा चित्र सन्ध्या का कितना शान्तिमय कितना सजेस्टिव है, देखिए—

आता चल रवि, जल छल-छल, स्तब्ध विश्वकवि, जोवन उन्मन।
मन्द पवन बहती सुधि रह-रह, परिमल की कह कथा पुरातन॥

इसे देखकर वर्ड्सवर्थ की ये पंक्तियाँ जो पुनः-पुनः प्रशंसित हो चुकी हैं सहसा याद आ जाती हैं—

It is a beauteous evening Calm and three,
The holy time is quiet as a Num
Breathless With adoration the broad Sum
Is sinking down in its tranquility.

कहीं-कहीं प्रकृति-चित्रण में निराला जी रवीन्द्र से होड़ लेते-से दीखते हैं।

महादेवी के काव्य में प्रकृति का चित्रण उद्दीपन स्वरूप होता है। उन्होंने अपने अनन्त विरह को प्रकृति के साथ मिलाकर एकाकार कर दिया है। उनका प्रिय सदैव प्रकृति के धुँधले चित्रों में छिपा रहता है उसे खोजने के निमित वह उसके पट को उघारती जाती है। दीपशिखा की भूमिका में उन्होंने लिखा है, ''प्रकृति का शान्त रूप जैसे मेरे हृदय को चंचल लय से भर देता है, उसका रौद्र रूप वैसे ही आत्मा को प्रशान्त अस्थिरता देता है। अस्थिर रौद्रता की प्रतिक्रिया ही सम्भवतः मेरी एकाग्रता का कारण रहती है। मेरे अन्तर्मुखी गीतों में तो यह एकाग्रता ही व्यक्त हो सकती है। परन्तु चित्रों में उनका बाह्य आवरण भी चित्रित हो सका है। मेरे निकट आँधी,

तूफान, बादल, समुद्र आदि कुछ ऐसे विषय हैं, जिन पर चित्र बनाना अनायास और बना लेने पर आनन्द स्थायी होता है।'' उनका प्रकृति-चित्रण यथार्थ का प्रतिबिम्ब न होकर स्थूलगत सूक्ष्म का भावक है।

प्रकृति की तस्वीर उतारने वाले कवियों में बच्चन और नेपाली मुख्य हैं। व्यक्ति की प्रधानता जितनी बच्चन की कविता में है, आधुनिक युग के किसी अन्य कवि की कविता में उतनी नहीं। व्यक्ति, उसके मनोभाव और फिर उसकी चहार-दीवारी—बच्चन को बस इतने की ही आवश्यकता है। इसलिए वह प्रकृति को कहीं और कभी नहीं छोड़ सके हैं। प्रकृति में बराबर उन्होंने अपनी मन:स्थिति का विश्लेषण पाया है। वह उनके सारे कार्य-व्यापारों की साक्षिणी है। अपनी इधर की रचनाओं में उन्होंने प्रकृति के वासनात्मक पहलू को ही अपनाया है। 'मिलन यामिनी' के कुछ गीत सचमुच बहुत सुन्दर उतरे। एक ओर जहाँ उनमें 'प्रिय शेष बहुत है रात, अभी मत जाओ!' की उद्दाम वासना और आकर्षण है तो दूसरी ओर 'कुदिन लगा, सरोजिनी सजा न सर' और 'मैं गाता हूँ इसलिए कि पूरब से सुरभित जो सोना शुभ्र-सलोना नित्य बरसता है, उसको कोई बस प्रातकिरण मत कह बैठे।' की दुर्दुम अनुरक्ति भी। 'प्रहार शीत वात का हुआ निठुर' आदि कुछ प्रगीतों में सांकेतिकता का प्रयोग बेजोड़ है। नेपाली तो जैसे रूप और रूप से अधिक प्रकृति कवि हैं। उन्होंने प्रकृति की रमणीयता को गीत-चित्रों में बाँधा है। जैसे हम कोई अत्यन्त मनोरम दृश्य देखकर उसका एक स्नैप ले लेते हैं, वैसे ही नेपाली की आँखें कैमरे की आँख हैं। उनके चित्रों में गति तो नहीं मिलेगी; पर रंगों की विविधता दर्शनीय हो जाती है। और रंग भरने की कला में उन्हें इतना कमाल हासिल है कि कभी वह पुनरारोप नहीं होने देते। 'नवीन' में उनकी कविता का नया निखार है। अपनी नयी दिशा में वह पूरे सफल हैं। दो-एक कल्पनाएँ—

दो मेघ मिले हौले-हौले, बरसाकर दो-दो फूल चले।
उषा ने मले अबीर-गुलाल, कमल के गाल लाल कर दिये॥

प्रतिवादियों का प्रकृति-निरीक्षण छायावादियों और रोमांटिकों से तत्त्वत: भिन्न है। जहाँ रोमांटिक कवि प्रकृति के सुनहले पक्ष को देखकर ही उससे आनन्द की अनुभूति प्राप्त करता था, वहाँ प्रगतिवादी कवि उसके कुरूप-रूप की ओर भी आकृष्ट हुआ और उसमें भी उसने सुन्दरता पाई है—

कूड़ा-करकट जो कुछ भूपर, सब कुछ सार्थक सब कुछ सुन्दर!

प्रगतिवाद की वर्तमान प्रचलित व्याख्या को मार्क्स का व्यवहारिक साहित्यिक रूप मानना अनुचित न होगा। मार्क्सवाद को आधुनिक समाज-व्यवस्था से सन्तोष नहीं। वह सृष्टि का पुनर्निर्माण चाहता है। जो कुछ प्राचीन और रूढ़िवादी है उन सबको तोड़-फोड़कर वह नयी दुनिया नये सिरे गढ़ा चाहता है। उसकी दृष्टि में

साहित्य आईना नहीं, हथौड़ा है (ट्राटस्की)। उसका चित्रण कल्पना से दूर विशुद्ध यथार्थवादी होता है। पन्त की 'युगवाणी' और 'ग्राम्या' तो प्रगतिवाद का जयघोष ही हैं। इनमें वह अपनी मूर्ति-विधायनी शक्ति छोड़ सादे पेंसिल स्केच बनाते दिखते हैं। तुच्छता में गौरव-दर्शन की प्रवृत्ति ने निराला के विचारों में भी क्रान्ति ला दी है, जिसके परिणामस्वरूप उन्होंने कुरूप 'कुकुरमुत्ता' का भी चित्र दिया है।

यह विचारणीय है कि इन दिनों हमारे अधिकांश कवि गाँवों में न रहकर बड़े-बड़े शहरों में रहते हैं। फलतः उन्हें नगर-सुलभ दृश्य ही अधिकतर देखने को मिलते हैं। उनके सामने प्रकृति को वन-उपवनों, मुक्त आकाश में देखने की अपेक्षा खिड़की से अपने घर के सामने कृत्रिम रूप से लगाए गये गमले की गुलदाउदी और स्वीट पी को ही देखने का अवसर ज्यादा रहता है। वे तरुगुल्मादि आच्छादित शैल-शृंगों का गगन-चुम्बन देखने की अपेक्षा पास के कारखाने की चिमनी से उठता हुआ धुआँ ही देखा करते हैं। अतः दिनो-दिन हिन्दी-कविता से प्रकृति-चित्रण दूर होता जा रहा है। जहाँ है भी वह एक बहुत संकुचित वातावरण के चित्र के रूप में गद्यात्मक, सेकेंड-हैंड जैसा। दूसरी बात अब, उसकी सुन्दरता-शालीनता की अपेक्षा रौद्रता-भयंकरता ही कवियों को अधिक आकृष्ट कर रही है। आजकल नयी रचनाओं में विध्वंस, कुरूपता के ही चित्र ज्यादा देखने को मिलते हैं। इस सम्प्रदाय के कवियों में सबसे सशक्त व्यक्तित्व दिनकर का है। यों उनके 'द्वन्द्व-गीत' में प्रकृति-चित्रण का दार्शनिकता के साथ संयोग किया गया है। व्यंग्य और कटुता की मात्रा प्रभाकर माचवे और रांगेय राघव में ज्यादा है।

आज के इस प्रयोगवादी युग में प्रकृति-चित्रण की नयी-नयी प्रणालियों से काम किया जा रहा है। हिन्दी कविता एक बहुत संकुचित क्षेत्र में पहुँचा दी गयी है। अतः दृष्टिकोण और कैनवास में भी प्रसार की आवश्यकता है। कुछ प्रगति के चिह्न भी दिखलाई दे रहे हैं। मगर इस दिशा में परिणतियों से सम्भावनाएँ ही अधिक हैं। भविष्य में काव्य का प्रकृति से क्या और कैसा सम्बन्ध रहेगा, यह तो वही जाने। लेकिन अगर अनुकरण को छोड़कर चिन्तन-अनुवीक्षण से काम लिया गया तो निस्सन्देह एक नया अध्याय जुड़ेगा।

❑

कन्हैयालाल माणिकलाल मुंशी

अधु काका

अधुभाई काका जीवन के रसिया और कलाकार थे। कोडर रसोइया और मोटार नौकर—लम्बे-चौड़े, हृष्ट-पुष्ट और मस्त, लेकिन नमकहलाल—उनके जीवन के स्तम्भ थे। सरकार उठते कि तापने के लिए अँगीठी तैयार, गर्म पानी तैयार, दोपट्टे और मंजन, जीभी तथा राख प्रदर्शन की भाँति सजाई हुई हाज़िर। सरकार के नहाने से पहले ही पहनने की धोती पर एक बड़ा शंख घिस-घिस कर लाँग और पल्ली की तहें बराबर और पतली की जातीं; आज भी धोबी की इस्तिरी तो उसके मुक़ाबले ठहर ही नहीं सकती। सरकार नहाकर जब सन्ध्या करते तो कोई मुँह से नहीं बोलता।

सरकार का भोजन अलग दो पतली चपातियाँ घी में तैरती रहतीं—वे तर रोटियाँ सरकार के लिए ही, बचा हुआ घी कोडर पी जाता। भोजन के समय सरकार के लिए तीन पट्टे सहारा लेने के लिए, बैठने के लिए और थाली रखने के लिए; ख़ास मित्रों अथवा पिताजी जैसों के लिए दो—थाली का नहीं; दूसरों के लिए एक ही—बैठने के लिए। रोज़ रंगों के साँतिए पूरे जाते और अगरबत्तियाँ जलायीं जातीं। सरकार कभी अकेले भोजन नहीं करते, दो-चार मित्र और दो-चार सम्बन्धी साथ अवश्य होते। खाते-खाते बातें की जातीं, गप्पें मारी जातीं और आशु कविता भी होती।

सरकार भोजन करके उठते ही सोने चले जाते। नयी चादर बिछा हुआ बिस्तर होता। गरमी हो तो खस की टट्टियाँ डाली जातीं और घंटे-घंटे भर बाद उन पर पानी छिड़का जाता। दोपहरी ढलने पर घर का पंडित या मास्टर योगवसिष्ठ या महाभारत पढ़ता। सरकार सुनते और जो वहाँ हाज़िर होते उन्हें रुचि से सुनना पड़ता।

फिर मित्र आते, वार्तालाप चलता। कोई साहब या अँग्रेज़ी पढ़ा-लिखा आता तो सरकार थोड़ी-थोड़ी देर में अँग्रेज़ी काव्यों की पंक्तियाँ कह डालते; कोई विद्वान आता तो संस्कृत साहित्य के चुने हुए सूत्र बोलते; और दक्षिणी होता तो मराठी अभंग सुनाते। गुजराती और हिन्दी सुभाषितों की तो वर्षा होती रहती। मिलने आनेवाला

इस प्रखर विद्वत्ता पर बलिहार हो जाता—परन्तु एक दो बार आया हो तो ही।

मुझे पहले तो बड़ा आश्चर्य हुआ लेकिन प्रतिदिन पास बैठने और बढ़ते हुए अध्ययन के कारण इस विद्वत्ता का रहस्य समझ में आ गया। यह विद्वत्ता नहीं थी, कला थी— केवल गिने-चुने सुभाषितों को भिन्न-भिन्न व्यक्तियों के सामने भिन्न-भिन्न प्रकार से प्रयोग करने की कला थी। उनसे बात करनेवाले को केवल जवाब देने का अधिकार था और वह जो कुछ कहें उसका विरोध भी नहीं किया जाता था। इन नियमों का उल्लंघन होते ही बात करनेवाले को सरकार की उग्रता दुत्कार देती।

दीया-बाती के समय घर के, पड़ोसी और मित्र इकट्ठे होते और सरकार भजन करवाते। भजन 'शान्ताकारं भुजगशयनं' से शुरू होता। बीच में मराठी कीर्तन 'सोपान मुक्ताबाई' सदैव आता। 'अच्युतं केशवं' होता और 'रघुपति राघव राजा राम' से भजन पूरा होता। घर में हमेशा वेतन पानेवाला गवैया और तबलची रहता और शाम से ढेर रात तक रोज़ महफ़िल जमती। सरकार स्वयं तम्बूरा बजाते और ऊँचे संस्कारी स्वर में शास्त्रीय संगीत छेड़ते।

एक बार ऐसा हुआ कि उनकी दुहिता छोटी उम्र में ही विधवा हो गयी और इस दुखद घटना के पाँच-सात दिन बाद ही उत्तरी भारत की एक वेश्या नाम सुनकर तबलची सारंगिये के साथ पूछती-पूछती आयी। दोहती विधवा हुई है और उत्तरी भारत की वेश्या सरकार का गाना सुनने आयी है! धर्म-संकट में फँसे सरकार ने छन भर विचार किया, फिर पुकारा—''ओछब! मुरार!''

''जी, जी सरकार!''

''अरे यह बाला कहाँ से आ पहुँची! ले जाओ इसके खाने-पीने, ठहरने की प्रबन्ध करो। यह क्या हमारे गाना सुनने का वक़्त है! हट, हट, हट!'' इतना कह धीरे से बोले, ''और ओछब! आयी है सुनने के लिए तो बिना सुनाये कहीं चल सकता है? देख, रात को दो बजे तबले की अटारी में बैठक जमाना। चारों ओर घास के ढेर लगा देना, जिससे दुष्ट लोग न सुन सकें!''

सवेरे जब वेश्या विदा हुई तब उन्होंने जी भरकर सुना था और सुनाया था।

सूर्य चन्द्र के तेज़ की भाँति उनके ठाट-बाट को सारा जगत मानता था। वे यदि किसी के यहाँ, खाने जाते तो पहले कोडर राँधने जाता, सरकार की पसन्द की रसोई बनाता, सरकार के योग्य तीन पट्टे बिछाता—और तब सरकार खाने जाते।

किसी के यहाँ मृत्यु होने पर संवेदना प्रकट करने के लिए यदि सरकार चले जाते तो बड़ी कृपा समझी जाती। श्मशान से आदमी लौटते और ख़बर मिलती कि सरकार आ रहे हैं तो मोरार हाज़िर हो जाता, चबूतरे पर चौकी डाली जाती और सब लोग प्रतीक्षा में खड़े हो जाते। सरकार स्वच्छ धोती पहन-ओढ़कर रोते-रोते आते। सुन्दर शब्दों में मृत व्यक्ति की प्रशंसा करते, शंकराचार्य के वचनों द्वारा वैराग्य का

बोध देते और जैसे नाटक में राजा आकर चला जाता है वैसे ही तत्काल चले जाते! पीछे से मुँह बनानेवाले मुँह भी बनाते, परन्तु जिनके घर वे आते उसे सान्त्वना मिलती।

एक बार मैं साथ ही गया था और साथ ही वापस आया था। अधुभाई काका की लगन देखकर मैं दंग हो गया। सामने ही उनका अपना घर था। उसमें पैर रखा कि उनका मुँह बदल गया, आँखों के आँसू सूख गये और वे तिरस्कारपूर्वक बोले, ''उँह, एक बड़ा लड़का मर गया तो जैसे पृथ्वी रसातल को चली गयी!'' मेरे आश्चर्य की सीमा नहीं रही।

❑

केशवचन्द्र शर्मा

ठुमरी

भारत का शास्त्रीय संगीत धर्म तथा राज्य संरक्षण की दो कलियों पर ही घूमता रहा है। दोनों की रूढ़ियों ने जब संगीत को भी क्रमशः रूढ़िगत बन्धनों में जकड़ना प्रारम्भ किया तो प्रतिक्रियास्वरूप ठुमरी गायन का जन्म हुआ। जन्मतः लोकतन्त्र पर आधारित होते हुए भी ठुमरी की रसानुभूति ने उसे सामन्तवादी परम्पराओं के बीच ला मिलाया। रीतिकालीन कविता की भाँति ठुमरी का राधाकृष्ण लीलावर्णन भी उसी संस्कृति की देन है। शास्त्रीय संगीत के आचार्यों ने ठुमरी गायन को सदा निम्नकोटि की साधना माना, किन्तु वस्तुतः ठुमरी ने संगीत को काव्यमय अनुभूतियों से अधिक सुदृढ़ तथा ग्राह्य बनाया और रागों के कठोरतम बन्धनों से मुक्त होकर मानवीय संवेदनाओं को सही अर्थों में और भी गहरे उतर कर छूने का प्रयास किया। रागों के सूक्ष्म और अगम भावबोधों को ठुमरी के माध्यम से जीवन के अधिक निकट लाया जा सका।

ठुमरी का जन्मस्थान लखनऊ मानते हैं। लखनऊ के ही उस्ताद सादिक अली खाँ इस अंक की गायकी के जनक कहे जाते हैं। अवध के कला-विलासी नवाब वाजिदअली शाह जो अनेक कलाओं को प्रोत्साहित करने के लिए विख्यात हैं, उनमें ठुमरी का अपना एक महत्त्व है। वे स्वयं ठुमरी के एक अच्छे रचयिता थे। 'कदर पिया', 'ललन पिया', 'अख्तर निया' जैसे उपनामों वाले अनेक 'पिया' ठुमरियों के रचनाकार हुए। अवध का कत्थक नृत्य ठुमरी गायकी से विशेष रूप से सम्बन्धित रहा है। धीमी लय में पहले गीत गाकर, फिर नृत्य द्वारा उन भावों की अभिव्यक्ति कत्थकों का प्रिय नृत्य था।

अंक दो

लखनऊ की ठुमरी गायकी दरबारी संरक्षकता में अभिजात्य वर्ग की अभिरुचि से भरी-पूरी थी। नागरिक संस्कृति इन ठुमरियों में बोलती हुई दिखती है। गायन शिल्प

की सूक्ष्मता, कुशलता और पदों के बोलों का अभिजात्य प्रदर्शन, उर्दू और ब्रज मिश्रित भाषा की चुलबुलाहट, शास्त्रीय रागों से मोह, और ख्याल-गायकी से ठुमरी अंक की विशिष्टता प्रदर्शित करना, लखनऊ के ठुमरी रचनाकारों और गायकों का अपना सौष्ठव था। उत्तर प्रदेश में वाराणसी ठुमरी का एक दूसरा केन्द्र बना। राज्य संरक्षक से सर्वथा विहीन और विमुक्त बनारस में ठुमरी ने लोकतत्त्वों को ही विशुद्ध रूप से पहली बार अपनाया। चैती, कजरी, सावनी, होली आदि लोक प्रचलित धुनें ठुमरी गायन का महत्त्वपूर्ण अंग बन गयीं। बनारस अंक की ठुमरी में इसी कारण न केवल लोकरंजन का ही पक्ष बहुत सबल है, वरन् उनमें आज भी नवीनता और ताजगी मिलती है। लखनऊ और बनारस दोनों की ही एक प्रकार से पूरब अंग की ठुमरी कही जाती है। ठुमरी का दूसरा पक्ष 'पंजाबी अंक' के नाम से प्रसिद्ध है। इस अंग की ठुमरी का मूल पंजाब का लोक संगीत माहिया, पहाड़ी आदि धुनें हैं। पदों के बीच में तानों का पारे के दानों-सा बिखरना और गोल छल्ले जैसे स्वरों से शब्दों का जोड़ना, खटकों का प्रयोग, पंजाबी अंग की अपनी विशेषता है। पंजाबी अंग के गायक शब्दों की अपेक्षा तानों पर अधिक बल देते हैं जिससे ठुमरी का बोल पक्ष पीछे छूट जाता है। ठुमरी गायकी बोलों की ही गायकी है। काव्य का विशेष रस लेने के लिए ही ठुमरी लोकप्रिय हुई। ठुमरी का यह अंश पंजाबी अंग में उपेक्षित रहा। किन्तु इधर पंजाबी अंग के गायक भी काव्यात्मक रस की रक्षा करने की चेष्टा करते हुए दीख पड़ते हैं। पंजाबी अंग की लोकप्रियता भी बढ़ रही है और बहुत से गायक पूरब अंग के साथ इसका मिश्रण करते हैं।

सीमित राग

ठुमरी के लिए सीमित राग हैं। संक्षिप्त और चंचल राग ही ठुमरी के लिए उपयुक्त माने गये हैं। खम्भाज, पीलू, काफी, भैरवी आदि ठुमरी के प्रचलित राग हैं। किन्तु आजकल तिलंग, खम्भावती, सिन्दूरा जैसे रागों में भी ठुमरी गाते हैं। ठुमरी श्रृंगार से सम्बन्धित भावों, अनुभावों, उद्दीपनों तथा संचारी भावों का एक अपूर्व मिलनतीर्थ रहती है। निष्णात गायन इन सभी अनुभवों से एक सम्पूर्ण रस की सृष्टि करने की चेष्टा करता है। किसी भी बोल के जितने भावात्मक स्तर हो सकते हैं, उसे गायक अपने कंठ से विभिन्न स्वर समूहों से अभिव्यक्त करने की चेष्टा करता है, जिसे टेक्निकल ढंग से 'अदा करना' कहते हैं। ठुमरी के प्रधान रसतत्त्व को कल्पना प्रवणता से गायक नये-नये रूपों में प्रदर्शित करता है। अच्छा गायक न केवल सुरुचि-सम्पन्न व्यक्ति की रस ग्राह्यता को ही प्रभावित करता है वरन् इसी हेतु वह लोकरंजक भी सिद्ध होता है।

रीतिकालीन काव्यधारा की जो सामाजिक पृष्ठभूमि थी और उस काल में

जैसी काव्य कृतियों की रचना ठुमरी के रचनाकार कर सकते थे, वही ठुमरी गायकी की भावपीठिका बनी। 'राधा कन्हाई सुमिरन को बहानों' लेकर शृंगार की जैसी घोरतम रचनाएँ की गयीं ठुमरियों में उसके उदाहरण भी कम नहीं मिलेंगे। 'नजरिया' के प्यारी लगने की चर्चा उठकर उसे किसी सीमा तक ले जाने में ठुमरी गायकों को संकोच नहीं होता। 'फुलगेंदवा' बनकर 'सैंया की गोद' की आकांक्षा न जाने कितने गीतों का ताना-बाना बुन चुकी है। इस प्रकार की रचनाओं के पीछे उन घरानों का विशेष हाथ रहा है जिसका काम मजलिसों और राजसभाओं में नाचना गाना मात्र ही था। उनके व्यवसाय की दूषित छाया इन गीतों में प्रायः प्रतिभासित हुई है। दादरा गीतों में ये भावनाएँ और भी स्पष्ट हुई हैं। ठुमरियों और दादरों के ये बोल बिना किसी परिष्कार के पुनः सुसंस्कृत गायक समाज ने संगीत के पुनरुत्थान काल में स्वीकार कर लिये। इस प्रकार के बोलों का अनर्थ तब होता है जब अहिन्दी भाषा-भाषी प्रदेश की भद्र महिलाएँ ठुमरियों के इन्हीं पदों को सोत्साह गाती हैं।

संशोधन-परिवर्तन आवश्यक

आवश्यकता इस बात की है कि ठुमरियों के इन बोलों का पूर्णरूपेण संशोधन एवं परिवर्तन किया जाए। ठुमरियों के रचयिता अच्छे गायक भी रहे हों। परन्तु वे कवि निश्चित ही घटिया थे। यदि अच्छे कवियों की कृतियाँ ठुमरियों के माध्यम से सामने आतीं तो वे अच्छी आलम्बन सिद्ध होतीं। संगीत की महत्ता इस दृष्टि से आज की हिन्दी कविता तो कम से कम नहीं ही स्वीकारती। जिस माध्यम से भक्तिकालीन कवियों की अनेक कृतियाँ जन-मानस में उतरीं, उसका महत्त्व रवीन्द्रनाथ ठाकुर ने पहचाना था। इसीलिए भले ही उन्होंने शास्त्रीय संगीत को तोड़-मरोड़कर 'रवीन्द्र संगीत' को जन्म दिया हो पर उनकी काव्यकृतियाँ उस माध्यम से बंगाल के हर घर तक सरलता से पहुँचने में समर्थ हुईं। हिन्दी काव्य में ठुमरी में गाने योग्य गीत लिखे ही न गये हों, ऐसी बात नहीं है। परन्तु वस्तुतः गायकों का अर्धशिक्षित समाज न तो इतना प्रबुद्ध था और न इतना चेतन ही कि वह स्वयं उन्हें चुने और बदले। उसे यह भी नहीं ज्ञात है कि वह गाना गाता ही क्यों है। उसके संगीत की परिक्रमा म्यूजिक कान्फ्रेंसों, आकाशवाणी के कार्यक्रमों और संगीत नाटक अकादमी के पुरस्कारों तक ही सीमित है या उसका और भी कोई गन्तव्य है? इस चेतना के अभाव में वह ठुमरी के बोलों को भी कोई महत्त्व नहीं देता। चाहे पिया के साथ रंगरेलियाँ करना हो या उससे भी उथला अथवा गहरा मन्तव्य हो, उन्हें मात्र एक 'परफॉरमेंस' से मतलब रह गया है जिसके बाद उन्हें अपने पैसे तत्काल मिलने चाहिए।

ठुमरी गायन इस कला का ही एक विशेष अंग नहीं है, वह जीवन के प्रति एक नयी मानवीय दृष्टि है। उसका स्वरूप शास्त्रीय संगीत एवं काव्य से लोकोत्तर

आनन्द की सृष्टि करता है, उसे मुखरित करता है। सूक्ष्मतम भावों का तात्कालिक प्रभाव समुपस्थित करता है। ठुमरी की वही शक्ति इस समय सो गयी है। इसी कारण वह अपने मूल उद्‌देश्य से दूर हट गयी है। संगीत के आचार्यों ने इस माध्यम को मानवीय संवेदनाओं का अधिक सूक्ष्म वाहन बनाने की चेष्टा की, किन्तु आज जब उसके उस सामर्थ्य की सबसे अधिक आवश्यकता है, हमारा गायक समाज उसे बिलकुल ही भुला बैठा है। ठुमरी ने शास्त्रीय संगीत को बन्धनों से मुक्ति देकर लोकमानस के निकट खींचा था। जनरुचि और शास्त्रीय संगीत के बीच की खाई को पाटने के लिए इस माध्यम का पुनः आकलन करना वांछनीय होगा।

❑

गुलाबराय

सौन्दर्यानुभूति

'सौन्दर्य'[1] क्या है, इसका उत्तर देना कठिन है। सुन्दर वस्तुओं के सामान्य धर्म को ही 'सौन्दर्य' कहा जाता है। किन्तु विषयगत (ObÎï÷Öective) सौन्दर्य के विषय में ही 'सामान्यधर्मता' का सिद्धान्त ठीक बैठता है। विषयगत सौन्दर्य पर पाश्चात्य सौन्दर्य-शास्त्र में अधिक विचार हुआ है। यूनानी मूर्तिकला में सौन्दर्य का विकास अपनी चरमसीमा पर दिखाई पड़ता है, इस बाह्य सौन्दर्य-सृष्टि की नाप-तौल भी योरोप में बहुत हुई है। 'ज्यॉमित' के नियमों का प्रयोग करके वस्तु के आकार में सामंजस्य, सन्तुलन, संश्लिष्टता और एकान्विति की प्रतिष्ठा से बाह्य सौन्दर्य की सृष्टि सम्भव बतायी गयी है।

विषयगत सौन्दर्य चर्चा में 'सुन्दर' और 'उदात्त' (Sublime) वह भी भेद किया गया है। धार्मिकभाव मिश्रित भय (awe) उत्पन्न करने वाली विराट और विस्तृत वस्तुओं को 'उदात्त' कहा गया है, 'सुन्दर' नहीं। उत्तुंग शृङ्गमय पर्वत, महासागर, विस्तृत कांतार भयंकर विस्फोट और विशाल भवन 'उदात्त' के उदाहरण हैं, इन्हें देखकर धार्मिक भावपूर्ण भय मन में उत्पन्न होता है और साथ ही इनके आकार और विस्तार को देख करके मन में 'आत्म लघुता' की भावना भी उत्पन्न होती है। वृत्त पर खिला हुआ पुष्प, शरदनिशा में मुस्कराता हुआ चन्द्रमा और कामिनी का मुख आदि 'सुन्दर' कहे जाते हैं। 'सुन्दर' में 'प्रियता' का भाव अधिक है। इसलिए हमारे यहाँ माधुर्य गुण को सुन्दर कलाओं सृष्टि में अधिक महत्त्व दिया गया है। 'सुन्दर' वस्तु वह है जिसमें 'रमणीयता' के साथ-साथ माधुर्य[1] भी होगां 'रमणीयता'[2] का अर्थ है क्षण-क्षण में उत्पन्न होने वाली नवीनता, 'माधुर्य' का अर्थ चित्त को द्रवित करने वाला आल्हाद है। 'रमणीय'—वस्तुओं में 'उदात' को भी सम्मिलित किया जा सकता है,—परन्तु 'माधुर्य' और 'नवता' के संयोग से 'सुन्दर' की सृष्टि होती है।

किन्तु बाह्य सौन्दर्य के सम्बन्ध में इतना मतभेद है कि 'विषयीगत' सौन्दर्य को ही कुछ लोग अधिक महत्त्व देना चाहते हैं। देश, काल और पात्र के भेद के

कारण विषयीगत सौन्दर्य की सत्ता माननी पड़ती है : 'सौन्दर्य' एक मानसिक अनुभूति या प्रतीति-मात्र है, जिसे हम किसी विशेष परिस्थिति में अनुभव करते हैं। इसलिए किसी क्षण में कोई वस्तु और किसी क्षण में कोई अन्य वस्तु सुन्दर लगती है। कविवर बिहारीलाल ने लिखा है—

समै समै सुन्दर सबै, रूप कुरूप न कोय।
मन की रुचि जेत जितै, तित तेती रुचि होय॥

अँग्रेजी कवि 'कॉलरिज' ने भी विषयीगत सौन्दर्य का समर्थन किया है— "रमणी, हम तुझ में वही पाते हैं जो हम तुझे देते हैं।"

O lady! We receive but what we Î÷Îive.

विषयगत सौन्दर्य में द्रष्टा की मानसिक दशा मुख्य है, इसीलिए विषयीगत सौन्दर्य की दृष्टि से असुन्दर वस्तुओं में भी द्रष्टा सौन्दर्य के दर्शन कर सकता है। किन्तु उसकी भी कुछ सीमा रहती है।

कुछ वैज्ञानिक 'वस्तु' का स्पन्दनमात्र मानते हैं और उसके रंग, रूप का श्रेय द्रष्टा की मानसिक दृष्टि को देते हैं। अध्यात्मवादी—प्रत्ययवादी भी, वस्तु की सत्ता द्रष्टा की चेतना में ही मानते हैं। इस प्रकार घोर भौतिकवादी और घोर अध्यात्मवादी दोनों आत्यन्तिक छोर (two extremes meet के न्याय) से मिल जाते हैं। वस्तुतः इस विषयीगतता और विषयगतता का नितान्त विरोध भी नहीं है, क्योंकि बहुत-से लोगो का विषयीगत 'सौन्दर्य' (और सत्य) विषयगत बन जाता है। गुलाब की लालिमा चाहे मानसिक भ्रम या आभास हो, किन्तु वह सबका भ्रम है। सबकी प्रतिभासिक सत्ता व्यावहारिक वास्तविकता बन जाती है, इसलिए विषयीगतता और विषयगतना में सामंजस्य स्थापित हो सकता है। कविवर बिहारी ने लिखा है, "रूप रिझावन हारू वह, ये नैना रिझावर"। 'प्रसाद' जी ने कामायनी का सौन्दर्य वर्णन करते हुए दोनों प्रकार के सौन्दर्य का समन्वय किया है। बाह्य विषयगत सौन्दर्य के साथ-साथ उसमें कवि के मन की साध भी मिली हुई है—

आह, वह मुख पश्चिम के व्योम,
बीच जब घिरते हों घनश्याम।
अरुण रविमंडल उनको बेध,
दिखाई देता हो छविधाम॥
कुसुम कानन अंचल में मन्द,
पवन प्रेरित सौरभ-साकार।
रचित परमाणु पराग शरीर,
खड़ा हो ले मधु का आधार—
नवल मधु राका मन की साध॥

सौन्दर्य और सात्त्विकता : 'कुमारसम्भव' में कहा गया है कि सौन्दर्य पापवृत्ति की ओर नहीं ले जाता[3], वह वचन अव्यभिचारी अर्थात सत्य है। रवीन्द्र बाबू ने कहा है कि जल में उछलने वाली मछली का सौन्दर्य निरपेक्ष द्रष्टा ही देख सकता है। किन्तु कुमारसम्भव में श्मशानवासी, भगवान भूतनाथ भी पार्वती को नितान्त निरपेक्ष दृष्टि से नहीं देख सके, तब साधारण मनुष्यों की बात कौन कहे ? किन्तु नितान्त निरपेक्ष दृष्टि न रहने पर भी वासना में सात्त्विकता हो सकती है । कला लौकिक वासना में इसी प्रकार की गर्भावस्था कर देती है।

सौन्दर्य सात्त्विक इसलिए होता है कि द्रष्टा वस्तु के साथ कुछ समय के लिए तन्मय हो जाता है और तन्मयता उसके चित्त का विस्तार करती है। आचार्य शुक्ल जी ने भी ''वस्तु को देखकर अन्त:सत्ता की तदाकार परिणति को ही सौन्दर्य की अनुभूति कहा है। चित्त की यह परिणति स्वयं द्रष्टा की एक उच्च मानसिक अवस्था है, क्योंकि इसमें द्रष्टा का सात्त्विक आत्म-त्याग आ जाता है। इसीलिए कलाओं का विकास सांस्कृतिक विकास माना जाता है। वासना और स्वार्थ से अभिभूत चित्त तन्मय नहीं हो पाता। दूसरी ओर प्रकृति की वस्तुओं को देखकर उपयोगितावादी दृष्टि सर्वथा अपने उपयोग की दृष्टि से वस्तु को देखती है (और उपयोग की दृष्टि स्वार्थपरक होती है)। इंजीनियर और कवि में यही अन्तर है। प्रथम 'पर्वत' को इसलिए देखता है कि उसका जनता के भौतिक जीवन की उन्नति के लिए क्या उपयोग हो सकता है, 'कवि' पर्वत को देखकर मुग्ध' होना सिखाता है, कवि-दृष्टि हमें उच्च भावभूमि में ले जाती है। अत: मानसिक विकास के लिए 'कला' का उपयोग स्वीकृत है। कला में सौन्दर्य की दृष्टिगत उपयोगिता की खोज करना गलत है। स्वयं सौन्दर्य हृदय को परिष्कृत, पवित्र, कोमल और व्यापक बनाता है, यही उसकी उपयोगिता है 'साकेत' में मैथिलीशरण गुप्त ने कहा है कि भावुक जन ही महान कार्यों को करने के योग्य बनते हैं।[4]

सौन्दर्य, शिव और सत्य—'सत्य' के साथ सौन्दर्य का सम्बन्ध प्राय: लोग मानते हैं, परन्तु 'सत्य' की व्याख्याएँ अनेक हैं। हमारे यहाँ 'सत्य' केवल 'ब्रह्म' को माना गया है, जगत को मिथ्या कहा गया है, परन्तु कुछ दार्शनिक ब्रह्म व जगत् दोनों को सत्य मानते हैं। ऐसे दार्शनिकों ने जगत के सौन्दर्य के आनन्द में ही 'सच्चिदानन्द' की खोज की है और ब्रह्म को भी सुन्दर रूप देकर धरती पर उतारा है। मनुष्य सबसे अधिक 'सत्य' को ही प्यार करता है। अत: ब्रह्म को भावना का विषय बनाकर छवियों का अंकन किया गया है। भक्ति-साहित्य में सत्य व सौन्दर्य अभिन्न हैं। 'शिवत्व' तो सत्य में ही निहित है। जो सत्य है, वह हितकर अवश्य होगा अत: तीनों का समन्वय हमारे साहित्य व कला में मिलता है।

किन्तु 'सत्य' का अर्थ प्रगतिवादी विचारक ऐतिहासिक सत्य से लेते हैं, सत्य

मूर्त्त है कोई सूक्ष्म और निरपेक्ष सत्य है, इसका प्रमाण नहीं है। सामाजिक विकास की प्रक्रिया को समझकर ही हम 'सत्य' का निर्णय कर सकते हैं। पूँजीवादी व्यवस्था का नाश कर साम्यवादी व्यवस्था की स्थापना ही आज का 'सत्य' है। इस 'सत्य' को कथा, काव्य, मूर्ति, संगीत आदि विधाओं द्वारा व्यंजित करना ही सच्चे सौन्दर्य की सृष्टि है, क्योंकि असामाजिक भावनाओं की व्यंजना सुन्दर हो सकती है, उसमें 'सत्य' की पहचान आवश्यक है। सुन्दर की सृष्टि 'शिव' तभी होगी, जब सुन्दर को 'सत्य' के साथ सम्बद्ध किया जाए। बलात्कार व हत्या के चित्र, काव्य व कथाएँ सुन्दर हो सकती हैं; परन्तु वे सत्य व शिवत्व से रहित हैं—अत: प्रगतिवादी सौन्दर्यशास्त्री भी इन तीनों का समन्वय आवश्यक मानता है; 'सत्य' शब्द की विशेष व्याख्या करता है। किन्तु दृष्टिकोण-भेद से सत्य शब्द की परिभाषाएँ अनेक हैं, शिव और सौन्दर्य के साथ जिस सत्य का समन्वय हो सकता है, सत्य माना जाएगा। व्यवहारवाद (PreÎ÷Îmaticism) की दृष्टि से भी 'सत्य' हित का ही रूप है, किन्तु हित में ही सीमित नहीं है। 'हित' के भी कई रूप हो सकते हैं। हित शब्द का शाब्दिक अर्थ है—'विद्धाति इति हितम्; जो बनाता है, वह हित है, बनाने के भी आदर्श हैं। 'प्रगतिवाद' वर्गभेद करके एक को न्यायी और एक को अन्यायी ठहराता है। अन्यायी को अपदस्थ कर न्यायी और शोषित को पदस्थ करना उसका ध्येय है। लेखक का दृष्टिकोण इससे भिन्न है। वह अन्यायी को भी 'राम का जीव' मानता है, अन्यायी का हृदय परिवर्तन करके ही उसका सुधार चाहता है। उन्नत और विकसित समाज वह उसे समझता है कि जिसमें विकास का यह आदर्श स्वीकृत हो—"अधिक से अधिक विशेषीकरण (Specialisation) के एकीकरण (InteÎ÷Îraton) भी हो।" जैसा कि मनुष्य शरीर में मिलता है, सब इन्द्रियाँ अपना-अपना अलग-अलग कार्य करती हैं और साथ ही एक-दूसरे की सहायक और पूरक होती हैं (केंचुआ जैसे अविकसित जीव में एक ही स्पर्श इन्द्रिय सब इन्द्रियों का काम करती है।)।

सामाजिक संघर्षों और समस्याओं के चित्रण में ही प्रगतिवादी 'सत्य' की रक्षा कलाकार कर सकता है, परन्तु प्रकृति व प्रेम के क्षेत्र में प्रगतिवादी 'सत्य' की रक्षा कठिन है, क्योंकि पर्वत, पुष्प, नदी, निर्झर आदि सामन्तवाद में भी सुन्दर लगते थे और अब भी सुन्दर लगते हैं। मनुष्य के ऐतिहासिक संघर्षों से प्रकृति के प्रति दृष्टिकोण में थोड़ा बहुत अन्तर आने पर भी कोई मौलिक अन्तर नहीं आया, अत: 'रूप के आकर्षण' को शाश्वत माना जा सकता है।

काल में 'सत्य' की प्रतिष्ठा किस प्रकार हो इस पर मतभेद है। 'प्रकृतवादी नग्न सत्य को यथातथ्य रूप में चित्रित करने को पसन्द करते हैं। उनके अनुसार अनावृत्य सत्य की प्रतिष्ठा स्वयं अपने में सुन्दर है। 'समाजवादी यथार्थवादी'

(प्रगतिवाद) 'सत्य' में कुछ काट-छाँट करके, उसको इस प्रकार व्यंजित करना अच्छा समझता है कि उसके प्रति हमारी भावात्मक प्रवृत्ति हो। उनके अनुसार यदि 'सत्य' को अनावृत्त रूप में देखने की आवश्यकता हो तो ऐसा भी किया जा सकता है। इस प्रकार प्रगतिवादी सत्य-चित्रण में शालीनता का अभाव आ जाता है। शालीनता लेखक के लिए आवश्यक है। हमारे यहाँ कला-पद्धति की दृष्टि से 'सत्य' की काट-छाँट आवश्यक मानी गयी है। 'दुष्यन्त' की गौरवगाथा के लिए दुर्वासा के शाप की कल्पना कर लेने से ही प्रेम के आदर्श की रचना करने में कालिदास की प्रशंसा की ही जाती है। इसे 'उपचार-वक्रता' कहा गया है। भारतीय संस्कृति किसी-न-किसी आदर्श को 'कला' के लिए आवश्यक मानती है; परन्तु उसमें यथार्थ की अवहेलना भी नहीं हुई, अतः भारतीय कला में सत्य, शिव व सौन्दर्य का समन्वय मिलता है। सत्य के मूर्त रूप की भारतीय कला में भले ही अवहेलना हो जाए उसके 'हार्द' (Spirit) की रक्षा होती है।

सौन्दर्य-सृजन के लिए सत्य के साथ शिव का भी विचार आवश्यक है। शिव का प्रश्न मूल्यों (Value) के साथ सम्बन्धित है यों रूपों का अंकन अपने में ही 'शिव' भी है; परन्तु फिर भी सामाजिक घटनाओं और समस्याओं में शिव का ध्यान रखना पड़ता है। किन्तु 'शिवत्व' के विषय में भी मतभेद है। कुछ भौतिक हित को और कुछ आध्यात्मिक हित को अधिक महत्त्व देते हैं। भारतीय कला व साहित्य में दोनों की उन्नति को लक्ष्य बनाया गया है। भगवान रामचन्द्रजी ने भरत को धर्म, अर्थ, काम, तीनों के अविरोध सेवन का उपदेश दिया है—

कच्चिदर्थेन व धर्ममर्थं धर्मेण वा पुनः।
उभौ वा प्रीतिलोभेन कामेन न विबाधसे॥
कश्चिदर्थं च काम च धर्म च जयतांवरः।
विभज्य काले कालज्ञ सर्वान्वरद सेवसे॥

अर्थात् क्या तुम अर्थ से धर्म में और धर्म से अर्थ में तथा प्रीति, लोभ और काम से धर्म और अर्थ में तो बाधा नहीं डालते? और क्या तुम अपना समय बाँटकर धर्म, अर्थ और काम का सेवन करते हो?

इस दृष्टि से 'सुन्दर' के साथ सत्य व शिव का समन्वय सम्भव है। इन तीनों के समन्वय से 'वाणी का तप' सिद्ध होता है। गीता में सत्य, प्रिय व हित का समन्वय अनिवार्य माना जाता है।[5] तुलसीदास ने भी सुन्दर के साथ हित को आवश्यक माना है।[6] कविवर सुमित्रानन्दन पन्त ने भी प्रज्ञा, प्रणय व लोकसेवा के समन्वय का समर्थन किया है।[7]

मैथिलीशरण गुप्त ने कहा है कि यद्यपि कुशल अभिव्यक्ति ही कला है, तथापि केवल सत्य और शिव की अभिव्यक्ति कुरूप भी हो सकती है और केवल

कल्पनाओं का प्रयोग मनोरंजक होने पर भी श्रेष्ठ सौन्दर्य को जन्म नहीं देता—

सत्य सदा शिव होने पर भी, विरुपाक्ष भी होता है।
और कल्पना का मन केवल, सुन्दरार्थ भी होता है॥ —साकेत
इसलिए सौन्दर्य, सत्य और शिव एक और अभिन्न है।

सन्दर्भ—

1. चित्तद्रवीभावमयोऽल्हादो माधुर्यमुच्यते। —साहित्यदर्पण
2. क्षणे क्षणे यन्नवतामुपैतितदेव रूपं रमणीयतायाः। —माघ
3. यदुच्यते पार्वति पापवृत्तये, न रूपमित्यव्यभिचारि तद्वच। —कुमारसम्भव
4. भावुक जन से ही महत् कार्य होते हैं। —गीता
5. कीरति भणिति भूति भल सोई।
   सुरसरि सम सबकर हित होई॥ —तुलसी
6. वही प्रजा का सत्य स्वरूप,
   हृदय में बनता प्रणय अपार
   लोचनों में लावण्य अनूप,
7. लोक-सेवा में शिव अविकार —पन्त

❑

गोविन्द नारायण मिश्र

वसन्त ऋतु

संसार-चक्र परिचालक सृष्टि-रचना-चतुर दयासागर भगवान की अपार दया का पारावार नहीं है! देखिये, जीव-मात्र के पालन-पोषण, सुख और कल्याण के लिए उस सृष्टि कर्ता ने कैसी अनोखी चातुरीपूर्ण सर्वोपकारी सृष्टि रची है। ऐसे प्राकृतिक नियम-परिचालित अनन्त विश्व-ब्रह्मांड भर में अपने-अपने समय पर आप से आप देखते ही देखते परिवर्तन होते रहते हैं। सदा एक-सी अवस्था नहीं रहने पाती। इसलिए ही, परिवर्तनशील जगत या संसार नाम से बुद्धिमान इसका नामकरण करते हैं। समय भी परिवर्तनशील है। कभी जाड़ा, कभी गरमी, कभी बरसात, कभी वसन्त, अपनी-अपनी पारी से छहों ऋतुएँ (मौसम) प्रतिवर्ष आती जाती रहती हैं। वर्ष के बारहों मास छः भागों में बँटे हुए हैं; इसलिए प्रत्येक ऋतु का प्रभाव प्रायः दो महीने तक छाया रहता है। जो कहीं एक ही ऋतु बराबर बारहों मास बनी रहती तो हम लोगों को कैसा कष्ट उठाना पड़ता? लगातार बारहों महीने मूसलाधार पानी बरसा करता तो धरती पर पैर धरने को कहीं ठिकाना ही न मिलता। महानगर, नगर, गाँव आदि सब बह जाते; खेत डूबकर सड़ जाते; अन्न भी न उपजता। उस दशा में भूख के मारे निराश्रय जीवों की न जाने क्या दुर्दशा होती। त्राहि-त्राहि; इन भयावनी अनहोनी बातों के विचारने या ध्यान करने से भी हिया काँप उठता है।

परन्तु, उस दयामय जगत्पिता और जगत्माता परमेश्वर की अपार सृष्टि में उसके प्रवर्तित नियमों वा उसकी मर्यादा का नाश होना सर्वथा असम्भव है। उसकी महिमा, शक्ति और दया अपार है, जो कुछ परिवर्तन होता है वह भी प्राणियों के कल्याण या भले को ही। ऋतु-परिवर्तन भी संसार के हितार्थ ही होता है। विधाता की सृष्टि रचना चातुरी विशेष ध्यान देने योग्य है। ऋतु छः हैं और प्रत्येक ऋतु ही प्रायः दो महीने रहती है। वसन्त, ग्रीष्म, पावस, शरद, हेमन्त और शिशिर ही उन छहों ऋतुओं के नाम हैं। विचित्र चित्ताकर्षक गुण, प्रभाव, सौन्दर्य आदि अतुल सम्पत्ति का अधिकार मिलने से वसन्त सब ऋतुओं में अधिक प्रभावशाली 'ऋतुराज' पदवी से गौरवान्वित और सर्वश्रेष्ठ है।

सुविशाल भारतवर्ष में प्रान्तीय देश-भेद से कहीं फाल्गुन और चैत्र के महीने में और किसी-किसी प्रान्त में चैत्र और वैशाख से ऋतुराज वसन्त का अधिकार हो जाता है। वसन्त ऋतु में मलयाचल से चलकर आया दक्षिण का वसन्ती मलय-मारुत मन्द गति से प्रवाहित होने लगता है। शीतल, धीमी और सुगन्धसनी वसन्त की हियहुलसावनी हवा बड़ी ही प्यारी लगती है। इसके लगते ही रोम-रोम पुलकित हो हृदय-कुंज मानो प्रफुल्लित हो आनन्द-सर में नाचने लग जाता है। इन दिनों आकाश-मंडल का स्वच्छ नीला रंग कुछ गहरा होने लगता है। धूप की तेजी भी एक अनुपम विचित्र प्रभा दिखाती है। पृथ्वी से आकाश तक जिधर दृष्टि दौड़ाइए, सुन्दरता की अपूर्व छटा मन को मोहित कर लेती है। वन-उपवनों में विविध जाति के रसाल आदि पेड़-पौधे, मालती आदि लता, गुल्म-सुशोभित वनस्पति-मात्र की जैसी सुहावनी मनभावनी अनोखी छवि वसन्त में देखने में आती है, वैसी फिर अन्यत्र कभी नहीं। नये-नये कोमल चमचम चमकते हुए कोपल, रंग-रंग के डहडहे विविध कटाव के चिकने हरे-हरे छोटे-बड़े पत्ते और लाल, हरी, पीली, धानी, बैंगनी, आसमानी आदि रंग-बिरंगी सुकोमल टहनी और परम सुकुमार डालियों के झुकाव से चारों ओर शोभा दिन दूनी बढ़ने लगती है। शिशिर ऋतु के अन्त की पतझड़ से एक भी पुराना सूखा पत्ता कहीं नाम को भी नहीं रहने पाता। सब नये ही नये अपने नित नये रंग दिखाते हैं; मानो नये वस्त्र-आभूषणों से सुसज्जित हो नयी सज-धज से ऋतु-राज की अभ्यर्थना और अगवानी को निराली छटा से सबके सब एकता साध, कतार बाँधकर खड़े हो जाते हैं। विविध पीले फूलों का केसरिया जामा, सूरजमुखी और स्थल-पद्म आदि की अनुपम शोभामयी पगड़ियों पर गेंदा, गुलदाउदी आदि के तुर्रे और कुसुमकली की कलंगी लगाये फूलों की छड़ी और भाले हाथों लिए वीरवाहिनी की शोभा को भी लजाते हैं। जिधर आँखें दौड़ाकर देखिए उधर ही टकटकी लग जाती है। अमराई के आम बौरे हैं। और वनस्थली को अपनी मीठी-मीठी सोंधी सुगन्धि से आमोदित कर रहे हैं। उन अति रसीले सुरसिक रसालों से लिपटी हुई सुहाग-गरबीली मालती लता भी ऐसी फूली है कि फूलों से पत्ते भी छिप गये हैं; मानो फूलों की नयी सुन्दर ओढ़नी ओढ़कर एकान्त निर्जन वन में भी लज्जावती कुलांगना घूँघट काढ़े अपनी चिर-सहचरी लज्जा की मर्यादा निबाह रही है। उधर गुलाब की नयी उभरती रँगीली कलियों की सुडौल उभार सुन्दरता और चटक-मटक से रसलोभी सुरसिक-प्रवीण भौरों के झुंड के झुंड खिंचे चले आते, अपनी तरंग में नहीं मन क्या-क्या सोचते, गुनगुनाते नोकीली कलियों पर अपना सहज में अधिकार न पाते, चारों ओर मँडराते रसीली तान सुनाते मानो वशीकरण मन्त्र जगा रहे हैं। मीठी रसीली गुनगुनाहट से रिझारिझा मानो नवोढ़ा मुग्धा को विविध विधि से फुसला उसकी झिझक मिटाने को तन-मन से नियुक्त हैं। उधर

उनकी रक्षा को काँटेदार गुलाब की डालों के पैने नोकीले काँटे, कन्दर्प-दर्प हर-हर के त्रिशूल से भयंकर वन उन मधुकरों को जुदा ही सता रहे हैं। प्रीती के आकर्षण के आगे, त्रिशूलविद्ध हो प्राण देने से भी न डर कर उत्तरोत्तर अधिक अनुराग से चक्कर लगाते, प्रेमान्ध मधुकरों की तल्लीनता पर प्रफुल्लित सुमनोत्तम गुलाबों के सच्चे गुन-गाहक दल ऐसे फूल रहे हैं कि फूले अंगों नहीं समाते। इसलिए उनकी मनोहर सुगन्ध भी दूर-दूर तक फैलती हुई वन-स्थली को 'मह-मह' महका रही है। सुशीलता मन्दगति वायु भी अपने गन्धवह नाम को सार्थक करती निराली सुखद गति से सर्वत्र प्रवाहित हो रही है; मानो सुमन शिरोमणि गुलाबों के सुयश-सौरभ को दूर तक निस्वार्थ भाव से फैलाना ही अपना प्रधान कर्तव्य धर्म समझ रही है।

परन्तु, प्रथम तो सबकी प्रकृति एक-सी नहीं होती। एक ही वंश के भाई-बहिन और पिता-पुत्र की प्रकृति भिन्न-भिन्न प्रत्यक्ष देखने में आती है। दूसरे अवस्था-भेद से भी समझ में विशेष अन्तर उत्पन्न हुआ ही करता है। चढ़ती जवानी और लड़कई की सन्धि की अवस्था में दम्भ, मद, चपलता और अविवेक आदि अपना पूरा प्रभाव दिखाते ही हैं। इसलिए उनमें कोई-कोई पूरी उभरी कली जोबनमद के जोम में आ चटक-चटक मुहकारे काले कुटिल भौंरों पर बिगड़कर क्रोध दिखाती थर-थर काँपती हुई भी स्वाभाविक अपनी अतुल सुन्दरता से भावग्राही सुरसिक दर्शकों का मन जबरई से खींचकर हर लेती है। खिलते फूलों की सुगन्ध और सुन्दरता चढ़ी-बढ़ी ही चहुँओर फैली फबी मानो होड़-सी बनकर मैदान में उतर पड़ी है। सरसों के फूलने से जिस ओर दृष्टि फैलाकर देखी, खेत वसन्ती ही वसन्ती बने ऋतुराज वसन्त महाराज की महिमा मानो प्रत्यक्ष दरसा रहे हैं। मदमाती कोयलिया की सुरीली कुहुक पंचम स्वर से भी कुछ ऊँची तानें सुना-सुना ऋतुराज को जुदा ही रिझाती उनके ही गुन गा रही हैं। साथ ही रंग-रंग के पखेरू नये विकसे फूल, पत्ते और फलों का स्वाद चख मन-मगन हो तमाल, रसाल और अशोक की सघन डालियों पर नाच-नाचकर चहकते हुए समय का राग अलापकर समा बाँध रहे हैं। क्या ही सुहावना समय है? इन गुणों के कारण ही वसन्त सब ऋतुओं में श्रेष्ठ और ऋतुराज माना गया है।

❑

जयशंकर प्रसाद

समुद्र सन्तरण

क्षितिज में नील जलधि और व्योम का मिलन हो रहा है। शान्त प्रदेश में शोभा की लहरियाँ उठ रही हैं। गोधूली का करुण प्रतिबिम्ब, बेला की बालकामयी भूमि पर दिगन्त का आवाहन कर रहा है।

नारिकेल के निभृत कुंजों में समुद्र का समीर अपना नीड़ खोज रहा था। सूर्य लज्जा या क्रोध से नहीं, अनुराग से लाल, किरणों से शून्य, अनन्त रसनिधि में डूबना चाहता है। लहरियाँ हट जाती हैं। अभी डूबने का समय नहीं है, खेल चल रहा है।

सुदर्शन प्रकृति के उस महा अभिनय को चुपचाप देख रहा है। इस दृश्य में सौन्दर्य का करुण संगीत था। कला का कोमल चित्र नील-धवल लहरों में बनता-बिगड़ता था। सुदर्शन ने अनुभव किया कि लहरों में सौर-जगत झोंके खा रहा है। वह उसे नित्य देखने आता; परन्तु राजकुमार के वेष में नहीं। उसके वैभव के उपकरण दूर रहते। वह अकेला साधारण मनुष्य के समान इसे देखता, निरीह छात्र के सदृश इस गुरु दृश्य से कुछ अध्ययन करता। सौरभ के समान चेतन परमाणुओं से उसका मस्तक भर उठता। वह अपने राजमन्दिर को लौट जाता।

सुदर्शन बैठा था किसी प्रतीक्षा में। उसे न देखते हुए, मछली फँसाने का जाल लिए, एक धीवर-कुमारी समुद्र-तट से कगारों पर चढ़ी आ रही थी, जैसे पंख फैलाए तितली। नील भ्रमरी-सी उसकी दृष्टि एक क्षण के लिए कहीं नहीं ठहरती थी। श्याम-सलोली गोधूली-सी वह सुन्दरी सिक्ता में अपने पद-चिह्न छोड़ती हुई चली आ रही थी।

राजकुमार की दृष्टि उधर फिरी। सायंकाल का समुद्र-तट उसकी आँखों में दृश्य के उस पार की वस्तुओं का रेखा-चित्र खींच रहा था। जैसे वह जिसको नहीं जानता था, उसको कुछ-कुछ समझने लगा हो, और वही समझ, वही चेतना एक रूप रखकर सामने आ गयी हो। उसने पुकारा—"सुन्दरी!"

जाती हुई सुन्दरी धीवर-बाला लौट आयी। उसके अधरों पर मुस्कान, आँखों में व्रीडा और कपोलों पर यौवन की आभा खेल रही थी, जैसे नील मेघ-खंड के

भीतर स्वर्ण-किरण अरुण का उदय।

धीवर-बाला आकर खड़ी हो गयी। बोली—"मुझे किसने पुकारा?"

"मैंने।"

"क्या कहकर पुकारा?"

"सुन्दरी!"

"क्यों मुझमें क्या सौन्दर्य है? और है भी कुछ तो क्या तुमसे विशेष?"

"हाँ, मैं आज तक किसी को सुन्दरी कहकर नहीं पुकार सका था; क्योंकि यह सौन्दर्य-विवेचना मुझमें अब तक नहीं थी।"

"आज अकस्मात् यह सौन्दर्य विवेक तुम्हारे हृदय में कहाँ से आया?"

"तुम्हें देखकर मेरी सोई हुई सौन्दर्य-तृष्णा जाग गयी।"

"परन्तु भाषा में जिसे सौन्दर्य कहते हैं, वह तो तुममें पूर्ण है।"

"मैं यह नहीं मानता; क्योंकि फिर सब मुझी को चाहते, सब मेरे पीछे बावले बने घूमते। यह तो नहीं हुआ। मैं राजकुमार हूँ; मेरे वैभव का प्रभाव चाहे सौन्दर्य का सृजन कर देता हो, पर मैं उसका स्वागत नहीं करता। उस प्रेम-निमन्त्रण में वास्तविकता कुछ नहीं।"

"हाँ, तो तुम राजकुमार हो! इसी से तुम्हारा सौन्दर्य सापेक्ष है।"

"तुम कौन हो?"

"धीवर-बालिका।"

"क्या करती हो?"

"मछली फँसाती हूँ।" कहकर उसने जाल को लहरा दिया।

"जब इस अनन्त काल में लहरियों के मिस प्रकृति अपनी हँसी का चित्र दत्त-चित्त होकर बना रही है, तब तुम उसी के अंचल में ऐसा निष्ठुर काम करती हो?"

"निष्ठुर है तो, पर मैं विवश हूँ। हमारे द्वीप के राजकुमार का परिणय होने वाला है। उसी उत्सव के लिए सुनहली मछलियाँ फँसाती हूँ। ऐसी ही आज्ञा है।"

"परन्तु वह ब्याह तो होगा नहीं।"

"तुम कौन हो?"

"मैं भी राजकुमार हूँ। राजकुमारों को अपने चक्र की बात विदित रहती है, इसीलिए कहता हूँ।"

धीवर-बाला ने एक बार सुदर्शन के मुख की ओर देखा, फिर कहा—"तब तो मैं इन निरीह जीवों को छोड़ देती हूँ।"

सुदर्शन ने कुतूहल से देखा, बालिका ने अपने अंचल से सुनहली मछलियों की भरी हुई मूठ समुद्र में बिखेर दी, जैसे जल-बालिका वरुण के चरण में स्वर्ण-

सुमनों का उपहार दे रही हो। सुदर्शन ने प्रगल्भ होकर उसका हाथ पकड़ लिया, और कहा—"यदि मैंने झूठ कहा हो तो?"

"तो कल फिर जाल डालूँगी।"

"तुम केवल सुन्दरी ही नहीं, सरल भी हो।"

"और तुम वंचक हो।" कहकर धीवर-बाला ने एक निश्वास ली, और सन्ध्या के समान अपना मुख फेर लिया। उसकी अलकावली जाल के साथ मिलकर निशीथ का नवीन अध्याय खोलने लगी। सुदर्शन सिर नीचा करके कुछ सोचने लगा। धीवर-बालिका चली गयी। एक मौन अन्धकार टहलने लगा। कुछ काल के अनन्तर दो व्यक्ति एक अश्व लिए आये। सुदर्शन से बोले—"श्रीमन्, विलम्ब हुआ। बहुत से निमन्त्रित लोग आ रहे हैं। महाराज ने आपको स्मरण किया है।"

"मेरा यहाँ पर कुछ खो गया है, उसे ढूँढ़ लूँगा, तब लौटूँगा।"

"श्रीमन्, रात्रि समीप है।"

"कुछ चिन्ता नहीं, चन्द्रोदय होगा।"

"हम लोग को क्या आज्ञा है?"

"जाओ।"

सब लोग चले गये। राजकुमार सुदर्शन बैठा रहा। चाँदी का थाल लिये रजनी समुद्र से कुछ अमृत-भिक्षा लेने आयी। उदार सिन्धु देने के लिए उमड़ उठा। लहरियाँ सुदर्शन के पैर चूमने लगीं। उसने देखा, दिगन्त-विस्तृत जलराशि पर कोई गोल और धवल पाल उड़ाता हुआ अपनी सुन्दर तरणी लिये हुए आ रहा है। उसका विषय-शून्य हृदय व्याकुल हो उठा। उत्कट-प्रतीक्षा—दिगन्त-गामिनी अभिलाषा—उसकी जन्मान्तर की स्मृति बनकर उस निर्जन प्रकृति में रमणीयता की—समुद्र गर्जन में संगीत की सृष्टि करने लगी। धीरे-धीरे उसके कानों में एक कोमल अस्फुट नाद गूँजने लगा। उस दूरागत स्वर्गीय संगीत ने उसे अभिभूत कर दिया। नक्षत्र-मालिनी प्रकृति हीरे-नीलम से जड़ी पुतली के समान उसकी आँखों का खेल बन गयी।

सुदर्शन ने देखा सब सुन्दर है। आज तक जो प्रकृति उदास चित्र बनकर सामने आती थी, वह उसे हँसती हुई मोहिनी और मधुर सौन्दर्य से ओतप्रोत दिखाई देने लगी। अपने में और सबमें फैली हुई, उस सौन्दर्य की विभूति को देखकर सुदर्शन की तन्मयता उत्कंठा में बदल गयी। उसे उन्माद हो चला। इच्छा होती थी कि वह समुद्र बन जाए। इसकी उद्वेलित लहरों से चन्द्रमा किरणें खेलें और वह हँसा करे। इतने में ध्यान आया उस धीवर-बालिका का। इच्छा हुई कि वह भी वरुण-कन्या-सी चन्द्रकिरणों से लिपटी हुई उसके विशाल वक्षस्थल में विहार करे। उसकी आँखों में गोल धवल पालवाली नाव समा गयी, कानों में अस्फुट संगीत भर गया। सुदर्शन उन्मत्त था। वह पद-शब्द सुनाई पड़े। उसे ध्यान आया कि मुझे लौटा ले जाने के

लिए कुछ लोग आ रहे हैं। वह चंचल हो उठा। फेनिल जलधि में फाँद पड़ा। लहरों में तैर चला।

बाला से दूर—चारों ओर जल—आँखों में वही धवल पाल, कानों में अस्फुट संगीत। सुदर्शन तैरते-तैरते थक चला था। संगीत और वंशी समीप आ रही थी। एक छोटी मछली पकड़ने की नाव आ रही थी। पास आने पर देखा धीवर-बाला वंशी बजा रही है और नाव अपने मन से चल रही है।

धीवर-बाला ने कहा—"आओगे?"

लहरों को चीरते हुए सुदर्शन ने पूछा—"कहाँ ले चलोगी?"

पृथ्वी से दूर जल-राज्य में; जहाँ कठोरता नहीं केवल शीतल, कोमल और तरल भाव है; प्रवंचना नहीं सीधा आत्मविश्वास है; वैभव नहीं सरल सौन्दर्य है।

धीवर-बाला ने हाथ पकड़कर सुदर्शन को नाव पर खींच लिया। दोनों हँसने लगे। चन्द्रमा और जलनिधि भी।

❑

जैनेन्द्र कुमार

साहित्य और समाज

हिन्दी-साहित्य में अब जो नयी शक्तियाँ आ रही हैं, उनमें बहुभाग को सामाजिक मान्यता प्राप्त नहीं है। कुछ काल पहले तक हमारा साहित्य उच्चवर्गीय था। उसके उत्पादक समाज के प्रतिष्ठा प्राप्त व्यक्ति थे। अब अधिकांश ऐसा नहीं रह गया है। जिसको समाज में पैर टेकने को कोई ठीक ठौर नहीं है, वे लोग भी आज लिखते हैं। इससे प्रश्न होता है कि समाज की और साहित्य की परस्पर क्या अपेक्षा है?—क्या सम्बन्ध है?

साहित्य अब अधिकाधिक व्यक्तिगत होता जा रहा है। पहले वह अपेक्षाकृत समाजगत था। समाज की नीति-अनीति की मान्यताओं की ज्यों की त्यों स्वीकृति साहित्य में प्रतिबिम्बित दीखती थी। अब उसी साहित्य में समाज की उन स्वीकृत और निर्णीत धारणाओं के प्रति व्यक्ति का विरोध और विद्रोह अधिक दिखलाई पड़ता है। अतः यह कहा जा सकता है कि साहित्य यदि पहले दर्पण के तौर पर सामाजिक अवस्थाओं को अपने में बिम्ब-प्रतिबिम्ब-भाव से धारण करने वाली वस्तु थी तो अब वह कुछ ऐसी वस्तु है जो समाज को प्रतिबिम्बित तो करे पर चाटुता से अधिक उसे चोट दे, और इस भाँति समाज को आगे बढ़ाने का काम भी करे। साहित्य अब प्रेरक भी है वह ला देता ही नहीं, अब वह करता भी है। हमारी नीति ही उसमें नहीं है, हमारे संकल्प और हमारे मनोरथ भी आज उसमें भरे हैं।

जो समाज के प्रति विद्रोही है, समाज की नीति-धर्म की मर्यादाओं की रक्षा की जिम्मेदारी अपने ऊपर न लेकर, अपनी ही राह चला जा रहा है, जो बहिष्कृत और दंडनीय है, ऐसा आदमी भी साहित्य-सृजन के लिए आज एकदम अयोग्य नहीं ठहराया जा सकता। प्रत्युत देखा गया है कि ऐसे लोग भी हैं जो दुत्कारे जाते हैं, पर अपनी अनोखी लगन और अपने निराले विचार-साहित्य के कारण कल वे ही आदर्श भी मान लिये जाते हैं। वे लोग जो विश्व के साहित्यकारों में द्युतिमान नक्षत्रों की भाँति प्रकाशित हैं, बहुधा ऐसे थे जो आरम्भ में तिरस्कृत रहे, पर, अन्त में उसी समाज द्वारा गौरवान्वित हुए। उन्होंने अपने जीवन-विकास में समाज की लांछना की

वैसे ही परवाह नहीं की, जैसे समाज के गौरव की। उनके कल्पनाशील हृदय ने अपने लिये एक आदर्श स्थापित कर लिया। और बस, वे उसी की ओर सीधी रेखा में बढ़ते रहे। यह समाज का काम था कि उनकी अवज्ञा करे अथवा पूजा करे। उन व्यक्तियों ने अपना काम इतना ही रखा था कि जो अपने भीतर हृद्‌गत लौ जलती हुई उन्होंने पाई, उसको बुझने न दें और निरन्तर उसके प्रति होम होते रहें। समाज ने उन्हें आरम्भ में दरिद्र रखा, अशिष्ट कहा, अनुत्तरदायी समझा, यातनाएँ तक दीं, हँसी उड़ाई—यह सभी कुछ ठीक। किन्तु, जो कल्याण मार्ग उन्होंने थामा उस पर वे लोग सबके प्रति आशीर्वाद से भरे ऐसे अविचल भाव से चलते रहे कि समाज को दीख पड़ा कि उनके साथ कोई सत् शक्ति है—जबकि समाज की अपनी मान्यताओं में सुधार की आवश्यकता है।

ऐसे लोग पहले तिरस्कृत हुए, फिर पूजित हुए। संसार के महापुरुषों के चरित्र में यही देखने में आता है। समाज के साथ उनका नाता गुलामी का नहीं होता, नेतृत्व का होता है। वे अपनी राह चलते हैं। समाज उन पर हँसता है, किन्तु, फिर उन्हीं के उदाहरण से अपनी आगे की राह को प्रकाशित भी पाता है।

काल-भेद की अपेक्षा हमने साहित्य की प्रकृति में भेद चीन्हा। किन्तु गुण-भेद से भी साहित्य में दो प्रकार देखे जा सकते हैं। एक वह जो समाज के स्थायित्व के लिए आवश्यक है। दूसरा वह जो समाज को प्रगतिशील बनाता है।

साहित्य दोनों प्रकार के आवश्यक हैं। लेकिन, यदि अधिक आवश्यक, अधिक सप्राण, अधिक साधनाशील और अधिक चिरस्थायी किसी को हम कहना ही चाहें तो उस साहित्य को कहना होगा कि अपने ऊपर खतरे स्वीकार करता है, और चाहे, चाबुक की चोट से क्यों न हो, समाज को आगे बढ़ाता है। वह साहित्य आदर्शप्राण होता है, भविष्यदर्शी होता है, चिरनूतन होता है,—किन्तु ऐसा साहित्य सहज मान्य नहीं होता।

समाज में दो तत्त्व काम करते हुए दीखते हैं। समाज के सब व्यक्ति न्यूनाधिक रूप में इन्हीं दोनों तत्त्वों के प्रतिनिधि समझे जा सकते हैं। एक ग्राहक है, एक विकीर्णक। एक व्यक्तित्वशून्य एक सव्यक्तित्व। एक वह जो अपने भीतर ही अपना केन्द्र अनुभव करता है; दूसरा वह जो अपने परिचालन के लिए अपने से बाहर देखने की अपेक्षा रखता है। एक गीत-शील, दूसरा संवरणशील।

सामाजिक जीवन अथवा समाज का व्यक्ति इन्हीं दोनों तत्त्वों के न्यूनाधिक अनुपात का सम्मिश्रण है। एक ओर गाँव का बनिया है जो दादा-परदादा के जमाने से अपनी नोन-तेल की दुकान पर बैठता है और लाखों रुपया जोड़कर अपना कुनबा और अपनी जायदाद बढ़ाने में लगा रहता है। दूसरी ओर वह है जिसे घरबार से मतलब नहीं—जहाँ ठौर मिला वहीं बसेरा डाला; ब्याह की बात जिसे सुहाती तक

नहीं—चक्कर ही काटता डोलता रहता है। इस व्यवसाय-बद्ध (Stationary) और गतिशील (Mercurial)—दोनों प्रकार के जीवनों और व्यक्तियों का साहित्य में समावेश है। दोनों में से कोई उसके लिए अनुपयुक्त नहीं और कोई उसके लिए बर्ज्य नहीं।

किन्तु, समाज साहित्य की भाँति इतनी भावना-जीवी वस्तु नहीं है, इसीलिए, वह इतनी उदार और महत्त्वपूर्ण वस्तु भी नहीं है। समाज में व्यवसायशील तत्त्व का अधिक आदर है और अधिकार है। इसलिए, दूसरे तत्त्व के प्रतिनिधि व्यक्तियों के प्रति समाज में अवमानना और संघर्ष का भाव अधिक रहता है। अर्थात समाज वैश्य-प्रधान है; फ़कीर उसकी दुनियादारी के लिए अनावश्यक है। वैश्य शासन की सत्ता को हाथ में लेगा, फ़कीर केवल वैश्य की कृपा पी जीवेगा। अगर फ़कीर वैश्य की कृपा को साभार स्वीकार नहीं करता तो वैश्य उसके लिए न्यायालय और जेलखाने खड़े करेगा।

यह समाज की हालत है। पर वही समाज अपने साहित्य में और आदर्शों में उसी फ़कीर के गुण-गान करेगा। फ़कीर का आदर्श वैश्य के बहुत मन भाता है। फ़कीर अगर कुछ गड़बड़ न करे, तो उसे अपने घर में प्रतिष्ठा देकर वैश्य अपने परलोक की भी सुव्यवस्था कर लेगा। पर, फ़कीरी के रास्ते पर एक कदम चलने की बात भी अगर उसके नाती-पोतों के मुँह से निकली तो फिर उनकी खैर नहीं।

दोनो तत्त्वों को अपने में समान रूप से धारण करनेवाला साहित्य एकांगी जीवन वाले समाज से क्या उपेक्षा रखे? उससे क्या सम्बन्ध बन सकता है कि साहित्यकार के व्यक्तित्व की अपेक्षा ही उसका समाज के साथ सम्बन्ध निर्णीत होगा।

धातु का बना हुआ पैसा-रुपया-गिन्नी ठोस सत्य चीज़ है। जिनकी सत्य कल्पना इस ठोस धातुमय तल से ऊँची नहीं उठती या नीची नहीं जाती वे व्यक्ति यदि लिखेंगे तो उनकी रचनाओं का समाज के साथ सम्बन्ध स्वीकृति का, आज्ञाकारिता का अथवा अनुमोदन का होगा।

यह भी हो सकता है कि ऊपर से उनके साहित्य में समाज के लिए उगली हुई गालियाँ दिखाई दें, लेकिन वे वैसी ही जली-कटी बातें होंगी जैसी कोई रूठी और कुपित पत्नी खीज में अपने पति को कहती है। उन्हीं जली-भुनी बातों से पता चलता है कि वे समाज की कृपा और ध्यान के, Attention याचक हैं। जो पैसा चाहते हैं, जो पैसे के लिए जीते हैं, वे बड़ी मीठी-मीठी चीजें या बड़ी चरपरी चीजें लिखकर समाज को भेंट करते हैं। यह कौन नहीं जानता कि मिठाई बिकती है तो चरमरी चाट भी कुछ कम नहीं बिकती? ऐसे साहित्य और साहित्यकारों का समाज के साथ सम्बन्ध उस दुकानदार जैसा है जो सबको ग्राहक रूप में देखना चाहता है, तो उस पत्नी के ऐसा है जो जानती है कि पति के बिना उसका जीवन नहीं। इस

साहित्य में, तीखे जले व्यंग्य के तीर चाहे जितने हों, समाज की स्वीकृति प्रधान होती है। मनोरंजन उसमें अधिक होता है, सत्य कम। प्लाट अधिक होता है, विश्लेषण कम। बनावट अधिक होती है, गहराई कम। साहित्य के गोदाम में अधिक माल इसी रकम का है। क्योंकि, समाज में घरबार बनाकर छोटी-मोटी कमाई करके जीने वाले लोग ही अधिक हैं।

पर फ़कीर कम हैं। वैसे फ़कीर जिनकी फ़कीरी दुकानदारी नहीं है। उन फ़कीरों का समाज के साथ सम्बन्ध क्या है?—वे समाज के हितैषी हैं। वे समाज को गाली देना नहीं जानते, पर समाज की हाट से वे विमुख रह सकते हैं। अपने जीने के लिए वे समाज के इशारे की ओर नहीं देखते हैं। वे लिखते हैं तो हितैषिता के नाते लिखते हैं और अपने धर्म-पालन के नाते लिखते हैं। सत्य की प्रतिष्ठा के लिए (अर्थात सत्य के उस रूप की प्रतिष्ठा के लिए जो उनके भीतर प्रतिष्ठित है,—बाहर नहीं) वे लिखते हैं। कहा जा सकता है, समाज के बाजार में डोलने वाले लोगो के लिए वे नहीं लिखते। उनका समाज के साथ सम्बन्ध—उनकी ओर से कहा जा सकता है, निरपेक्ष सत् कामना का है—निष्काम हितैषिता का है। समाज की ओर से वही सम्बन्ध आरम्भ में उपेक्षा, लांछना, बहिष्कार का होता है, अन्त में आदर और पूजा का।

साहित्य के अमर स्रष्टा के रूप में, इस भाँति हम देखते हैं कि वे ही लोग हमारे सामने आते हैं जिन्होंने अपने को अपनी राह पर अपने आप चलाया। उन्होंने यह क्रम चाहा कि लोग उन्हें अच्छा गिनें। जैसे भी कुछ वे थे उसी रूप में उन्होंने समाज के सामने अपने को प्रकट होने दिया। आज चाहे समाज उन्हें महान पुरुष भी गिनता हो, लेकिन चूँकि समाज की नीति-धारणा बहुत धीमी चाल से विकसित होती है, इसलिए, समाज को बरबस उन्हें दुष्चरित्र और दु:शील मानना पड़ता है। उनकी महत्ता के प्रकाश में निस्सन्देह समाज-सम्मत धारणाओं में परिवर्तित होता रहता है। फिर भी, वे सहसा इतनी विकसित नहीं हो सकतीं कि हर प्रकार की महत्ता उनकी परिभाषाओं में बँध जाए। यही कारण है कि आज जिस ईसाई को दो-तिहाई दुनिया ईश्वर मानती है, उसी को शूली चढ़ाए बिना भी दुनिया से नहीं जा सका। ईसा का दुनिया से क्या सम्बन्ध था? वह त्राता था, उपदेष्टा था, सेवक था। दुनिया ने उसके साथ अपना क्या सम्बन्ध बनाया? उसे फाँसी दी, और इस तरह अपनी व्यवस्था निष्कंटक की। और अब दुनिया ने उसके साथ क्या सम्बन्ध बना रखा है? दुनिया कहती है—'वह प्रभु था, अवतार था।'

साहित्यकार (अर्थात, दूसरे प्रकार का साहित्यकार) वर्तमान से अधिक भविष्य में रहता है। दुनिया को खुश करने से अधिक दुनिया का कल्याण चाहता है। इसलिए, वह दुनिया लाचार होती है कि उसको न समझे, उसकी उपेक्षा करे या

बहुत हो तो उसकी पूजा करे—उसका भय करे। दुनिया, क्योंकि उसे समझ नहीं सकती इसीलिए, उसे प्रेम नहीं कर सकती। ऐसे साहित्यकार का यह दुर्भाग्य होता है—अथवा यही उसका सौभाग्य है, कि वह लौ की भाँति अपने आपमें ही जलता चला जाए। वह दुनिया को खुश करना चाहता, रिझाना नहीं चाहता,—उसका भला करना चाहता है; पर दुनिया अपना भला क्यों चाहे ?—वह अपनी खुशी चाहती है।

अधिकतर साहित्यिक दुनिया के मनोरंजन और विलास का सामान देते हैं। यह ऐन्द्रिय साहित्य है। पद्य-साहित्य में लगभग अस्सी फीसदी साहित्य वैसा वैषयिक साहित्य है, अर्थात् व्यसनशील साहित्य—हलके-से नशे और भुलाबे में डालनेवाला साहित्य। इस प्रकार के साहित्य के लेखों का सम्बन्ध समाज के साथ स्वीकृति का है। वे समाज के सामने मनोरंजन हैं, समाज के जीवन के हमजोली हैं। समाज के हृदय की गहरी वेदना के साथ एकात्म पाने की चिन्ता और अवकाश उन्हें नहीं है।

अपने लिये दूसरी अस्पृहणीय स्थिति स्वीकार करके चलनेवाले दूसरे वे लोग हैं जो समाज के विलास का साधन देने की ओर प्रवृत्त होते। वे समाज के रुख की ओर नहीं देखते, उसके रोग की ओर देखते हैं। वे अत्यन्त नम्र हैं, पर अत्यन्त कठोर भी। वे वर्तमान को अपने स्वप्न के रंगों में रंगा हुआ देखना चाहते हैं। उनका समाज के साथ सम्बन्ध स्वीकृति का नहीं होता अहम्मन्य अस्वीकृति का भी नहीं होता—मानो वह निष्काम होता है। इस तरह एक साहित्य है जिसे समाज की मजे की माँग बनाती है। दूसरा साहित्य वह है जो समाज के नेतृत्व के लिए सृष्ट होता है। पहले प्रकार के साहित्य में समाज स्वाद लेता है, प्रसन्न होता है—उसे उसमें चाव होता है। दूसरा समाज को शुरू में कुछ फीका-फीका क़ठिन, गरिष्ठ मालूम होता है, पर उसी को फिर वह औषध के रूप में स्वीकार करता है, वह साहित्यकार हैं जो समाज से दूर बहिष्कृत दीखते हैं।

समाज का और साहित्य का आरम्भ से ऐसा ही सम्बन्ध चला आता है। हम नहीं समझते, कभी कुछ और हो सकेगा।

❑

नन्ददुलारे वाजपेयी

आधुनिक हिन्दी कहानी

नये युग की हिन्दी कहानियों के सम्बन्ध में दो बातें बड़े विश्वास के साथ बहुत ही निर्विवाद रूप में कही जाती हैं। एक यह कि ये कहानियाँ आधुनिक परिश्रमी कहानियों से प्रभावित हैं और उन्हीं के आधार पर लिखी जा रही हैं। दूसरी यह कि इन कहानियों का प्राचीन भारतीय कथा साहित्य से कोई क्रमागत सम्बन्ध नहीं है। किन्तु मुझे ये दोनों ही बातें सुविचारित नहीं जान पड़तीं और सहसा यह मान लेने का कोई कारण नहीं दीखता कि नयी हिन्दी कहानियों की कोई स्वतन्त्र सत्ता नहीं है। अथवा प्राचीन कथा-साहित्य से इनका कोई सात्त्विक साम्य नहीं है।

आरम्भ में ही यह स्पष्ट कर देना आवश्यक है कि मेरा यह मत देशप्रेम की किसी संकीर्ण भावना से प्रेरित होकर नहीं बनाया गया, न इसके मूल में प्राचीन प्रियता की कोई अहेतुक धारणा ही है। साहित्यिक इतिहास के सभी विद्यार्थी यह जानते हैं कि प्राचीन भारतीय कहानियाँ अपने समय के सभ्य संसार में कितना प्रभाव रखती थीं और उनका कितना ऋण संसार के कथा-साहित्य पर है। यदि आज हिन्दी कहानियाँ पश्चिम से प्रेरणा ले रही हैं तो यह पूर्ववर्ती ऋण का शोध ही माना जाएगा। ऐसी अवस्थाओं में हम बिना किसी हिचक के वास्तविक स्थिति का उल्लेख कर सकते हैं।

इन नयी कहानियों का प्राचीन कहानियों से असम्बद्ध होना भी सिद्ध नहीं होता, यद्यपि विषय, शैली और उद्देश्य आदि में पर्याप्त परिवर्तन हो गया है। यह परिवर्तन तो परिस्थिति का परिणाम है, स्वाभाविक विकास का सूचक है। भारत ही नहीं संसार के अन्य देशों के प्राचीन और नवीन कथा-साहित्य के बीच यही अन्तर दिखाई देता है। किन्तु उसे परम्परा टूटना या तात्त्विक सम्बन्ध-विच्छेद नहीं कहा जा सकता। फिर भी यदि कोई कहे कि आधुनिक कहानी, वह भारत की हो या किसी अन्य देश की, प्राचीन कहानी से मूलतः भिन्न सृष्टि है, तो इसके लिए अधिक विश्वसनीय प्रमाणों की आवश्यकता होगी।

हिन्दी कहानियों के वर्तमान विकास पर दृष्टि डालते ही 'नासिकेतोपाख्यान'

और 'रानी केतकी की कहानी' जैसी रचनाएँ सामने आती हैं, जो अपने नाम से ही पुरानेपन की सूचना देती हैं, चमत्कारपूर्ण और विस्मयोद्‌बोधक प्रणाली से किसी उपदेश विशेष की योजना अथवा किसी मार्मिक जीवन-वृत्त का उल्लेख पुरानी कथाओं की विशेषता थी। इनके अतिरिक्त कहानी की तीसरी शैली वह थी जिसमें काल्पनिक घटनावली का मुख्य आकर्षण रहता था, मार्मिकता या उपदेश की योजना भी नहीं होती थी और इनमें राक्षसों या परियों की प्रधानता रहती थी।

ऊपर उल्लेख की गयी कहानियों में यही प्राचीन कथा-शैली पाई जाती है। सम्पूर्ण जीवन-वृत्त को संक्षेप में उपस्थित करने का प्रयत्न पाया जाता है। समय, स्थान और वस्तु के चयन का, बाह्य जीवन की किसी स्थिति विशेष अथवा आन्तरिक जीवन की किसी वृत्ति-विशेष या रहस्य-विशेष के उद्‌घाटन का प्रयास इन कहानियों में लक्षित नहीं होता। सम्पूर्ण जीवन अपनी स्थूलता में जिन तथ्यों को अभिव्यक्त करता है उन्हें छोड़कर उसके विभिन्न अंगों, परिस्थितियों और पहलुओं की ओर ध्यान नहीं गया। कहानी के भीतर कथा-विकास के ही उपकरण न थे, कोरी वर्णनात्मक सामग्री जुड़ी हुई थी।

आगे चलकर भारतेन्दु हरिश्चन्द्र और उनके साथियों ने सम्पूर्ण जीवनचर्या का पल्ला छोड़कर उसके प्रसंगों और प्रकीर्णक अंशों को अपनाया और उन्हें पृथक् वस्तु के रूप में स्वतन्त्र सत्ता देकर या तो निबन्ध या निबन्धात्मक कहानियाँ लिखीं जो विस्मयात्मक और उपदेशात्मक उपकरणों के अतिरिक्त विनोद और व्यंग्य की विशेषताएँ भी रखती हैं। उनका आकार आधुनिक कहानी के उपयुक्त है और इनमें आवश्यक वस्तु-विस्तार भी नहीं है। 'कथा' में जो प्राचीन इतिवृत्त के ग्रहण की परिपाटी थी, उसके स्थान पर सामयिक जीव की कल्पित 'कहानी' का उदय हो चला। भूत के स्थान पर वर्तमान काल का प्रयोग भारतेन्दु-युग की हिन्दी कहानी में ही प्रथम बार हुआ। यहीं से हिन्दी कहानी के नवीन स्वरूप का आरम्भ होता है।

इस समय तक आधुनिक पाश्चात्य कहानी भी अपना निर्माण कर चुकी थी। हम कह सकते हैं कि वह भारतेन्दु युग की कहानियों की अपेक्षा कहीं अधिक कलापूर्ण और विकसित भी थी। कहानी के लिए सबसे आवश्यक वस्तु है घटना। संवलित कथानक का ऐसा प्रसार जो अपनी सीमा में एक प्रभावशाली और असाधारण जीवन-मर्म को पूरा-पूरा व्यक्त कर दे। ताने और बाने की भाँति कथा और जीवन मर्म का एक ही में पर्यवसान हो जाना चाहिए। किसी ओर से असंगति, हेर-फेर, क्रम-भंग के लिए स्थान न रहे। साथ ही सारी कहानी किसी निर्णायक घटना केन्द्र की ओर अनुधाविक हो रही हो।

जीवन-मर्म या उद्‌देश्य ही कहानी का प्राण है और कथानक ही प्राणस्थापक शरीर है, इसके अतिरिक्त कोई तीसरा तत्त्व कहानी के लिए अपेक्षित नहीं। वर्तमान

कहानी जीवन मर्म की प्रभावशाली व्यंजना के लिए अन्य तत्त्व की भी आकांक्षा रखती है—समय और स्थान संकलन की। किन्तु इस प्रकार तो कहानी-काल के कुछ अन्य अंग भी आवश्यक होंगे जैसे देश, काल, पात्र आदि। किन्तु जहाँ तक मूल तत्त्वों का सम्बन्ध है वस्तु और उद्देश्य और ही कहानी के साधन हैं। इस दृष्टि से देखने पर प्राचीन युग से कहानियों का वही रूप रहा है, यद्यपि शैली और विन्यास में बहुत से समयानुकूल परिवर्तन हो गये हैं।

वस्तु-चयन की दृष्टि से आज की कहानी वास्तविकता का अधिक सच्चा आभास देती है। पुरानी कहानी उद्देश्य को प्रमुख मानकर विस्मयजनक कथानक के सहारे अपनी उद्देश्य-व्यंजना कर देती थी—उपदेश दे डालती थी; किन्तु नवीन कहानी शैली, वस्तु या साधन को छूटता नहीं। सच तो यह है कि वर्तमान कहानी अधिक कलापूर्ण और विश्वसनीय रूप में अपना कार्य पूरा करती है।

वर्तमान कहानी का क्षेत्र भी अधिक व्यापक हो गया है। प्राचीन कहानी प्रायः नीति, व्यवहार और मनोविज्ञान के मोटे रहस्यों को कथानक पद्धति से व्यक्त करती थी और ऐसा करते हुए किसी न किसी अनुरंजक या विस्मयादिबोधक कथानक को चुन लेती थी। अन्योक्ति की-सी पद्धति रहा करती थी। किन्तु नवीन कहानी साध्य को साधक से, उद्देश्य को कथानक एकदम अभिन्न बनाकर चलती है और कभी-कभी तो जीवन-घटना ही, कहानी की वस्तु ही, अपना साध्य आप बन जाती है। घटना के मर्म में ही उद्देश्य छिपा रहता है।

मूल तत्त्वों की कमी के कारण केवल वस्तु और उद्देश्य के ताने-बाने को एक में मिलाकर कहानी तैयार कर देने की सुविधा के कारण शैली के प्रधान, जीवन-मर्म की महत्त्वपूर्ण योजना, और इन दोनों के पास्परिक सामंजस्य की ओर कहानी-लेखक पूरा ध्यान दिया करता है। वह किसी दैनिक जीवन की घटना और दृश्य को अपने कार्य के लिए अधिक उपयोगी समझता है, क्योंकि उससे यथार्थ की अनुभूति अधिक सरलता से हो सकती है, किन्तु कभी-कभी असाधारण घटना या सम्भावित कथानक की योजना भी कहानी-लेखन कर सकता है।

यह तो हुई वस्तु या कथानक की बात। उद्देश्य जीवन-मर्म की अभिव्यक्ति में कहानी-लेखक का वास्तविक उत्तरदायित्व और उसकी क्षमता प्रकट होती है। दैनिक घटनाओं को लेकर यदि नित्य प्रति का कोई दृश्य ही दिखा गया अथवा किसी ऐसे तथ्य को उपस्थित कर दिया गया जिसमें न कोई सूक्ष्मदर्शिता है, न कोई तलस्पर्शी प्रयोजन, तो ऐसी कहानी यथार्थ भले ही हो, श्रेष्ठ और स्मरणीय कदापि न होगी। जीवन-तत्त्वों की जितनी सूक्ष्म और असाधारण पहचान कहानी-लेखन की होगी उसकी कला का उतना ही अधिक मूल्य होगा।

सूक्ष्मदर्शिता, अनुभव और विवेक की व्यापकता और विशालता प्राचीन समय

से ही कहानीकार के साधन-संबल रहे हैं। निरर्थक या स्वप्लार्थक कहानी बहुत दिनों तक जीवित नहीं रह सकती। यही कारण है कि आज की कहानियों की बाढ़ में स्थायी और स्मरणीय सामग्री थोड़ी ही है। बहुत से नौसिखुए लेखक बिना किसी अनुभव या बहुज्ञता के प्रेम-कहानियों के क्षेत्र में कलम चलाया करते हैं, इससे, कहानियों के प्रति विवेकवान व्यक्तियों की श्रद्धा घट जाए तो आश्चर्य ही क्या है?

अनुभव और विवेक के सम्बन्ध में कुछ अन्य बातें भी उल्लेखनीय हैं। अनुभव अनेक क्षेत्रों का और अनेक श्रेणियों का हो सकता है, विवेक भी रुचि और योग्यता के अनुसार अनेक कोटियों का होता है। कहानियों में वर्तमान समय और समाज के अनुभवों को ही विशेष रूप से स्थान दे सकते हैं अथवा ऐसे अनुभवों को स्थापित कर सकते हैं जो मनुष्य की स्थायी विशेषताओं और प्रवृत्तियों के लिए उपयोगी हैं। जिन कहानियों का आधार जितना ही व्यापक और सार्वजनिक अनुभव होगा, उसमें उतनी ही अधिक सांकेतिकता होगी और मानव-हृदय को वह उतना ही अधिक स्पर्श करेगा।

इसी प्रकार हमारे अनुभवों का क्षेत्र मनुष्य की सद्भावनाएँ या सुप्रवृत्तियाँ भी हो सकती हैं और असद्वासनाएँ या कुप्रवृत्तियाँ भी। परिस्थिति भेद से मनुष्य की मनोभावनाएँ भी भिन्न-भिन्न स्वरूप धारण करती हैं। इन सूक्ष्म भेदों का परिदर्शन भी कहानियों का विषय बन सकता है। परिस्थिति और मनोविज्ञान का चित्रण करने वाली कहानियाँ इसी आधार पर लिखी जाती हैं। ज्ञान तो प्रत्येक क्षेत्र में एक रस है किन्तु जीवन के असदेशों या परिस्थिति के वैचित्र्यों पर बहुत अधिक ज्ञान-प्रदर्शन सम्भवतः अधिक उपयोगी न होगा।

ज्ञान के लिए ज्ञान का अनुभव भारतीय दृष्टि में कभी श्रेष्ठ स्थान नहीं दिया जा सका। ज्ञान का भी कुछ आदर्श या उद्देश्य होना ही चाहिए। इसलिए भारतीय दर्शनों में ज्ञान का भी परिणाम मुक्ति या आनन्द ठहराया गया है। भारतीय कहानियाँ बहुत अधिक मनोवैज्ञानिक चर्या अथवा परिस्थिति चित्रण में—यथार्थवादी सृष्टि में रुचि नहीं रखतीं। अतएव हिन्दी कहानियों में पाश्चात्य कहानियों की अपेक्षा वस्तुस्थिति या यथार्थ को छोड़कर आदर्श-स्थापना का प्रयास अधिक रहा है, यद्यपि वास्तविकता की अवहेलना करके नहीं।

कहानियों के क्षेत्र में दूसरी भारतीय प्रवृत्ति यह रही है कि उनमें कोरे कल्पनात्मक अनुरंजन की अपेक्षा व्यावहारिक ज्ञान का अधिक सन्निवेश हुआ है। 'सहस्र-रजनी-चरित्र' की-सी काल्पनिकता भारतीय कहानियों में कम देखी जाती है। तिलस्म या जासूसी प्रवृत्ति का प्रायः हमारी कहानियों में अभाव रहा है। इसके स्थान पर सांसारिक अनुभवों का अधिक उपयोग उनमें किया गया है। भारतीय कहानीकारों ने प्रेमचर्या तथा कल्पना-क्षेत्र में रमण की अपेक्षा विवेकपूर्ण जीवनानुभव

को कहानियों में अधिक स्थान दिया है।

मोटे तौर पर कहानी के कथानक और उसके उद्देश्य पर ऊपर की बातें कहने के पश्चात् दोनों के सामंजस्य के प्रश्न को लीजिए। ताने-बाने की भाँति दोनों का एकरूप होना आवश्यक है, यह उल्लेख ऊपर किया जा चुका है। वास्तव में कहानी की वस्तु या कथा और उसके उद्देश्य या जीवन-मर्म के सामंजस्य का अर्थ है दोनों की पृथक् सत्ता का लोप हो जाना। कहानी अपने में पूर्ण हो और जीवन-मर्म भी अपने में पूर्ण हो। अथवा कहानी ही जीवन-चित्र और जीवन-चित्र ही कहानी बन जाए। दोनों का अन्तर जितना ही अप्रत्यक्ष होगा कहानी उतनी ही अधिक सफल मानी जाएगी। उसका प्रभाव उतना ही स्थायी होगा।

वस्तु और उद्देश्य के इसी अभेद के कारण कहानी की व्याख्या 'अर्थपूर्ण कथानक' कहकर भी की जा सकती है। इस प्रकार कथानक ही कहानी का एकमात्र आधार रह जाता है। इसी कारण कतिपय समीक्षक कहानी को 'अनुरंजक आख्यान' भी कहा करते हैं। इस प्रकार कहानी में रूप शरीर या शैली की ही विशेषता परिलक्षित होती है। तभी कहानी-लेखक अपनी कथा को सजाने में, उसे चित्र की भाँति रूपों-रंगों से इस प्रकार सुसज्जित कर देने में कि वह अपने मर्म की व्यंजना आप ही कर सके, अपनी सारी शक्ति लगा देते हैं। जिस प्रकार चित्र में सारा खेल रेखाओं और रंगों का ही होता है, सारा प्रभाव इन साधनों पर ही अवलम्बित रहता है, उसी प्रकार श्रेष्ठ कहानी में व्यंजक और व्यंग्य का—कथा और उद्देश्य का—एकीकरण हो जाता है।

किन्तु कभी-कभी कुछ कहानियाँ उद्देश्य की इतनी प्रमुखता लेकर लिखी जाती हैं कि साध्य और कथानक अलग मारा-मारा फिरता है। ऐसे लेखकों को कहानी-कला का पल्ला छोड़कर निबन्ध-लेखन का अभ्यास करना चाहिए। इसी प्रकार जो लेखक उद्देश्य की कुछ भी चिन्ता न कर कहानी के वेश-विन्यासों में अथवा चरित्रों के उद्घाटन में या जीवन-दशाओं के चित्रण मात्र में अनुरक्ति रखते हैं उन्हें उपन्यास-कला की पगडंडी पकड़नी चाहिए।

अब सम्भवत: कहानी की रूपरेखा थोड़ी-बहुत स्पष्ट हुई होगी, किन्तु देश, काल, चरित्र और कथा के संकलन सम्बन्धी उपांगों की ओर भी दृष्टिपात कर लेना आवश्यक है। उपांग हम इन्हें इसलिए कहते हैं कि ये कहानी के अनिवार्य अंग नहीं हैं और केवल साधन रूप में, वास्तविकता का रंग लाने के लिए, इनका उपयोग किया जाता है। प्राचीन कहानियों में इन तत्त्वों के लिए कोई स्थान न था और वर्तमान कहानी में भी ये गौण स्थान ही रखते हैं। इसलिए मैंने आरम्भ में कहा भी है कि पुरानी कथा को आधुनिक कहानी से नितान्त पृथक् या विजातीय वस्तु नहीं माना जा सकता।

उपन्यास में देश-काल और चरित्र आते हैं साध्य बनकर, किन्तु कहानी में इतना स्थान कहाँ कि देश-काल और चरित्र की स्वतन्त्र व्याख्या की जा सके। वहाँ तो किसी असाधारण परिस्थिति में किसी असाधारण परिणाम की ओर ले जानेवाली घटनाएँ और पात्र रहा करते हैं। कहानी में देश-काल का उपयोग उस चलित परिस्थिति की एक झाँकी दिखाने भर के लिए किया जाता है और पात्र का उपयोग भी परिणाम का साक्षात्कार करने के निमित्त ही हुआ करता है। इससे अधिक इनका कोई उपयोग कहानी में नहीं हो सकता, और अधिकतर तो इतना भी उपयोग उनका नहीं होता। प्राय: वास्तविकता का आलंकारिक 'भार' करने के लिए देश, काल और पात्र का विनियोग कहानियों में होता है।

कहानी सदैव परिणामप्रसाधन होती है और घटनाएँ ही उसका सम्बल हैं। इसलिए कहानी में घटनाओं का आधार तो होगा ही। कहानी में घटनाओं की योजना और उनका आकर्षण नाटक के ढंग का होता है। कहानी इसलिए कला-सृष्टि है। उपन्यास में यह बात नहीं होती। नाटक की ही भाँति कहानी का मुख्य आकर्षण घटना-प्रगति ही है। इस कारण चरित्र-प्रधान, देश-काल-प्रधान या कल्पना-प्रधान कहानी का नाम लेना कहानी सम्बन्धी तथ्य से दूर पहुँच जाना है। कहानी में प्रधान वह 'वस्तु' होती है जो आश्चर्यकारक या असाधारण 'परिणाम' या 'प्रयोजन' की सिद्धि करती है।

इसी वस्तु योजना को अधिक से अधिक प्रभावशाली बनाने के लिए कहानी में देश-काल-संकलन का प्रयोग किया जाता है। समस्त घटना परिणाम से सम्बद्ध और परिणाम की ओर अग्रसर होती है। उसके उत्थान और अवसान के बीच समय और स्थान का मन्थर विधान हो सकता। समय की बाहुलता अथवा स्थानों की विविधता तभी आ सकती है जब कहानी की वस्तु समय और स्थान के ही आधार पर विकसित हो रही हो। किन्तु यह अपवादस्वरूप कुछ ही कहानियों के लिए आवश्यक होगा कि कहानी का वस्तु-चित्र समय और स्थान के पायों पर खड़ा हो।

संक्षेप में आधुनिक कहानी की यही रूपरेखा है जो क्रमश: विकसित होकर पश्चिमी साहित्य में प्रतिष्ठित हुई है। भारतेन्दु के पश्चात हिन्दी कहानियाँ भी इसी पथ पर चल पड़ीं। किन्तु उन पर कतिपय भेदों को छोड़कर जो प्राचीन और नवीन कहानी के बीच घटित हुए थे, हिन्दी कहानी भी अपने मूल स्वरूप से एकदम उच्छिन्न नहीं हुई। मैं तो कहूँगा कि हिन्दी कहानी अपनी प्राचीन उद्देश्य-प्रधान व्यावहारिक परम्परा के अधिक निकट रहती आयी है और जब-जब उद्देश्य का विस्मरण हुआ है और कहानी अनिर्दिष्ट उद्देश्य लेकर लिखी गयी है, तब-तब शैली और प्रभाव दोनों दृष्टि से उसमें शिथिलता आयी है। टालस्टॉय जैसे श्रेष्ठ विचारक और जीवनद्रष्टा श्रेष्ठ कहानी-लेखक भी हुए हैं। यद्यपि ऐसे लेखकों की

भी कमी नहीं है जो बड़े विचारक होते हुए भी कहानी-निर्माण के कार्य में उतने दक्ष नहीं सिद्ध हुए हैं।

अँग्रेजी कहानियों का आरम्भ अँग्रेजी के उपन्यास-लेखकों ने ही किया था, इसलिए कहानी और उपन्यास के बीच का भेद बहुत दिनों तक अस्पष्ट ही रहा, किन्तु ज्यों ही कहानी की स्वतन्त्र कला का आभास मिल गया, अँग्रेजी में भी विशुद्ध कहानी का निर्माण होने लगा। कला की दृष्टि से आधुनिक पाश्चात्य कहानी के सर्वश्रेष्ठ निर्माता फ्रांसीसी मोपासाँ, अनातोले फ्रांस, और रूसी तुर्गनेव, चेखव आदि लेखक हैं जिनकी कला मार्मिक और परिणामदर्शी जीवनांश को छाँट-छाँटकर प्रदर्शित करने में अत्यन्त कुशल है। ये सभी श्रेष्ठ कलाकार तो हैं ही, जीवन के प्रति इनकी अगाध आस्था है, साथ ही ये मनोविज्ञान और मानव-व्यवहारों के पंडित हैं और इनमें से कुछ अपने युग के श्रेष्ठ विचारक भी हैं।

इन सब गुणों का एक साथ सन्निवेश नवीन हिन्दी कहानी-लेखकों में भले ही उस मात्रा में न हो जितना उक्त पाश्चात्य लेखकों में है, किन्तु दो बातें बहुत ही स्पष्ट हैं। एक यह कि हिन्दी में इन गुणों का विकास आशाप्रद है और यदि हिन्दी के पत्र तथा पाठक अनुवाद की चीजों को छोड़कर, और साथ ही सस्ती सामग्री का तिरस्कार कर निरन्तर एक विशिष्ट बौद्धिक स्तर की कलापूर्ण कहानियों का आग्रह करते रहें और प्रेम-कहानियों का पिंड कुछ दिनों के लिए छोड़ दें, तो हिन्दी कहानी फिर से भारतीय कहानियों की पुरातन कीर्ति प्राप्त कर सकती है। दूसरी बात यह है कि हिन्दी कहानियों में स्वतन्त्र कथा शैली, स्वतन्त्र विचारदृष्टि और स्वतन्त्र जीवन-चित्रण की सत्ता का अभाव नहीं है।

वर्तमान समय में जब मशीन पर काती और बुनी कहानियाँ विदेश से आकर हम पर छापा मार रही हैं, और जब हिन्दी कहानी-लेखकों के सम्मुख प्रचुर परिणामों में आनेवाली इस विदेशी वस्तु को हिन्दी साँचा देकर खपाने में विशेष कठिनाई नहीं है, तब हिन्दी कहानीकार स्वतन्त्र साधना और स्वतन्त्र निर्माण के लिए क्यों और किस प्रकार उत्साहित हो? दूसरी ओर यह भी कहा जाता है कि संसार की मनुष्य-जाति इस समय अपना पार्थक्य दूर की, एक-सी ही वस्तु-स्थिति का सामना कर रही है। उसके सामने एक-सा ही जीवन, एक-सी ही समस्याएँ अतएव एक-सा ही समाधान उपस्थित है। ऐसी अवस्था में हिन्दी कहानियों की स्वतन्त्र स्थिति को अवकाश कहाँ है, और आवश्यकता भी क्या है? एक ही प्रकार का प्रचार-कार्य संसार-भर के कहानी-साहित्य को करना है, इस समय मौलिकता की माँग असामयिक और व्यर्थ है।

किन्तु मेरे विचार से इस प्रकार की धारणा एकदम निराधार और भ्रामक ही नहीं, हिन्दी कहानी और साहित्य-मात्र के लिए अतिशय हानिकारक भी है।

संस्कृतियों का पोषण सदैव उनके मौलिक साहित्य से ही सम्भव है। आज के सांस्कृतिक विकास के लिए केवल प्रचारात्मक साहित्य से काम नहीं चल सकता। यदि आज मानव-संस्कृतियाँ एक-दूसरे के निकट सम्पर्क में आ रही हैं और यदि समान परिस्थितियाँ सभी राष्ट्रों के सामने उपस्थित हैं, तो उन राष्ट्रों की सृजनात्मिका शक्ति के पूर्ण उन्मेष द्वारा ही वे एक-दूसरे के हृदय के समीप आ सकती हैं। केवल बाहरी एकरूपता तो राजनीति या सामाजिक परिस्थितियाँ ला सकती हैं, किन्तु सांस्कृतिक सम्मिलन और एकीकरण तो उनकी साहित्य सृष्टियों द्वारा ही घटित हो सकता है। राष्ट्रीय मनोभावों और जीवन-स्थितियों का प्रदर्शन उस राष्ट्र का साहित्य ही कर सकता है और तभी राष्ट्रीय संस्कृतियों का आदान-प्रदान और समन्वय भी सम्भव होगा। एक की नकल करके दूसरा राष्ट्र उसके प्रति अपना आदर भाव नहीं प्रकट कर सकता, न नकल के द्वारा कोई दूसरी समस्या हल हो सकती है।

अनुकरण की वृत्ति ही असांस्कृतिक है और उससे राष्ट्रीय या अन्तर्राष्ट्रीय कोई प्रश्न नहीं सुलझ सकता। हिन्दी कहानियाँ इस 'सांस्कृतिक साम्य' की मरीचिका में न अब तक पड़ी हैं और न तब तक पड़ेंगी जब तक जीवन-शक्ति वर्तमान है। सांस्कृतिक समन्वय तो समान साहित्यिक उत्कर्ष का परिणाम है न कि साहित्यिक एकरूपता सांस्कृतिक साम्य का परिणाम। अतएव हिन्दी कहानी-लेखक अपने राष्ट्रीय अनुभव और प्रतिभा का उपयोग सदैव स्वतन्त्र-लेखन में करेंगे।

कहानी के क्षेत्र में अनुकरण की तीन भूमियाँ हो सकती हैं—एक तो कहानी की शैली का अनुकरण, दूसरी कहानी में प्रदर्शित जीवन-चर्या का अनुकरण। शैली का अनुकरण तो किसी प्रकार क्षम्य हो सकता है, यदि हम उनकी शैलियों को अपने काम में लाते हुए अपनी शैलियाँ भी उनके सम्मुख कर सकें और आदान-प्रदान के कार्य में समर्थ हो सकें।

विचारधाराओं और जीवन-दृष्टियों की समता भी किसी हद तक उपयुक्त कही जा सकती है, क्योंकि विचार-स्वातन्त्र्य और समान मानवता के इस युग में दार्शनिक समता और विचार-विमर्श वर्णित नहीं हो सकते; किन्तु जीवन की वास्तविक परिस्थितियाँ और रहन-सहन तथा वैयक्तिक या सामाजिक जीवन-चर्या अथवा नैतिक प्रतिमानों में एक-दूसरे की नकल किसी प्रकार नहीं कर सकते। इस क्षेत्र में नकल का अर्थ होगा हमारी स्वतन्त्र-चेतना और राष्ट्रीय प्रकृति की पूर्ण उपेक्षा। साहित्य के लिए इससे बढ़कर खतरनाक दूसरी वस्तु नहीं हो सकती।

हिन्दी कहानियों में स्वावलम्बन और स्वतन्त्र विकास की प्रवृत्ति आरम्भ से ही रही है, इसका सबसे बड़ा प्रमाण यह है कि पश्चिमी कहानी के विकसित स्वरूप के प्रति हम अनावश्यक रूप से लालायित नहीं हुए और धीरे-धीरे अपनी मंजिल आप ही तय करते आये हैं। भारतेन्दु के पश्चात कुछ दिनों तक बंगाली

कहानी-लेखकों का प्रभाव हिन्दी पर दिख पड़ा, किन्तु प्रेमचन्द और प्रसाद की कहानियों के मौलिक स्वरूप में प्रकट होते ही यह कुहासा भी हमारे कहानी-क्षितिज से दूर हो गया।

कौशिक, सुदर्शन और ज्वालादत्त की कहानियाँ इस अर्थ में घटना-प्रधान और भावनात्मक या सुधारात्मक ही कही जा सकती हैं कि उनके भीतर लम्बे समय की योजना रहती है और पात्रों या चरित्रों का हृदय-परिवर्तन ही कहानियों का परिणाम होता है। हृदय-परिवर्तन भी किन्हीं मनोवैज्ञानिक संघर्षों द्वारा नहीं, बल्कि कहानी के सुधारात्मक आशय की पूर्ति मात्र के लिए। इन कहानियों का उद्‌देश्य जीवन के सूक्ष्म और मार्मिक पहलुओं का चित्रण न था, न इनमें परिस्थिति की वास्तविकता या मनोवैज्ञानिक गम्भीरता ही थी। गुलेरीजी की 'उसने कहा था' कहानी भी बहुत अधिक स्थान और समय घेरती है और कहानी के नवीन प्रतिमानों को देखते हुए विराट या महाकथा कही जा सकती है।

लम्बी कहानियाँ प्रसाद ने भी लिखी हैं और प्रेमचन्द जी ने भी, किन्तु इन दोनों की कहानियों में 'उसने कहा था' की-सी बोझिल विशालता नहीं है। प्रसाद की कहानियों में वातावरण का चित्रण विशुद्ध कहानी के लिए कुछ अधिक हो जाता है, किन्तु अतीत के वे कल्पना-चित्र विशुद्ध कहानी हैं भी नहीं। प्रसाद जी की कहानियों में कहानी की अपेक्षा वस्तु-अंकन की प्रवृत्ति अधिक है जिसके कारण उनकी कहानियों में आवश्यक गद्यात्मकता नहीं आ सकी है। अतीत को सजीव करने की चिन्ता में प्रसाद घटना-सूत्र के साथ शीघ्र-गति से आगे नहीं बढ़ते, पाठकों को बिलमाते चलते हैं। उनकी कहानियाँ, इसलिए काव्यत्व के साथ उपस्थित होती हैं। प्रसाद की कहानियों में उद्‌देश्य या प्रयोजन का तत्त्व उतना स्पष्ट नहीं है, न उस तत्त्व से बँधी हुई घटना-श्रृंखला ही वेगवती है। प्रसाद की कथा शैली में पर्याप्त आलंकारिता है। सांस्कृतिक और भावात्मक लेखन की दृष्टि से प्रसाद की कहानियाँ अनुपम हैं; किन्तु विशुद्ध कहानी के सब लक्षण उनमें घटित नहीं होते।

प्रेमचन्द हिन्दी के सर्वश्रेष्ठ कहानी-लेखक कहे जा सकते हैं। कहानी कहने की उनकी नैसर्गिक प्रतिभा हिन्दी में भी नहीं, आधुनिक भारतीय साहित्य में बेजोड़ है। प्रेमचन्द हमें आदिम भारतीय कहानीकारों का स्मरण दिलाते हैं जिनके सभी गुण उनमें मौजूद हैं। कहा जाता है कि प्रेमचन्द मनोविज्ञान के पारदर्शी पंडित नहीं थे, किन्तु भारतीय प्रतिमा सूक्ष्म और निगूढ़ मनोगतियों या मानसिक तथ्यवाद को ढूँढ़ते रहने में विशेषज्ञता का दावा कभी नहीं करती। किन्तु मन की मार्मिक गतियों की ओर विशेषतः आदर्शोन्मुख प्रवाह-धारा की पकड़ प्रेमचन्द में बड़ी विलक्षण है। प्रेमचन्द की कथा-शैली अतिरंजना-प्रधान है, इसलिए उसमें मनोविनोद का अंश बराबर रहता है। करुणा की अपेक्षा हास्य और व्यंग्य की भाव-सृष्टि प्रेमचन्द

अधिक सफलता से करते हैं। साधारण विवेक, अनुभव की प्रौढ़ता, आत्मविश्वास और कथा का स्वाभाविक सौन्दर्य प्रेमचन्द की ऐसी विशेषताएँ हैं जो उन्हें हिन्दी कहानियों का श्रेष्ठ निर्माता सिद्ध करती हैं। प्रेमचन्द की सामाजिक दृष्टि अतिशय उदार और तथ्यपूर्ण है।

'उग्र' हिन्दी के प्रथम और प्रमुख राजनीतिक कहानी-लेखक हैं। उनकी आरम्भिक उत्साहपूर्ण मार्मिक दृष्टि से जब हम उनकी परवर्ती कहानियों की आस्थाहीन दृष्टि की तुलना करते हैं तो आश्चर्यचकित रह जाते हैं। उदीयमान लेखकों पर प्रतिकूल परिस्थिति का कैसा विधातक परिणाम पड़ सकता है, उग्र जी इसके उदाहरण हैं।

जैनेन्द्र कुमार की कहानियों से हिन्दी में एक नया उत्थान आरम्भ हुआ। कला की दृष्टि से कहानी अधिक सुन्दर हो गयी। एक ही दृश्य या केन्द्रीय घटना से जुड़े हुए कथानक की योजना करके समय और स्थान के संकलन का निर्वाह उन्हीं की कहानियों से आरम्भ हुआ। प्रेमचन्द की कथा-शैली में यह नाटकीय गुण इतना समृद्ध नहीं है। मार्मिक अवसरों और दृश्यों का चुनाव और प्रभाव की व्यंजना जैनेन्द्र जी की कहानियों में बड़ी कुशलतापूर्वक की गयी है। किन्तु यह तब की बात है जब वे विचारक या दार्शनिक के रूप में ख्यात नहीं हुए थे। जब से उन्होंने यह नया बाना धारण किया, तबसे उनकी कहानियों का वह समुन्नत स्वरूप बहुत ढूँढ़ने पर भी नहीं मिलता।

भगवती प्रसाद वाजपेयी, भगवतीचरण वर्मा, उपेन्द्रनाथ अश्क और बिहार के राधाकृष्ण हिन्दी के प्रथम श्रेणी के कहानी-लेखक हैं। स्त्री-लेखिकाओं में सुमित्रा कुमारी, सुभद्राकुमारी, उषा देवी, और चन्द्र किरण की कहानियाँ प्रभावपूर्ण और सुपाठ्य हैं। कुछ नई प्रतिमाएँ उदय हो रही हैं और कुछ अकाल में ही अस्त हो गयी हैं। कहानी की वर्तमान पत्रिकाएँ नवीन लेखकों के लिए सबसे बड़ी बाधा हैं। पत्रिकाओं का प्रतिमान निम्नकोटि का है क्योंकि उन्हें अर्द्ध-शिक्षित ग्राहकों के पास पहुँचाना होता है। नये लेखक इस संहारक प्रलोभन से बचने के लिए उद्यत नहीं हैं। यदि यही मनोवृत्ति बनी रही तो कहानियों की दौड़ में हम विदेशों का मुकाबला और भी देर से कर सकेंगे।

हिन्दी कहानी का नवीनतम स्वरूप प्रचारात्मक है। इसमें कुछ लाभ और कुछ हानियाँ बहुत ही स्पष्ट हैं। लाभ यह है कि कहानी बहुत ही नपी-तुली और अनावश्यक भार से रिक्त होती है। साथ ही यदि वह सामयिक जन-भावना के संघटन या स्फूर्तिप्रदान और सामाजिक अन्याय के प्रतिशोध में सहायक होती है, तो उससे व्यावहारिक लाभ भी होता ही है। किन्तु कभी-कभी ये कहानियाँ अत्यन्त संदिग्ध, एकांगी और वैयक्तिक मतों का प्रचार करने के निमित्त भी लिखी जाती हैं,

विशेषकर प्राचीन इतिहास की उद्घाटक कहानियाँ। मत प्रचारक का कार्य चाहे वह किसी श्रेणी का क्यों न हो, कथा के स्वाभाविक निर्माण में सहायक से अधिक बाधक होता है। इससे पहले वह हमारे अनुभव के क्षेत्र को संकुचित कर देता है। हमारी दृष्टि वास्तविक जीवन की ओर न जाकर मतवाद पर ही केन्द्रित हो जाती है। पर हम एक निर्णीत विचार को कहानी के साँचे में ढालने का कृत्रिम प्रयास करने लगते हैं।

हम मानते हैं कि आज का युग मतवादों और विचारों के प्रचार का युग है। कहानी-लेखक कमरे में बैठकर, पुस्तकों को पढ़कर कहानी लिखने को बाध्य है। उनका सम्पर्क देश की जनता और परिस्थितियों से एकदम समीपी नहीं है। हम यह भी जानते हैं कि इन प्रतिबन्धों के रहते भी कुछ बहुत प्रचार के विचार-विज्ञापन के अनुकूल भी है, किन्तु जन-जीवन की बहुलता, व्यापकता और जीवन के सम्पर्क-जन्य वाास्तविक संवेदन इस प्रकार की कहानी से आ सकते हैं? नवीनतम कहानियों में इसीलिए रचना चमत्कार और बुद्धिवाद का प्राधान्य रहता है। प्रेमचन्द की कहानियों में जो वास्तविक जीवन-सम्पर्क और सहानुभूति है और 'प्रसाद' की कहानयों में ऐतिहासिक कल्पना की मनोरमता के साथ मानव-स्वभाव की विविधता और परिस्थितियों का जो वैचित्र्य है, वह नवीन कहानियों में बहुत ही विरल है। यशपाल और अज्ञेय हमारी नवीन कहानी के प्रतिनिधि लेखक हैं। राहुल और भगवतशरण की ऐतिहासिक कहानियाँ भी उल्लेखनीय हैं। इनमें उपदेशात्मक रूक्षता का दुर्गण मौजूद है।

❑

नामवर सिंह

सांस्कृतिक बहुलतावाद का विमर्श

मैं जिस विषय पर आप से कुछ कहने का साहस जुटा पा रहा हूँ, वो विषय डॉक्टर राजेन्द्र प्रसाद को भी प्रिय था। उनका एक निबन्ध प्रसंगवश 'भारतीय संस्कृति' शीर्षक पढ़ने के बाद उसमें व्यक्त किये हुए विचारों से एक प्रकाश का कण मिला और मैंने उनके उस प्रिय विषय से सम्बद्ध ही अपना विषय चुना, शायद आपके लिए भी दिलचस्प हो। भारतीय संस्कृति के सम्बन्ध में उन्होंने जो कहा है, वे बहुत कुछ आपके हमारे सबके मन में पहले से मौजूद है, भावना के स्तर पर, विचार के स्तर पर। जलवायु का असर इंसान के रहन-सहन, खान-पान, वेश-भूषा, शरीर और मस्तिष्क पर पड़ता है, तो उसका जीता-जागता सबूत भारत में बसनेवाले भिन्न-भिन्न प्रदेश के लोग देते हैं। इसी तरह मुख्य-मुख्य भाषाएँ भी कई प्रचलित हैं और बोलियों की तो कोई गिनती ही नहीं। भिन्न-भिन्न धर्मों को माननेवाले भी यहाँ पाए जाते हैं और जिस तरह यहाँ की बोलियों की गिनती आसान नहीं, उसी तरह यहाँ भिन्न-भिन्न धर्मों और सम्प्रदायों की भी गिनती आसान नहीं। इन विभिन्नताओं को देखकर अगर अपरिचित आदमी घबराकर कहे कि ये एक देश नहीं अनेक देशों का एक समूह है, ये एक जाति नहीं अनेक जातियों का समूह है, जो गहराई में नहीं जाता, विभिन्नता ही देखने में आएगी, पर विचार करके देखा जाए तो इन विभिन्नताओं की वजह में एक ऐसी समता और एकता फैली हुई है जो अन्य विभिन्नताओं को ठीक उसी तरह पिरो लेती है, और पिरोकर एक सुन्दर समूह बना देती है जैसे रेशमी धागा भिन्न-भिन्न प्रकार की और विभिन्न रंगों की सुन्दर मणियों अथवा फूलों को पिरोकर एक सुन्दर हार तैयार कर देता है, जिसकी प्रत्येक मणि या फूल दूसरों से न तो अलग है और न हो सकता है। ये 'भारतीय संस्कृति' शीर्षक निबन्ध राष्ट्रीय शैक्षिक अनुसन्धान एवं प्रशिक्षण परिषद द्वारा तैयार की हुई हाई स्कूल की पाठ्यपुस्तक में है। इनमें जिन शब्दों का प्रयोग किया है और सीधी-सादी भाषा में जो बात कही गयी है, उसमें महत्त्वपूर्ण एकता के साथ 'समता' शब्द है। इस देश में अनेक भाषाएँ हैं। अनेक जातियाँ हैं, अनेक धर्म हैं, अनेक उपजातियाँ हैं,

संस्कृतियाँ हैं। इस विविधता और बहुलता को सभी स्वीकार करते हैं, क्योंकि यह वास्तविक है, सच है। इसमें शताब्दियों से साथ-साथ रहने के कारण सम्बन्ध सूत्र भी हैं। ये भी पहचानते और मानते भी हैं, लेकिन उनके बीच केवल एकता का ही सम्बन्ध नहीं है। राजेन्द्र बाबू ने कहा कोई भाषा छोटी नहीं है, कोई धर्म छोटा नहीं है। उसी तरह से कोई भाषा बड़ी नहीं है, कोई धर्म बड़ा नहीं है, कोई संस्कृति खोटी नहीं है, कोई संस्कृति खरी नहीं है। ये भाव राजेन्द्र बाबू सहज भाव से उसमें व्यक्त कर चुके हैं। इसलिए भिन्नता में एकता की व्याख्या करते हुए या सम्भवत: उससे आगे बढ़कर वे समता की बात करते हैं और साथ ही अन्त में, जहाँ उन्होंने कहा कि मणि या फूल दूसरों से न तो अलग है न हो सकता है। ये अलग न होना और इस अलगाव के विपरीत मत रखते हुए, उन्होंने एक और भी इशारा किया है। मुझे लगा कि देशरत्न राजेन्द्र बाबू जो उस दौर के राष्ट्र निर्माताओं में से थे, और स्वाधीन भारत के तो प्रथम राष्ट्रपति थे ही। यह एक प्रस्थान बिन्दु है जहाँ से हम आज संस्कृति की चर्चा कर सकते हैं। आपको शायद लगे कि भिन्नता में एकता अथवा विविधता में एकता के मन्त्र का उल्लेख अपने व्याख्यान के विषय में न करके मैंने सांस्कृतिक बहुलता शब्द को ही क्यों रखा है? एकता पर क्यों नही ध्यान दिया या जोर दिया, शायद आपका ध्यान इस पर गया हो।

जिस दौर से हम गुज़र रहे हैं उस दौर में इस समय खतरा स्वयं संस्कृति पर है और आप जानते हैं कि संस्कृति एक वचन शब्द नहीं है, संस्कृतियाँ होती हैं और इसलिए संस्कृति हमेशा बहुवचन होती है। सभ्यताएँ दो-चार होंगी, लेकिन संस्कृतियाँ सैकड़ों होती हैं। इसलिए ऐसे दौर में जहाँ संस्कृति की बहुलता को संकट हो और तमाम संस्कृतियों की बहुलता पर पटेला चलाते हुए समतल करने का प्रयास किया जा रहा हो, ऐसे माहौल में उस सांस्कृतिक बहुलता को नष्ट होते हुए देखकर स्वभावत: चिन्ता होती है, और फिर विचार के लिए आवश्यक स्रोत ढूँढ़ने पड़ते हैं और संस्कृतियों की बहुलता इस देश में स्वयं सांस्कृतिक राष्ट्रवाद संकट का कारण है। और देश के बाहर भी संकट है और वह सांस्कृतिक संकट है, इस दौर में विश्व बाज़ार के चलते एक ऐसी संस्कृति उदित हुई है जिससे भी सांस्कृतिक विविधता को और बहुलता को खतरा है अर्थात सांस्कृतिक विविधता को खतरा भारत में है, सांस्कृतिक विविधता को खतरा भारत के बाहर है। विचार करने की ज़रूरत है कि समस्या क्या है और क्या इसका समाधान या समुचित समाधान सम्भव है? चूँकि संस्कृति की कोई चर्चा ऐतिहासिक सन्दर्भ के बिना नहीं हो सकती है। मैं इस विषय पर सोचते हुए सहसा इस विविधता और एकता को सबसे पहले इस देश के जिस कवि ने वाणी दी, सम्भवत: रवीन्द्रनाथ ठाकुर की प्रसिद्ध कविता 'भारत तीर्थ' ने। ये 1910 में लिखी गयी थी। 1910 इसलिए महत्त्वपूर्ण है कि इसी के आस-पास

उस राष्ट्रगान की रचना हुई जिसे हम आमतौर से राष्ट्रीय पर्वों और समारोहों पर गाते हैं। ये वही वर्ष है जब उन्होंने 'गोरा' नाम का उपन्यास लिखा था, और 'भारत तीर्थ' नाम की प्रसद्धि कविता। जहाँ आरम्भ किया है कि—

है मोर चित्त पुण्य तीर्थे जागो रे धीरे
एई भारतेर महामानवेर सागर तीरे!

से कविता आरम्भ होती है बड़ी उदात्त भूमि पर भारत को उन्होंने महामानव सागर कहा था—

ऐशो है आर्य, एशो अनार्य, हिन्दू-मुसलमान,
एशो-एशो आज तुमि इंग्राज, एशो-एशो खिष्टान,
एशो ब्राह्मण, शुचि करि मन, धरो हात सबाकार,
एशो है पतित, करो अपनीत, सब अपमान भार,
मार अभिषेके, एशो-एशो त्वरा,
मंगलघट हयनि जे भरा,
सबार परशे पवित्र करा, तीर्थ नीरे
आजि भारतेर महामानवेर सागर तीरे।

अनुवाद करने की ज़रूरत नहीं है। ये हिन्दी पढ़नेवाले लोग भी अच्छी तरह समझते हैं। इस कविता में जिस तथ्य की ओर आर्य-अनार्य, हिन्दू-मुसलमान, क्रिस्तान और कुछ लोगो को शायद आश्चर्य हो इसमें अँग्रेज़ को भी बुलाया गया है—'इन्ग्राज़'। इन तमाम लोगो को उसके साथ ही ब्राह्मण से कहा गया है, जो स्वयं अपने को पवित्र समझता है उसको भी कहा गया कि वो अपना मन पवित्र करके, शुचि करके, सबका हाथ पकड़ो और वे जो दलित या पतित समझे जाते हैं, वे अपने सारे अपमान का भार उतार करके आएँ और जब तक सबके स्पर्श से वो जल पवित्र नहीं होगा, और वो पवित्र जल मंगल घट में जब तक भरा नहीं जाएगा, तब तक यह अर्चना पूरी नहीं होगी। मित्रो—इस गीत को कई बार मैंने पढ़ा है, बहु और एक दोनों की चर्चा की गयी है। और रवीन्द्रनाथ बहुलता के साथ एक और एकता पर निरन्तर अपने जीवन भर बल देते रहे हैं बल्कि वे विश्व मानव की एकता की कल्पना किया करते थे। 1910 के आस-पास पृष्ठभूमि है बंग-भंग की, और धार्मिक बहुसंख्यक और अल्पसंख्यक के आधार पर बंगाल का विभाजन किया गया था और उसके लिए स्वदेशी आन्दोलन चला था। उस विभाजन की पृष्ठभूमि में, बहुलता में उस एक विशेष प्रकार की एकता की बात कही गयी थी। स्वाधीनता संग्राम के दौर के अनेक कथनों, वक्तव्यों और हमारे मनीषियों की पुनर्व्याख्या आज की जा रही है। भय है कि यहाँ भी उसकी गुंजाइश निकाली जा सकती है :

हैथाए आर्य, हैथाए अनार्य, हैथाए द्रविड़ चीन,

शक, हूण दल, पठान, मुगल, एक देहै होलो तीन

ये सब एक देश में, लीन हो गये थे। इसलिए जिस एकता की परिकल्पना उभरती है इस पूरी कविता से, कोशिश की जाएगी कि जितनी विविधताएँ हैं वे सब की सब जैसे शक, हूण, द्रविड, चीन सभी भारत में आकर के एक देह में जिस प्रकार लीन हो गये, उसी तरह से आगे भी जिस एकता की कल्पना की जा रही है वहाँ लीन होने की बात या विलीन होने की बात अस्तित्व को सम्पूर्ण उस एक में विलीन कर लिया जाए, ये अर्थ निकाल कर कुछ लोग, वे लोग जो एकता का अर्थ एकरूपता करते हैं—वे रवीन्द्रनाथ के इस 'भारत तीर्थ' गीत से भी अर्थ निकाल सकते हैं। इसलिए मैंने कहा कि ध्यान रखने की बात है कि रवीन्द्रनाथ ने इन तमाम चीजों का प्रयोग अतीत के उस इतिहास के सन्दर्भ में किया है जहाँ ऐतिहासिक प्रक्रिया में शक और हूण अनेक आनेवाली जातियाँ इस देश में आयीं और आकर के घुल-मिलकर वे इतनी अभिन्न हो गयीं, कि आज उनको अलगाना कठिन है कि वे किस वंश परम्परा की हैं। विश्व कवि रवीन्द्रनाथ ठाकुर की इस कविता के सन्दर्भ में, इसी परम्परा को आगे बढ़ाते हुए मेरे गुरुदेव, आचार्य हजारी प्रसाद द्विवेदी, जो उसी विश्व भारती शान्ति निकेतन में थे, वहीं रहते हुए उन्होंने एक और उपन्यास लिखा था—बाणभट्ट की आत्मकथा—जो 1946 में छपा था। जहाँ एक बड़ा भारी प्रश्न था कि : राष्ट्र को मुक्त पहले कर लिया जाए। इसके बाद जात-पात का भेद दूर करेंगे, धार्मिक भेदभाव को दूर करेंगे, स्त्री और पुरुष के बीच जो सम्बन्ध है, उसको दूर करेंगे। बड़ा सत्य हैं—राष्ट्र की मुक्ति। बाकी सत्य जितने हैं वे भी सत्य हैं लेकिन वे छोटे सत्य है और ये द्वन्द्व था महाकवि जयशंकर प्रसाद की प्रसिद्ध कहानी 'पुरस्कार' जिसमें वैयक्तिक प्रेम और राष्ट्र प्रेम, दो के बीच द्वन्द्व है और चरित्रनायक को दिखाया गया है कि राष्ट्र के लिए वह व्यक्ति के प्रेम का बलिदान कर देता है। गुरुदेव के इस उपन्यास को, आप लोगो में से भी कई लोगो ने पढ़ा होगा। अचानक इन शब्दों पर और ध्यान देने की बात है कि बाणभट्ट से निऊनिया ने पूछा, "मैं पूछती हूँ आर्य, क्या छोटा सत्य बड़े सत्य का विरोधी होता है। मेरी ही शपथ खाकर तुम सत्य-सत्य कहो। मेरा कौन-सा ऐसा पाप चरित्र है जिसके कारण मैं निदारुण दुख की भट्ठी में आजीवन जलती रही। तुम इस छोटे से सत्य के साथ, राष्ट्र जीवन के बड़े सत्य को अविरोधी पा रहे हो। क्या वृहत्तर सत्य के नाम पर मिथ्या का तांडव नहीं चल रहा है।"

बाणभट्ट ने लिखा है कि "मैं इस प्रश्न का कोई प्रयोजन नहीं समझ सका।" सहज भाव से उत्तर दिया—सत्य अविरोधी होता है ऐसा ही तो सुना है। किन्तु बाणभट्ट के मन में निऊनिया का ये प्रश्न गूँजता रहा कि क्या छोटा सत्य बड़े सत्य का विरोधी नहीं होता। ऐसा ही तो देख रहा हूँ सामान्य मनुष्य जिस कार्य के

लिए लांछित होता है उसी कार्य के लिए बड़े लोग सम्मानित होते हैं। और बाणभट्ट कहते हैं—मनुष्य के सामाजिक सम्बन्धों की जड़ में ही कहीं बहुत बड़ा दोष रह गया है। निश्चय ही कोई बड़ा असत्य समाज में सत्य के नाम पर घर बना बैठा है। जब भारत स्वतन्त्र नहीं हुआ था हजारी प्रसाद द्विवेदी एक स्त्री के सत्य को राष्ट्र के सामने राष्ट्र की एकता, उसी राष्ट्र में नागरिक एक स्त्री भी तो है क्या उसका दुख सत्य नहीं है ? राष्ट्र को मुक्ति से क्या उसका दुख दूर हो जाएगा ? यही वो प्रश्न है जो बाणभट्ट की आत्मकथा में द्विवेदी जी उठाते हैं और जिसे कहूँ रवीन्द्रनाथ के भारत तीर्थ के गीत को एक क़दम और ले जाकर वे उस प्रश्न के बिन्दु पर खड़ा करते हैं जो आज हमारे सामने मौजूद हैं। भिन्नता में एकता की बात, हम बरसों से सुनते चले आ रहे हैं। आज़ादी की लड़ाई के पहले भी और आज़ादी मिलने के बाद से भी और आज जिस बिन्दु पर हम हैं उनमें एक ओर ऐसे बहुत से प्रश्न हैं जिस प्रश्नों को स्वाधीनता संग्राम के ज़माने में चुप करा दिया गया था। याद है आपको, गाँधी और डॉक्टर अम्बेडकर के बीच जो पूना पैक्ट हुआ, पैक्ट के सम्बन्ध में अम्बेडकर ने यही कहा था ना, कि दलित की समस्या पहले सुलझाओ। और दूसरी ओर से था कि बुनियादी पहली समस्या है कि अँग्रेज़ यहाँ से चले जाएँ। ऐसी बहुत-सी समस्याओं का और उस ब्योरे में नहीं जाना चाहता, हमारे यहाँ अजीब तरह से इतिहास लिखा गया है। अजीब तरह से कह रहा हूँ कि उपनिवेशवादी दौर का इतिहास, 19वीं शताब्दी का ख़ासतौर से वो इतिहास लिखते समय पहले दौर को हम कहते हैं जब सती प्रथा बन्द कराई गयी थी तो कहते हैं कि वो समाज सुधार था। बड़ा काम नहीं था, राजा राममोहन राय वगैरह ने आज़ादी की माँग नहीं की थी, उन्होंने तो समाज को सुधारने की बात कही थी, यानी राजनीतिक चेतना का, राष्ट्रीय चेतना का स्तर, नीचे था। 19वीं शताब्दी के उत्तरार्द्ध में भी, धीरे-धीरे सुगबुगाहट शुरू हुई और कुछ लोग स्वदेशी की बात करने लगे आर्थिक मामलों में। आगे बढ़ करके कुछ लोगो ने कहा खासतौर से 1885 से जब इंडियन नेशनल काँग्रेस कायम हुई उस समय तक हालत यह थी कि हम पूर्ण स्वतन्त्रता की माँग नहीं कर रहे थे। इतिहास में बताया जाता है कि आरम्भ में राष्ट्रीय चेतना समाज सुधार के रूप में थी, धीरे-धीरे सांस्कृतिक जागरण के रूप में आयी, आगे चलकर वो राष्ट्रीय जागरण के रूप में विकसित हुई और फिर राष्ट्र मुक्ति की हम बात करने लगे।

ये कौन-सा इतिहास है ? इस इतिहास के पढ़ने का नतीजा यह हुआ कि फिर राष्ट्रीय मुक्ति हो जाने के बाद वे जो समाज सुधार वाले कार्यक्रम थे वो कहाँ चले गये, इसका मतलब है कि राष्ट्र की मुक्ति समग्रत: हुआ करती है। वो सामाजिक भी होती है, आर्थिक भी होती है, सांस्कृतिक भी होती है और राजनीतिक भी होती है। वे लोग जो समाज सुधार की बात कर रहे थे, वो जानते थे कि जब तक

सामाजिक बुराइयाँ, कुरीतियाँ दूर नहीं होंगी, चाहे वे मसले धार्मिक हों, उर्दू में जिसे कहना चाहिए, कि सारे मसलों को हम लोगो ने मुल्तवी किया, या कालीन के नीचे डालते गये, निश्चय ही कोई बड़ा असत्य समाज में सत्य के नाम पर घर बना बैठा है। जब आज़ादी मिल गयी तब तो कोई बहाना नहीं था, फिर आप वो सारे प्रोग्राम लागू करते, फिर राजा राममोहन राय ने जिस सती प्रथा बन्द कराने की बात कही थी, वो सती वाला कांड क्यों इतने दिनों के बाद आज़ाद हिन्दुस्तान में हुआ? जिन दलितों को हमने उस समय कहा कि आज़ादी मिलेगी, तो दलितों की समस्या भी हल हो जाएगी। जो पूना पैक्ट हुआ था वो वादा निभाने में इतनी देर क्यों हुई कि आज दलितों का आन्दोलन भी शुरू हो गया है। स्त्री मुक्ति के बारे में 19वीं शताब्दी में पंडित रमा बाई ने या अनेक महिलाओं ने उस दौर में जो कुछ लिखा, वे सारी की सारी चीजें उस समय समाज सुधार मात्र हैं असल चीज़ तो राष्ट्रीय मुक्ति है। जो प्रश्न बाणभट्ट की आत्मकथा में उठाया गया था कि छोटा सत्य और बड़ा सत्य- राष्ट्र की मुक्ति या राष्ट्र का विकास एक ओर, और दूसरी ओर जो राष्ट्र के टुकड़े हैं चाहे वे धार्मिक अल्पसंख्यक हों, चाहे जाति से अल्पसंख्यक हों, भाषा की दृष्टि से अल्पसंख्यक हों, चाहे दलित हों, आदिवासी हों, स्त्री हों, ईसाई हों, मुसलमान हों, ये सारे के सारे इनके अस्तित्व का जो सवाल है, उससे और राष्ट्र के विकास से क्या रिश्ता हो?

इस देश में जवाहरलाल नेहरू विश्वविद्यालय में एक समय एक कार्यशाला हुई, जो हमारे संविधान की आठवीं अनुसूची है, उस पर विचार किया गया था कि भारत में अब भी ऐसी अनेक भाषाएँ हैं जिनका अपना राज्य भी अब है। पूर्वोत्तर प्रदेश की अनेक भाषाएँ हैं, संथाली है, मुंडाली है, कई भाषाएँ हैं। बड़ी समृद्ध परम्परा उनकी है—भाषाई परम्परा, साहित्यिक परम्परा और उनको स्थान आठवीं अनुसूची में नहीं मिला है। दुनिया के भाषाविज्ञानी और नृ-विज्ञानी लगभग अनुभव कर रहे हैं कि दुनिया की कई भाषाएँ इस बीच मर गयी हैं। 19वीं शताब्दी में, जिन भाषाओं की लिपि थी, उन्हें बोलने वाले थे, वहीं भाषाएँ अब उनको न कोई बोलने वाला है, क्योंकि वो लिखी नहीं गयीं और सुरक्षित नहीं रखी गयीं, क्या हम चाहते हैं कि भारत में भी यही स्थित हो?

ग्रियर्सन के लिंग्विस्टिक सर्वे ऑफ इंडिया में कुछ ऐसी भाषाएँ भी दी गयी हैं जिनको बोलने वाला एक आदमी था, मेरा ख्याल है कि उस भाषा को बोलने वाला आज कोई आदमी नहीं होगा। इसलिए जिस संस्कृति की बात करते हैं उस संस्कृति की बुनियाद है भाषा और सांस्कृतिक बहुलता, और जब हम बात करते हैं तो भाषा उस बहुलता की एक महत्त्वपूर्ण इकाई है। इस बहुलता की रक्षा होगी कि नहीं? मैं स्वयं, हिन्दी भाषा से मेरा सम्बन्ध है लिखना, पढ़ना, पढ़ाना, जो सम्पर्क

भाषा के रूप, राजभाषा के रूप में मान्य है। उसके एक अदना विद्यार्थी की हैसियत, और चूँकि मेरी भाषा है उसके नाते में अनुभव करता हूँ कि हिन्दुस्तान में सांस्कृतिक रक्षा के लिए पहली ज़रूरत है कि जितनी जिनको हम बोली कहते हैं, आदिवासी बोलियाँ कहते हैं, आज उन भाषाओं को बचा के रखना है क्योंकि हर भाषा के साथ शताब्दियों की संस्कृतियाँ छिपी हुई हैं। एक भाषा मरती है तो उसके साथ ऐसे लोगो की हज़ारों साल की स्मृतियाँ मर जाती हैं, उनके साथ संस्कार मर जाते हैं, उनका साहित्य मरता है, रहन-सहन मरता है, इसलिए यह बड़ा सत्य कि राष्ट्र भाषा को बचाने के लिए सम्पर्क भाषा क़ायम रखने के लिए चाहे वे जो भी भाषा हो, उसकी बलिवेदी पर हम किसी, चाहे वो छोटी ही सही उसकी बलि हम क्यों चढ़ाएँ? इस सन्दर्भ में, द्विवेदी जी की इस बात को याद रखते हुए लगा कि अब इस दौर में भिन्नता में एकता का नारा कारगार नहीं हो सकता है। इस नारे के चलते अब तक जो कुछ हुआ है उसमें भिन्नता साधना थी, और एकता साध्य था। आप जानते हैं कि साध्य की बलिवेदी पर साधन की बलि चढ़ा देना एक आम बात है। यही वजह है कि आजकल यह नारा कम सुनाई पड़ता है। अगले वक़्तों के वो लोग थे जो कि भिन्नता में एकता की बात रवीन्द्रनाथ करते थे, गाँधीजी करते थे, जवाहरलाल नेहरू करते थे, उस दौर के साहित्यकार करते थे। आजकल भिन्नता में एकता का नारा अब नहीं सुनाई पड़ता कहीं, और यह नहीं सुनाई पड़ता तो बहुत बुरा भी नहीं है क्योंकि अब वो उस रूप में एकजुट करने का जो अस्त्र होना चाहिए, मन्त्र होना चाहिए वो नहीं रह गया है। और जब वो मन्त्र नहीं रह गया है इसके फलस्वरूप अब आज के जमाने में जो बहुल संस्कृतियाँ हैं उनके बीच और जो एकता का केन्द्र है एक और अनेक, केन्द्र और परिधि, उनके बीच का रिश्ता बदल गया है। अब वो दिन गये जब अपने देश में अनेक भाषाओं के होने, अनेक धर्मों के होने, अनेक क्षेत्रीय संस्कृतियों के होने से भोजन की विविधता, वस्त्र की विविधता, रंगारंग इस पर गर्व किया करते थे, अब ये चीज़ें गणतन्त्र दिवस पर, परेड की शोभा यात्रा मात्र रह गयी हैं यानी प्रदर्शन की वस्तु रह गयी हैं। अब उन्हीं इलाक़ों में जब लोग सिर उठाने लगे हैं तो ऐसा लगता है कि बहुलता ख़तरनाक हो गयी है। शेर की तरह से, जैसे जंगल में रहनेवाले लोग ख़तरनाक हो जाते हैं। उनसे आप डरने लगते हैं। ये जो विविधिताएँ हैं ये हमारे लिए चुनौती बन गयी हैं कि हम क्या करें इनका? कभी हम जिन्हें अपनी समृद्धि का परिचायक समझते थे, आज हमारे लिए वो चुनौती मालूम होने लगी हैं कि इनका क्या करें, कैसे प्रबन्धन किया जाए, क्योंकि इनमें कहीं आतंकवादी, उग्रतावादी लोग भी दिखाई पड़ेंगे। वे अपनी अस्मिता के लिए, अपने अस्तित्व के लिए संघर्ष करते दिखाई पड़ेंगे, स्वतन्त्र राज्य की माँग करनेवाले दिखाई पड़ेंगे। प्रतिनिधित्व का अधिकार विशेष माँगेंगे। इस सन्दर्भ में कुछ ही वर्ष पहले

और चूँकि ये घटनाएँ ज़्यादा-से-ज़्यादा उग्र हुई हैं, इस शताब्दी के अन्तिम दशक में लगभग 1990-91 के आसपास से। 1991 में इकनामिकल पालिटिकल वीकली में प्रो. ज्ञानेन्द्र पांडे का एक लेख छपा था, 'इन डिफेंस आफ दी फ्रेगमेंट', फ्रेगमेंट माने टुकड़ा, टुकड़े की हिमायत करते हुए उसके पक्ष में। ये टुकड़े किसी के लिए तो जिगर के टुकड़े हो सकते हैं लेकिन ये टुकड़े हैं राष्ट्र के, जिनसे राष्ट्र भरा पूरा बना है समृद्ध हुआ है और ज्ञानेन्द्र पांडे ने यह दिखाने की कोशिश की है कि आज जिस एकता को हम स्वाभाविक, बहुत-से लोग समझते हैं— हमारे सामने बड़ी पुरानी, क्योंकि रूपकों की भाषा में सोचने की आदत है, देह और आत्मा के रूप में सोचते हैं, क्योंकि राष्ट्र की एक आत्मा है जिसके सामने देह जो है वो एक गौण-सी चीज़ है, इसलिए बहुलता शरीर है, महत्त्वपूर्ण चीज़ तो आत्मा है और राष्ट्र की आत्मा नाम की चीज़ होती है। उस आत्मा के सम्मुख ये जो विविधताएँ, बहुलताएँ-फ्रेगमेंट जो टुकड़े हैं और टुकड़े-टुकड़े ही हैं। इसलिए अखंड भारत में, खंड के लिए कोई जगह नहीं है और बहुत पहले, हिन्दी की एक कविता की एक पंक्ति है—गोपियों ने ऊधव से बहस करते हुए कहा जब बार-बार, कहें कि कृष्ण में तुम अपने को लीन कर दो यही चरम लक्ष्य तुम्हारा होना चाहिए, तो गोपियों ने ऊधव से कहा—

जइहैं बन बिगारिन बारिधता बारिध की
बूँदता बिलइहैं, बूँद विवस विचारी की

यदि बूँद समुद्र में मिल जाए, तो समुद्र का कुछ बनेगा न बिगड़ेगा, एक बूँद अगर समुद्र में मिल गयी तो समुद्र का क्या होना है और यदि नहीं मिली तो उसका क्या घाटा है लेकिन बूँद की बूँदता समाप्त हो जाएगी। ''जइहैं बन बिगरिन बारिधता बारिध की बूँदता बिलइहैं बूँद विवस विचारी की'' ये टुकड़े यदि मिल भी जाएँगे तो उसका क्या होना है। कुएँ में एक लोटा दूध डालना है, तो गाँव के एक आदमी ने सोचा कि यदि मैं दूध नहीं डालूँगा और बाकी लोग तो डालेंगे ही, तो क्या बिगड़ जाएगा कुएँ का। इसलिए ऐसी स्थिति में राष्ट्र के टुकड़े पचास वर्षों तक इन्तज़ार करने के बाद ठीक है मुक्ति हो गयी है, अब तो आप कुछ कीजिए और उन टुकड़ों में स्त्रियाँ प्रतिनिधित्व माँग रही हैं, दलित प्रतिनिधित्व माँग रहे हैं और कहा जा रहा है सत्ता के लिए लोभी हैं। जो सत्ता में बैठे हैं वो सत्ता के लोभी नहीं हैं? वो देश का कल्याण कर रहे हैं और ये जो माँग रहे हैं जो सत्ता माँग रहे हैं और आप जो स्वयं बैठे हुए हैं आपको न तो सत्ता से कोई लोभ है और न सत्ता से कोई लगाव है। इसलिए जब खंड अपने अधिकार माँगता है, अपनी पहचान चाहता है, अपना अस्तित्व की रक्षा चाहता है, तब वह पराया ही नहीं राष्ट्रद्रोही माना जाता है। आतंकवाद पर कुछ समाजशास्त्रियों ने अध्ययन किया है और एडवर्ट सईद ने बहुत

अच्छा एक लेख लिखा है। गहराई से उसका अध्ययन होना चाहिए कि उस आतंकवाद के मूल में वो कौन लोग हैं, कौन जन समुदाय हैं और आतंक का सहारा क्यों लेना पड़ा है उनको, वे कौन लोग हैं? क्या इतने खूँखार, भयानक और किसी देश के लिए तथा दुनिया के लिए ख़तरनाक हैं? इसलिए 'इन डिफेंस ऑफ फ्रैगमेंट' में टुकड़े के पक्ष में लिखने की ज़रूरत एक इतिहासकार को इसलिए पड़ी कि सारा इतिहास और ख़ासतौर से राष्ट्रवादी इतिहास जिस तरह लिखा जा रहा है और जहाँ उस राष्ट्रीय आत्मा, राष्ट्रीय एकता के नाम पर सब के तहत सब कुछ को आत्मसात करके लोग उन टुकड़ों का इतिहास जिसको 'सबाल्टर्न स्टडीज' के नाम से कहते हैं वो लिखते हुए दिखाई पड़ रहे हैं।

यह प्रक्रिया जो राष्ट्र के अन्दर है, सांस्कृतिक राष्ट्रवाद और सांस्कृतिक बहुलतावाद जिसे कहें वो एक ही सिक्के के दो पहलू हैं। दोनों के बीच द्वन्द्वात्मक सम्बन्ध है, एक की प्रतिक्रिया में दूसरा है और ये चीज़ इशारा करती है भारत से बाहर चलकर के हम लोग देखें। सांस्कृतिक बहुलता के लिए संघर्ष उचित है, लेकिन इस बहुलता की रक्षा में कुछ विचारधाराओं के रूप में और विशेष प्रकार की विचारधारा या आइडियोलॉजी जिसे कहते हैं। उस आइडियोलॉजी में 'सांस्कृतिक बहुलतावाद' नाम की चीज़ क़ायम की गयी, जहाँ बाकी तमाम चीज़ें पीछे पड़ गयीं। अमेरिका से एक जरनल निकलता है। डेटलस एक विशेष अंक निकला है, जिसका शीर्षक है—डाइवरसिटी। जिसने अपने यहाँ रेड इंडियन्स को ख़त्म किया, जिसकी न भाषा बची है, न संस्कृति बची है, जिन लोगो ने काले लोगो को दूसरे दर्जे का नागरिक बना रखा है, अचानक इनको और जो लोग एक साँस में 'ग्लोबल विलेज' की बात कर रहे हैं सारी दुनिया विश्व ग्राम है, 'बसुधैवकुटुम्बकम'। हम लोग कभी कहते रहे होंगे हाइजैक कर लिया उसको इन लोगो ने, और अब 'ग्लोबल विलेज' की वो बात कर रहे हैं। एक ओर ग्लोबल विलेज, एक ओर विश्व बाज़ार, भू-मंडलीकरण और दूसरी ओर ये लोग विविधता की बात कर रहे हैं। ये क्या मामला है, रघुवीर सहाय की एक कविता है कि :

प्रभु ये तुम्हारी दया नहीं तो और क्या है
कि इन दोनों में कोई सम्बन्ध नहीं है

सौभाग्य से और संजोग से कहिए कि उस जरनल में पहला, लेख अमर्त्य सेन का है और अमर्त्य सेन के उस लेख का ज़रूर मैं हवाला देना चाहूँगा। यह दिलचस्प है इस मामले में, जो शीर्षक अमर्त्य सेन ने दिया है और अमर्त्य सेन वही हैं जो प्रो. क्षिति मोहन सेन, जो विश्व भारती में थे, हमारे गुरुदेव के साथ थे, उनकी बेटी के बेटे हैं और विश्व भारती में उनकी शिक्षा हुई है, रवीन्द्र की इस पूरी परम्परा से परिचित हैं अमर्त्य सेन, एक विश्वविख्यात अर्थशास्त्री होने के साथ। उनके निबन्ध

का शीर्षक है 'भारतीय परम्पराएँ और पाश्चात्य कल्पना'। याद रखें, इंडियन ट्रेडिशन्स बहुवचन में है। हमारे यहाँ बड़ी बेहिचक, बेलाग, बेलौस तरीके से ये बड़े-बड़े लोग ऊँची कुर्सियों पर बैठे हुए भारतीय परम्परा, भारतीय परम्परा कहते हैं जैसे परम्परा एक ही है। इतने विशाल देश में जिसका हज़ारों साल का इतिहास हो और इतना बड़ा भू-भाग हो, उसमें क्या एक ही परम्परा रही होगी? जिस देश में कहा जाता है कि 'नैकोमुनिर यस्य मतिर्ण मित्रा!' ऐसा कोई मुनि नहीं है जिसका मत भिन्न न हो, वो मुनि कैसा जो दूसरों की हाँ में हाँ मिलाता हो, भिन्न होना ही चाहिए। कभी-कभी भिन्नता के लिए भी भिन्न होना चाहिए। ऐसे देश में चूँकि डाइवरसिटी नाम के विशेष अंक में छपा हुआ पहला ही लेख है। भारत की ओर से आया है। और ये कि भारतीय परम्पराएँ। मैंने जब दूसरी परम्परा नाम का लेख लिखा तो कहा कि परम्परा दूसरी होती है, तीसरी होती है, चौथी होती है, कौन उनको समझाए कि दूसरे माने 'अन्य' है। यहाँ, हिन्दी में दूसरा अन्य वाचक सर्वनाम भी हुआ करता है, केवल संख्यावाचक नहीं हुआ करता है। इतनी तो हिन्दी जानते हैं लोग! परम्पराएँ होती हैं। उसमें दिलचस्प बात जो कही है अमर्त्य सेन ने शुरू ही करते हैं वो कि मैं केवल भारतीय समाज की और उसकी बौद्धिक परम्पराओं की जो विशेषता है उसी पर केन्द्रित अपने को रखना चाहता हूँ, क्योंकि प्रारम्भिक विविधताएँ जिनको एलीमेंट्री डाइवरसिटीज कहते हैं। अब ये एलीमेंट्री साधारण भी अर्थ दे सकती हैं और प्रारम्भिक अर्थ भी दे सकती हैं। जो एलीमेंट्री विविधताएँ हैं, जो विशेष है भारत की, उसी के बारे में कहना चाहता हूँ। पश्चिमी समाचारपत्रों में भारत का जिक्र मुख्यतः हिन्दू देश के रूप में किया जाता है। लेकिन ये मुख्यतः हिन्दू, देश दुनिया का तीसरा सबसे बड़ा मुस्लिम देश भी है, जिसमें लगभग ग्यारह करोड़ मुसलमान रहते हैं। इसे भूल जाते हैं। और ये है परम्पराओं की विविधता की ओर इशारा करना। हम लोगो ने, पश्चिम के लोग हिन्दू इंडिया, हिन्दू पीरियड, हिन्दू कल्चर कहते रहे और बहुत दिनों तक हम लोग, पश्चिम ने हमारी जो छवि बनायी है उसी छवि को स्वीकार करके हम भी तोते की तरह दोहराते हैं कि हाँ हम हिन्दू हैं। किस अर्थ में वो हिन्दू कह रहे हैं और किस अर्थ में हम अपनी छवि स्वीकार कर रहे हैं। बहुत ख़तरनाक होता है जब ग़ैर आपकी जो छवि बनाए वही छवि आप अपनी मान लें, बग़ैर देखे हुए कि आपकी आत्मछवि क्या है? इस लेख में प्रो. अमर्त्य सेन ने यही दिखाने की कोशिश की है कि पश्चिम की नज़रों में हमारी एक छवि है।

इसलिए यह जो मैं कहना चाहता हूँ—'मल्टी कल्चरिज़्म', सांस्कृतिक बहुलतावाद और मल्टी नेशनल एजेंसीज या मल्टी नेशनल कैपीटलिज़्म-बहुराष्ट्रीय पूँजीवाद और सांस्कृतिक बहुलतावाद ये दोनों एक ही विचारधारा के, एक ही पहलू

के सिक्के हैं। और विचित्र विडम्बना है कि हमारे यहाँ के स्वदेशी लोग उस विचारधारा को इस तरह अपना रहे हैं।

इसलिए शमोनज़र और ख़्याल के अन्जुम तारे तो हैं ही लेकिन ये जिगर के दो दाग हैं, जितने ये भी चिराग हैं हमारे लिए।

फ़ैज़ का वो शेर याद आता है—

शमे-नज़र ख़याल के अंजुम जिगर के दाग़
जितने चिराग़ हैं तेरी महफिल से आए हैं

और ये तेरा कौन है, इसे साफ़ शब्दों में बताने की ज़रूरत नहीं है। ये आडियालॉजी, ये विचारधारा बहुराष्ट्रीय कम्पनियों के साथ आ रही है और मैं अन्त में कहना चाहता हूँ कि सांस्कृतिक राष्ट्रवाद से हमारे देश की सांस्कृतिक बहुलता को जितना खतरा है, उतना ही, बल्कि उससे ज़्यादा खतरा है—उस बहुराष्ट्रीय पूँजीवाद से बनने वाली बाज़ार की संस्कृति से, जिसे उपभोक्ता संस्कृति भी कहते हैं। उस संस्कृति के चलते हमारी सांस्कृतिक बहुलता को बहुत बड़ा खतरा है। हमें ही नहीं ख़ासतौर से तीसरी दुनिया के देशों को। खतरा इसलिए ज़्यादा है कि ऊपर से विविधता, सतह पर विविधता और मूल तत्त्व उसका एकरूपता का है। आप अच्छी तरह जानते हैं कि बहुराष्ट्रीय पूँजीवाद, कुल मिलाकर के माल ही बेच रहा है। माल एक ब्रांड अलग-अलग एथेनिक ब्रांड नाम से भी मिलेंगे आपको। सतह पर बहुलता है, विविधता है। किसी रेस्त्राँ में चले जाइए तरह-तरह के ऐथनिक फू ड आपको मिलेंगे, डिशेज मिलेंगी। सारी विविधता है। लेकिन कुल मिलाकर आप देखें तो ये बहुराष्ट्रीय कम्पनियाँ माल बेच रही हैं, ब्रांड अलग-अलग नाम देकर अर्थात ये जो विरोधाभास दिखाई पड़ रहा है। विश्व ग्राम और सांस्कृतिक बहुलता दोनों एक साथ रह सकती हैं क्योंकि दोनों में गहरा सम्बन्ध है। ये सारी की सारी चीज़ें सांस्कृतिक बहुलता को एक माल में एक ब्रांड में बदल देंगी और उसके बाद ये भाषाई, सांस्कृतिक खान-पान, आदि-आदि। दुनिया के एक ध्रुवीय हो जाने के बाद, लगभग इस नये विश्व में, मैं तो यहाँ तक कहता हूँ कि सांस्कृतिक बहुलतावाद की जो विचारधारा है, जो संस्कृति पे जोर देती है—यह भी इस मामले में ख़तरनाक है और हमारे मित्र अशोक वाजपेयी तो संस्कृति के अलावा और कुछ सुनते ही नहीं है। अमेरिका के सारे विचारक इस समय 'कल्चर स्टडीज' कर रहे हैं। इसलिए उनके मानसिक क्षितिज में से ये बात उस क्षितिज में नहीं आती कि पूँजीवाद ख़त्म हो सकता है। हम लोगो ने जैसे चुपचाप स्वीकार कर लिया है कि 21वीं शताब्दी भी पूँजीवाद की होगी, बहुराष्ट्रीय पूँजीवाद की होगी, पूँजीवाद कभी ख़त्म नहीं होगा, इसलिए आओ संस्कृति की चर्चा करें। पूँजीवाद बेदाग़ रहे, बचा रहे, और हम लोग संस्कृति की बहुलता की रक्षा करने में लगे रहें।

संस्कृति बहुत अच्छा प्यारा शब्द है। इसमें हमारी आत्मा है, ख़ून-पसीना है, मामूली लोगो का, अभिजन का बड़े लोगो का नहीं, जिन्होंने इस हमारी संस्कृति को रंगारंग संस्कृति को विविध रंगों में, धर्मों में, भाषाओं में कला कृतियों में बनाया है, सँवारा है। कभी-कभी सांस्कृतिक लड़ाई भी, राजनीतिक लड़ाई हो जाती है और अच्छे-अच्छों को पता नहीं चलता। बाद में मालूम होता है। नमक जो है वो कभी-कभी बारूद से ज़्यादा विस्फोटक होता है। ये हिन्दुस्तान नहीं जानता तो कौन जानता है? गाँधी जी ने ये किया था। इसलिए भ्रम में न रहें लोग, सांस्कृतिक राष्ट्रवाद वाले, कि वो ही संस्कृति करना जानते हैं। ये जो टुकड़े हैं हमारी संस्कृति के, जो हाशिए पर पड़े हुए हैं, जो परिधि पर हैं। इन्हीं से ही सांस्कृतिक क्रान्ति की शुरुआत होगी। उसकी, जो इस देश में सांस्कृतिक राष्ट्रवाद के नाम पर एकरूपता क़ायम करनेवालों के ख़िलाफ़ एक बहुत बड़ा जलजला होगा, और शायद यह फैले तो तीसरी दुनिया से निकल करके बहुराष्ट्रीय पूँजीवाद को भी चुनौती देगा, जो बड़े मजे में विश्व ग्राम बनाकर बहुलता की रक्षा करता हुआ दिखाई पड़ रहा है।

❑

पद्मलाल बख्शी

कला और जीवन

रात को कितनी ही दुश्चिन्ताओं को लेकर मैं सोने गया था। किसी का तिरस्कार, किसी की अवज्ञा, किसी का अपमान यही सोचते-सोचते मैं सो गया था। एक तो दिन में सूर्य के ताप से हम लोग यों ही सन्तप्त हो जाते हैं, फिर कार्य की व्यग्रता के साथ यदि किसी तरह का मानसिक कष्ट हुआ तो उद्वेग और भी अधिक हो जाता है। रात में दुःस्वप्न होते हैं। पर उस दिन जब मैं सोकर उठा, तब न मुझे कोई चिन्ता थी, न कष्ट। खूब वर्षा हो रही थी। वर्षा ऋतु में मेघों की श्याम घटा आपसे आप मन में औत्सुक्यपूर्ण भावों की एक घटा ला देती है। पवन की चंचल गति मन को अस्थिर कर देती है। जल की तरंगें हृदय में भावों की तरंगें उत्पन्न कर देती हैं। उस दिन जब मैं प्रातःकाल सोकर उठा, तब मेरे मन में एक उमंग-सी उठ रही थी। मैं एक अनिर्वचनीय भाव से पुलकित हो उठा। मुझे ऐसा जान पड़ा कि मैं शान्ति, सुषमा और आनन्द के एक अलसित राज्य में प्रविष्ट हो गया हूँ। मैं खिड़की खोलकर प्रकृति की शोभा देखने लगा। वर्षा के उल्लास में प्रकृति की अपूर्व छटा हो जाती है। नदी कितनी उमंग से बह रही थी। वह मानो अपने आनन्द के वेग को रोक नहीं सकती थी। हरे-हरे वृक्ष, हरी-हरी लताएँ, और हरी-हरी भूमि—सभी प्रफुल्ल प्रतीत होते थे। जैसे अब किसी के लिए कोई ताप नहीं, कोई बाधा नहीं। सभी ओर स्वच्छन्दता का साम्राज्य हो गया था। रह-रहकर बिजली चमक उठती थी। बादल गरज उठता था और पवन के जल-मिश्रित झोंके आ जाते थे। मैं भी अकारण अपनी सारी चिन्ताएँ छोड़कर पद्माकर का एक कवित्त पढ़ने लगा—

चंचला चमाकै चहुँ ओरते चाह-भरो,
चरजि गयी थी फेरि चरजन लागी री।
कहैं पद्माकर लवंगन की लोनी लता,
लरजि गयी थी फेरि लरजन लागी री।
कैसे धरौं धीर वीर त्रिविध समीर तन,
तरजि गयी थी फेरि तरजन लागी री।

घुमड़ि घमंड घटा घनकी घनेरी अबै,
गरजि गयी थी फेरी गरजन लागौ री॥

यही तो जीवन का रस है, यही तो जीवन की कला है, यही तो जीवन की आनन्दमयी स्थिति है। प्रकृति के राज्य में सदैव यौवन का उल्लास है, चिर-नवीनता है, चिर-सौन्दर्य की सृष्टि है। तब हम लोगो का संसार कितना तुच्छ और कितना हेय हो जाता है। पर ज्यों ही मैं बाहर जाने के लिए तैयार हुआ त्यों ही मुझे स्मरण हुआ कि मेरे पास छाता नहीं है। ऐसी वृष्टि में छाता न रहने से भावमय सौन्दर्य की तो अवश्य अनुभूति हो सकती है, पर कर्ममय जीवन का काम नहीं चल सकता। मैं रानूदान से छाता लेकर घर से बाहर निकला।

सड़क पर छल-छल, कल-कल कर जल के जो छोटे-छोटे प्रवाह बहने लगे थे, उनके स्वर में संगीतमय मधुरता थी, वही उनकी क्षिप्र गति में भी थी। सड़क पर कितने ही बालक स्वच्छन्दतापूर्वक खेल रहे थे। वर्षा ऋतु का यथार्थ रस वही पा रहे थे। तब तक मैं बागची साहब के घर पहुँच गया। देखा, जयन्ती स्थिर दृष्टि से न जाने क्यों आकाश की ओर देख रही थी। मुझे तो ऐसा जान पड़ा कि वर्षा-काल की प्रकृति-लक्ष्मी ने इसी बालिका का रूप धारण कर लिया है। तभी तो उसकी निबिड़ केशराशि और सुदीर्घ नेत्रों में मेघ-घटा की कालिमा थी, मुख पर प्रफुल्ल कमल की लालिमा थी और परिधानों में पृथ्वी की हरीतिमा थी। उसी समय शंकर का अचानक निमन्त्रण पाकर ज्यों ही मैं कमरे के भीतर गया, त्यों ही नमिता ने कहा— ''मास्टरजी, आज तो छुट्टी होना चाहिए। ऐसी वर्षा में कौन पढ़ेगा?'' नमिता का कथन बिलकुल सच था। प्रकृति के इस महोत्सव में यदि हम सम्मिलित नहीं हो सकते; तो हमारे जीवन में उत्सव-काल कब आएगा? मैंने कहा—''चार दिन के बाद ही तो तुम्हारी परीक्षा है।'' परीक्षा का नाम लेते ही नमिता चिन्ता में डूब गयी। तब उसने अनुभव किया कि जीवन में उत्सव के ही दिन नहीं हैं, परीक्षा के भी दिवस होते हैं। वह चुपचाप किताब लेकर बैठ गयी और पढ़ने लगी।

पर बाहर वर्षा की गति नहीं रुकी। कभी-कभी अपनी इस लीला को क्षणभर रोककर वह भी मानो मनुष्यों के तुच्छ कार्यों पर निर्लिप्त दृष्टिपात करती थी और फिर खिलखिलाकर अपनी लीला में मग्न हो जाती थी। स्कूल का काम समाप्त हुआ। रात हो गयी। अँधेरा छा गया। पर वर्षा बन्द नहीं हुई। उसकी गति अवश्य मन्द हो गयी। क्रमश: अन्धकार बढ़ता ही गया। चारों ओर निशा की निस्तब्धता छा गयी। मुझे वह अन्धकार बड़ा ही रहस्यमय प्रतीत होने लगा। निशा के इस निबिड़ अन्धकार में भय और शंका के साथ प्रेम और वेदना के भी भाव विलीन रहते हैं। तभी तो जयदेव ने कहा है—

मेघैर्मेदुरमम्बरं वनभुवः श्यामास्तमालद्रुमै—
र्नक्तं भीरुरयं तदेव तदिमं राधे गृहं प्राप्य।
इत्थं नन्दनिदेशतश्चलितयोः प्रत्यध्वकुंजद्रुमे,
राधामाणवयोर्जयन्ति यमुनाकूले रहः केलयः॥

मेघाच्छन्न आकाश, अन्धकारमय पथ, नदी तट, प्रेम की व्यग्रता, औत्सुक्यपूर्ण प्रतीक्षा, सौन्दर्य का रहस्यमय अवगुंठन, नूपुर-ध्वनि आदि से युक्त कल्पना-जगत के निकुंजों में मैं भी न जाने कब सो गया। सहसा लोगो का कोलाहल सुनकर मैं जाग पड़ा। मालूम हुआ कि नदी की बाढ़ मेरे घर तक आ गयी है। सभी लोग भाग रहे हैं। कुछ देर के बाद बाढ़ के अधिक बढ़ जाने से मैं भी अपने घर के सब लोगो को लेकर सेठ मेघराजजी के घर पहुँचा। वहीं हम लोग रात-भर रहे। नगर के कितने ही लोग अपना-अपना घर छोड़-छाड़कर इसी मुहल्ले में आ गये थे। इस समय मेरे हृदय में जो भावनाएँ उठ रही थीं, उन्हें मैं ही समझ सकता हूँ। शिक्षित और मध्यवित्त गृहस्थ होने के कारण मैं अपने अभावों के कारण एक ग्लानियुक्त अनुभव कर रहा था। पक्का घर न होने के कारण ऐसे कुसमय में मुझे घर छोड़ना पड़ा। सेठजी की कृपा के कारण मेरे घरवालों को कष्ट अवश्य नहीं हुआ; पर मैं अपने मन में एक अशान्ति, एक असन्तोष और व्यथा का अनुभव कर रहा था। वहीं कुछ गरीब लोग भी आ गये थे; पर उन्हें कष्ट होने पर भी कोई दुश्चिन्ता नहीं थी।

दूसरे दिन मैं घर आया। नगर का दृश्य सचमुच भयावह था। कितने ही मकान गिर गये। सभी मिट्टी के मकान थे, और उनमें गरीब लोग ही रहते थे। राजा साहब की आज्ञा से वे सब स्कूलों और अन्य स्थानों में रहने की जगह पा गये। उन्हें अनाज देने का भी प्रबन्ध हुआ और मकान बनाने के लिए कुछ रुपये भी दिए गये। स्कूल बन्द हो गया। नगर में जब कोई विपत्ति आती है, तब उसका दुष्परिणाम गरीबों के ही जीवन में देखा जाता है। दुर्भिक्ष में वही मरते हैं। रोगों का प्रकोप होने पर उन्हीं का संहार होता है। बाढ़ या भूकम्प में उन्हीं का सर्वनाश होता है। युद्ध में भी उन्हीं की अधिक हत्या होती है। फिर भी संसार में उन्हीं की संख्या सबसे अधिक होती है। घास की तरह वे ही सबसे अधिक बढ़ते हैं और सबसे अधिक नष्ट भी होते हैं। संसार में हम लोग जिसे सुख मानते आये हैं, उस सुख को वे जानते ही नहीं। उस सुख पर तो कुछ श्रीमानों का ही अधिकार रहता है। फिर भी यह बात नहीं है कि वे आनन्द का अनुभव ही नहीं करते। मेरी तो साधारण स्थिति है। मैं दरिद्र नहीं कहा जा सकता, परन्तु जो सचमुच गरीब हैं, उनके साथ बराबर रहता आया हूँ। उन झोंपड़ों में आनन्द की वही उज्ज्वल ज्योति है, जो सूर्य के प्रकाश में है, और जो उनके आँगन में पड़ता है। उनकी आवश्यकताएँ थोड़ी ही हैं, इसी से वे थोड़े में सन्तुष्ट हो जाते हैं। वे जिस आनन्द के साथ रूखा-सूखा भोजन करते हैं और चीथड़ों

में सोते हैं, वह श्रीमानों को सचमुच दुर्लभ है।

नगरों में श्रीमानों के विलास और ऐश्वर्य की ओर जनता में जो असन्तोष की भावना बढ़ रही है, वह यथार्थ में गरीबों की भावना नहीं है। मुझे तो ऐसा जान पड़ता है कि वह भावना मुझ-जैसे शिक्षित मध्यम श्रेणी के लोगो की। मेरे ही घर के नजदीक जो दरिद्र रहते हैं, उनसे मैंने अपनी तुलना कभी नहीं की है। उनकी अवस्था अवश्य हीन है; पर उन लोगो ने 'आदम के ज्ञान का फल' अभी तक नहीं चखा है। इसी से उनके जीवन में सरलता है, सहिष्णुता है और स्नेह है। उनमें नगरों की बुभुक्षा और लोलुपता नहीं है। पर मैं तो ज्ञान का फल चख चुका हूँ। मेरी तो आवश्यकताएँ बढ़ गयी हैं। जब मैं अपनी आवश्यकताओं की ओर ध्यान देता हूँ, तब मुझे यह स्पष्ट ही ज्ञात होता है कि मुझे अपने अभावों की पूर्ति के लिए जो कष्ट उठाना पड़ता है। मैंने देखा कि बाढ़ के दूसरे ही दिन अधिकांश लोग अपने-अपने कामों में निश्चिन्त होकर लग गये हैं। पर मैं अपनी स्थिति से चिन्तित हूँ, त्रस्त हूँ और उद्विग्न हूँ। केवल दो धोतियों और बासी पर निर्भर रहनेवाली देवकुँवर को मैंने अभी उदास ही नहीं देखा। सोनकुँवर को भी मैंने सभी स्थितियों में प्रसन्न देखा। आश्चर्य की बात तो यह है कि सुमरित के घर में सोकर मुझे भी कोई कष्ट नहीं हुआ। मैंने भी वहाँ एक शान्तिपूर्ण उल्लास का अनुभव किया। यह सच है कि हम लोग अपनी आवश्यकताओं को स्वयं बढ़ाकर उनकी पूर्ति न होने से चिन्तित और दुखित होते हैं। पर शिक्षा और सभ्यता के प्रसार ने मेरी इन कृत्रिम आवश्यकताओं को बिलकुल स्वाभाविक बना दिया है। मैं नहीं समझता कि मैं विलासप्रिय हूँ। मैं अपने को अमितव्ययी भी नहीं समझता, पर यह सच है कि खैरागढ़ ऐसे छोटे ग्राम में भी अपनी आवश्यकताओं की वृद्धि के कारण मेरा निर्वाह नहीं हो रहा है। यही हाल मेरे ही समान मध्यम श्रेणी के कितने ही अन्य गृहस्थों का है। तभी तो हम सभी अपनी तुलना बड़ों से करते हैं और उनका ऐश्वर्य देखकर अपनी दशा से असन्तुष्ट होते हैं।

आजकल समता का सिद्धान्त जो प्रचलित हो रहा है; उसका आधार प्रेम नहीं है, यही सम्पत्ति और प्रभुत्व है। वैज्ञानिकों के ज्ञान और नीतिज्ञों की नीति दोनों का लक्ष्य इसी सम्पत्ति और प्रभुत्व की वृद्धि है। इसी के कारण जीवन में संघर्ष और देश में युद्ध है। यन्त्रों की वृद्धि हो रही है, उद्योगों की उन्नति हो रही है, व्यवसायों का विस्तार हो रहा है; पर उन्हीं के साथ राष्ट्रों में संघर्ष भी बढ़ रहा है, देश के भीतर अशान्ति भी फैल रही है। यदि सचमुच में हममें समता का भाव आ जाए, तो यही संसार स्वर्ग हो जाए। पर एकमात्र सम्पत्ति को ही प्रधानता देकर हम लोगो में जो एक असन्तोष और अशान्ति की प्रबलता हो रही है, वह क्या हमें सचमुच सुख और शान्ति के पथ में ले जा रही है?

इन्हीं चिन्ताओं में व्यस्त रहकर जब मैं सन्ध्या समय नदी-तट पर पहुँचा, तब देखा कि वहाँ कैसी शान्ति है, कैसी शोभा है, कैसा माधुर्य है! रात्रि की भयानकता न जाने कहाँ विलीन हो गयी थी। नदी कल-कल करती बहती जा रही थी। वृक्षों पर पक्षी कलरव कर रहे थे। और कुछ नदी में ही विहार कर रहे थे। पवन भी मन्द-मन्द गति से बह रही थी। सूर्यास्त के कारण आकाश बहुवर्ण रंजित हो गया था। सर्वत्र सौन्दर्य का एक अप्रतिम राज्य था। यहीं तो हम सच्ची शान्ति का अनुभव करते हैं। पर क्या मूक प्रकृति में ही यह सौन्दर्यमय जीवन है? क्या मनुष्यों के जीवन में अभावों के ही कष्ट और चिन्ताओं की ही वेदनाएँ हैं? उसमें क्या कहीं विशुद्ध सौन्दर्य, विशुद्ध आनन्द या विशुद्ध मुक्ति की अवस्था नहीं है? बाह्य जगत् में जिस अलक्षित शक्ति द्वारा अलौकिक सौन्दर्य की रचना नहीं की? वहाँ क्या हिंसा और वासनाओं की ही आँधी उठती है? वहाँ क्या प्रेम की मृदु तरंगें नहीं उठती हैं? क्या संसार में संघर्ष ही सत्य है, सहयोग नहीं? क्या जीवन में कर्म का चक्र ही यथार्थ है, भाव की कला नहीं? क्रमशः अन्धकार फैल गया और मैं घर लौट आया। पर इस एक ही दिन में मैंने जीवन में कला का अनुभव किया और कला में जीवन का।

❑

पद्मसिंह शर्मा

प्राचीन काव्य महिमा

आजकल के कुछ वैज्ञानिक विद्वानों का विचार है कि "कविता का समय गया, वर्तमान युग विज्ञान का और सभ्यता का युग है। सभ्यता कविता की विघातक है, कविता में और मैजिक लैन्टर्न में बहुत कुछ सादृश्य है। जिस प्रकार मैजिक लैन्टर्न का तमाशा अधिक अँधेरे में ही अच्छा प्रतीत होता है, उसी प्रकार कविता का चमत्कार भी अविद्यान्धकार में ही खूब चमकता है। कविता एक 'जादू' है, जादू का असर अशिक्षितों पर ही होता है।" सुशिक्षित और सुसभ्य 'विद्वच्चक्र -चूड़ामणि' महाशयों का कविता के विषय में ऐसा ही सिद्धान्त सुनने में आता है—

"ज्ञानाग्निः सर्वकर्माणि भस्मसात् कुरुतेऽर्जुनः!"

भगवान कृष्ण का यह वाक्य कविता की दशा पर इस समय पूरी तरह चरितार्थ हो रहा है। अन्यान्य कर्मकलाप तो ज्ञानाग्नि की लपट की भेंट होने से ज्यों-त्यों बचा भी है; पर कविता-कर्म विज्ञानाग्नि की प्रचंड ज्वाला-माला में पड़कर सचमुच ही भस्मसात् हो गया है। विज्ञान-प्रभाकर के प्रखर प्रकाश-पुंज में कवितान्धकार एकदम विलीन हो गया है। इसलिए, इस समय उल्लिखित कृष्ण-वाक्य इस प्रकार पढ़ा जाए तो समुचित होगा—

"ज्ञानाग्निः कविकर्माणि भस्मसात् कुरुते ध्रुवम्।"

ऐसी दशा में इस विज्ञान-युग में कविता की चर्चा चलाना, वैज्ञानिक हृदय पर कविता की छाप बैठाना, पत्थर में जोंक लगाने, शिरीष-पुष्प की नोंक से वज्रमणि में छेद करने की चेष्टा करना है। कविता का युग बीत गया, कविता हो चुकी; अब उसकी चर्चा करना गड़ा मुर्दा उखाड़ना, बीती बात को रोना है। उर्दू के सुप्रसिद्ध कवि हाली ने कविता के हाल पर आँसू बहाते हुए निराशा-जनक स्वर में कहा है—

"शाइरी मर चुकी अब जिन्दा न होगी यारो!
याद कर करके उसे जी न कुढ़ाना हर्गिज।"

यह एक पक्ष का कथन है। दूसरा पक्ष कहता है कि नहीं, ऐसा नहीं है। कविता कभी मर नहीं सकती, वह अमर है। जब तक मनुष्य के शरीर यन्त्र में हृदय का पुर्जा जुड़ा है, उसे स्निग्ध करने, कठोरता के मोर्चे से (जंग से) बचाने, मृदु मसृण गति से चलाते रहने के लिए कविता-स्नेह नितान्त प्रयोजनीय है, अवश्य अपेक्षित है। जिस दिन मनुष्य-समाज सर्वथा हृदयहीन हो जाएगा, उस दिन कविता की जरूरत भी न रहेगी। मनुष्यता के दो प्रधान अंग हैं, एक मस्तिष्क, दूसरा हृदय। विज्ञान मस्तिष्क है तो कविता हृदय, दोनों के कार्य-क्षेत्र-अधिकार-सीमा पृथक्-पृथक् है। मस्तिष्क का पौधा विज्ञान की खाद से बढ़ता और पलता है, हृदय की कली कविता के प्रकाश से खिलती है, मस्तिष्क का ढोल विज्ञान के डंके से बोलता है और हृदय की कली कविता के तार से गूँजती है। विज्ञान ग्रीष्मकाल का प्रचंड बवंडर है और कविता वसन्त के मलय समीर का ठंडा झोंका, विज्ञान प्रचंड-रश्मि दिवाकर का प्रखर प्रकाश है, कविता सुधाकर की दुख-संताप-हारिणी शीतल ज्योत्सना।

जब विज्ञान का बाजार नहीं लगा था, तब भी कविता की हाट खुली थी। इस विश्व प्रपंच का निर्माता स्वयं 'महाकवि' है। 'विज्ञान' नाम से एकाध बार उसका परिचय दिया गया है तो 'कवि' कहकर उसे बार-बार पुकारा गया है। किसी ने क्या खूब कहा है—

> "स्तोतुं प्रवृत्ता श्रुतिरीछ्वरं हि
> न शाब्दिकं प्राह न तार्किकं वा।
> ब्रूते तु तावत्कविरित्वभीक्ष्णं
> काष्ठा परा सा कविता ततो नः।"

दुर्विदग्ध वैज्ञानिक मानी के सिवा कोई सच्चा वैज्ञानिक कविता विरोधी नहीं हो सकता।

कविता की उपयोगिता का अपलाप किसी प्रकार सम्भव नहीं है। कविता एक ऐसा चलता जादू है जो सिर पर चढ़कर बोलता है।

बहुत से महापुरुष कविता की उपयोगिता को स्वीकार तो किसी प्रकार करते हैं; पर श्रृंगार रस उनके निर्मल नेत्रों में कुछ खार-सा या तेज तेजाब-सा खटकता है। वह श्रृंगार की रसीली लता को विषैली समझकर कविता-वाटिका से एकदम जड़ से उखाड़ फेंकने पर तुले खड़े हैं। उनकी शुभ सम्मति में श्रृंगार रस के 'अश्लील' काव्यों न ही संसार में अनाचार और दुराचार का प्रचार किया है। श्रृंगार के साहित्य का संसार से यदि आज संहार कर दिया जाए तो सदाचार का संचार सर्वत्र अनायास हो जाए। फिर, संसार के सदाचारी और ब्रह्मचारी बनने में कुछ देर न लगे।

कई महानुभाव तो भारतवर्ष की इस वर्तमान अधोगति के 'श्रेय' का 'सेहरा' भी श्रृंगार के सिर पर ही बाँधते हैं! उनकी समझ में श्रृंगार रस ही की मूसलाधार

अतिवृष्टि ने देश को डुबोकर रसातल पहुँचाया है।

ठीक है, अपनी-अपनी समझ होती है। इस विचार के लोग भी तो हैं जो कहते हैं कि वेदान्त के विचार-उपनिषदों में वर्णित अध्यात्म-भावों के प्रचार ने ही देश को अकर्मण्य, पुंसत्व-विहीन और जाति को हीन-दीन बनाकर वर्तमान दशा में पहुँचाया है। फिर, वर्तमान शिक्षा-प्रणाली के विरोधियों की भी कुछ कमी नहीं है। वह इस शिक्षा को ही, सब अनर्थों की जननी जानकर धिक्कार रहे हैं। यदि यह पिछले मत ठीक हैं, तो पहला भी ठीक हो सकता है। जब अन्तिम रस (शान्त) संसार की अशान्ति का कारण हो सकता है तो आदिम (शृंगार) भी अनर्थ का मूल सही। पर, तनिक ध्यान देकर देखा जाए तो अपनी-अपनी जगह सब ठीक हैं—

"गुलहाय रँगा रंग से है जीनते चमन।
ऐ 'जौक' इस जहाँ को है ज़ेब इख़्त लाफ़ से।।"

रुचिभेद और अवस्था भेद से काव्यों के कुछ वर्णन किन्हीं विशेष व्यक्तियों को अनुचित प्रतीत हों, यह और बात है। इससे ऐसे काव्य की अनुपयोगिता सिद्ध नहीं होती। अधिकार भेद की व्यवस्था सब जगह समान है। काव्य-शास्त्र भी इसका अपवाद नहीं है। कौन कहता है कि वृद्ध जिज्ञासु, बाल ब्रह्मचारी मुमुक्षु यति और जीवन्मुक्त संन्यासी भी काव्य के ऐसे प्रसंगों को अवश्य पढ़ें। ऐसे पुरुष काव्य के अधिकारी नहीं हैं। फिर, यह भी कोई बात नहीं है कि जो चीज़ इनके लिए अच्छी नहीं है वह औरों के लिए भी अच्छी न हो। इनकी रुचि को सबकी रुचि का आदर्श मानकर संसार का काम कैसे चल सकता है?

काव्यों के विषय की आप लाख निन्दा कीजिए, अश्लील और गन्दे बतलाकर उनके विरुद्ध कितना ही आन्दोलन कीजिए; पर जब तक चटपटी भाषा का चटखारा सहृदय समाज से नहीं छूटता, जिसका छूटना असम्भव नहीं तो अत्यन्त कठिन अवश्य है—सहृदयता के साथ इसका बड़ा गहरा अटूट सम्बन्ध है—तब तक काव्यों का प्रचार रुक नहीं सकता। बड़े-बड़े सुरुचि संचारक प्रचारकों और धार्मिक उपदेशकों तक का देखा गया है कि श्रोताओं पर अपनी वक्तृता का रंग जमाने के लिए उन्हें भी काव्यों की लच्छेदार भाषा और सुन्दर सूक्तियों, अनोखी अन्योक्तियों का बीच-बीच में सहारा लेना ही पड़ता है। अच्छी भाषा पढ़ने-सुनने का लोगों का 'दुर्व्यसन' भी हमारे सुधारकों के काव्य-विरोध-विषयक प्रयत्नों को अधिकांश में निष्फल कर देता है। ईश्वर करे यह 'दुर्व्यसन' बना रहे।

यह समझना एक भारी भ्रम है कि काव्यों के पढ़नेवाले अवश्य ही कुरुचि-सम्पन्न लोग होते हैं। शृंगार रस की चासनी चखने की स्वाभाविक रुचि ही काव्यों की ओर पाठकों को नहीं खींचती, भाषा के माधुर्य की चाट भी कुछ कम नहीं होती।

चाहे अपने मत से इसे देश का 'दुर्भाग्य' ही समझिए कि हमारे कवियों ने

प्रकाश के देवता से अन्धकार का काम क्यों लिया, ऐसी सुन्दर भाषा का 'दुरुपयोग' ऐसे 'भ्रष्ट' विषय के वर्णन में क्यों कर गये? पर जो कर गये, सो कर गये, जो हो गया सो हो गया। वह समय ही कुछ ऐसा था, समाज की रुचि ही कुछ वैसी थी, और अब दुबारा ऐसे कवि यहाँ पैदा होने से रहे जो वर्तमान सभ्य समाज की सुरुचि के अनुसार सामयिक विषयों का ऐसी ललित, मधुर, परिष्कृत और भड़कती हुई, जानदार भावमयी भाषा में वर्णन करके मुर्दा दिलों में जान डाल जाएँ, सोते हुओं को जगा जाएँ और जागतों को किसी काम में लगा जाएँ! हमारी भाषा की बहार बीत गयी, अब कभी खत्म न होने वाली 'ख़िज़ाँ' के दिन हैं, भाषा के रसिक भौंरे कान देकर सुनें और आँख खोलकर देखें कोई पुकार कर कह रहा है—

"जिन दिन देखे वे कुसुम गयी सु बीत बहार।
अब अलि रही गुलाब में अपत कटीली डार॥"

जिस भाव-हीन निर्जीव भाषा में नीरस कर्ण कटु काव्यों की आज दिन सृष्टि हो रही है, इससे सुरुचि का संसार हो चुका! यह सहृदय-समाज के हृदयों में घर कर चुकी! यह सूखी टहनी साहित्य-क्षेत्र में बहुत दिन खड़ी न रह सकेगी। कोरे कामचलाऊपन के साथ भाषा में सरसता और टिकाऊपन भी अभीष्ट है तो इससे निस्सार शरीर में प्राचीन साहित्य के रस का संचार होना अत्यावश्यक है। विषय की दृष्टि से न सही, भाषा के महत्त्व की दृष्टि से भी देखिए तो श्रृंगार रस के प्राचीन काव्यों की उपयोगिता कुछ कम नहीं है। यदि अपनी भाषा को अलंकृत करना है तो इस पुरानी काव्य-वाटिका से जिसे हजारों चतुर मालियों ने सैकड़ों वर्ष तक दिल के खून से सींचा है, सदा-बहार फूल चुनने ही पड़ेंगे। काँटों के डर से रसिक भौंरा पुष्पों का प्रेम नहीं छोड़ बैठता, मकरन्द के लिए मधुमक्षिकाओं को इस चमन में आना ही होगा, यदि वह इधर से मुँह मोड़कर 'सुरुचि' के ख्याल में स्वच्छ आकाश-पुष्पों की तलाश में भटकेंगी तो मधु की एक बूँद से भी भेंट न हो सकेगी। हमारे सुशिक्षित समाज की 'सुरुचि' जब भाषा विज्ञान के लिए उसी प्रकार का विदेशी साहित्य पढ़ने की आशा खुशी से दे देती है तो मालूम नहीं अपने ही साहित्य से उसे ऐसा द्वेष क्यों है? परमात्मा इस 'सुरुचि' से साहित्य की रक्षा करे—

"घर से बैर अपर से नाता। ऐसी बहुमत देहु बिधाता।"

❑

पुरुषोत्तम दास टंडन

कवि और कविता का आदर्श

कविता सृष्टि का सौन्दर्य है, कविता ही सृष्टि का सुख है और कविता ही सृष्टि का जीवन-प्राण है। परमाणु में कविता है, विराट-रूप में कविता है, बिन्दु में कविता है, सागर में कविता है, रेणु में कविता है, पर्वत में कविता है, वायु और अग्नि में कविता है, जल और थल में कविता है, आकाश में कविता है, प्रकाश में कविता है, अन्धकार में भी कविता है, सूर्य और चन्द्र और तारा-गण में कविता है, किरण और कौमुदी में कविता है, मनुष्य में कविता है, पशु में कविता है, पक्षी में कविता है, वृक्ष में कविता है, जिधर देखो कविता ही का साम्राज्य है। प्रकृति काव्यमय है, सारा ब्रह्मांड एक अद्‌भुत महाकाव्य है। जिस मनुष्य ने इस सारगर्भित रसमयी कविता के आनन्द का स्वाद चखा, वही भाग्यवान है। जिसने इस सरस्वती-मन्दिर में कुछ शिक्षा ग्रहण की और मनन किया, वही पंडित है। जिसने इस पवित्र प्रवाह में अपने को बहा दिया, वही विरक्त है। जिसने इस अमृत-प्रवाह में डूबकर, दो-चार कलश भरकर, प्यासे थके हुए रोगी वा मृतप्राय यात्रियों को कुछ बूँदें पिलाकर, उन्हें शक्ति दी और पुनर्जीवित किया, वही कवि है।

ईश्वरीय सौन्दर्य को प्राकृतिक कविता को भाषा की छटा द्वारा संसार को दरसाना ही कवि का कर्तव्य है। जितना गहरा वह अपनी प्रतिभा द्वारा इस सौन्दर्य सागर में डूबता है, उतना ही अधिक वह अपने कर्तव्य में सफल होता है। संसार के पदार्थों और घटनाओं को सभी देखते हैं; परन्तु जिन आँखों से उन्हें कवि देखता है वे निराली ही होती हैं। गँवार के लिए पहाड़ों के भीतर से आती हुई नदी एक नदी मात्र है; कवि के लिए उसे श्वेत वस्त्रा शोभा युक्त लाजवती का नाचता हुआ शरीर श्रृंगार की रंगभूमि है। आँख वही, पर चितवन में भेद है। बिहारी ने यह तो सच कहा है—

अनियारे दीरघ नयनि किती न तरुनि समान।
वह चितवन कछु और है तिहि बस होत सुजान॥

किन्तु, बिहारी ने इस रसीले दोहे में केवल बाहरी आँखों ही के रस का वर्णन

किया–और वह भी अधूरा। वास्तव में वश करनेवाली आँखों में उतना भेद नहीं होता जितना वश होनेवाली आँखों में। हीरे की परख जौहरी की आँखें करती हैं, कुब्जा के सौन्दर्य की पहचान रस प्रवीण कृष्ण ही को होती है; पदार्थ–रूपी चित्रों में चितेरे के हाथ की महिमा कवि की ही आँखें पहचानती हैं, प्राकृतिक दैवी संगीत उसी के कान सुनते हैं। विज्ञान वेत्ता पदार्थों के बाहरी अंगों की छानबीन करता है, और उनके अवयवों का सम्बन्ध ढूँढ़ता है, नीतिज्ञ उनसे मनुष्य–समाज के लिए परिणाम निकालता है; किन्तु उनके आन्तरिक सौन्दर्य की ओर कवि ही का लक्ष्य रहता है। वैज्ञानिक और नीतिज्ञ भी जैसे–जैसे अपने लक्ष्य की खोज में गहरे डूबते हैं, वैसे–वैसे कवि के समीप पहुँचते जाते हैं। सभी विद्याओं और शास्त्रों का अन्त और उनकी सफलता कविता में लीन होने ही में है। कवि के सम्बन्ध में कहा है—

जानाते यन्न चन्द्राकौं जानन्ते यन्न योगिन: ॥
जानीते यन्न भर्गोऽपि तज्जानाति कवि: स्वयम् ॥

यह कवि और कविता का आदर्श है, इसी आदर्श की ओर सच्चा कवि जाता है। जितना ही वह उसके समीप पहुँचता है उतना ही वह प्रभावशाली और उसकी कविता स्थायी होती है। भाषा तो केवल एक पहनावा–मात्र है। उसकी कविता वास्तव में संसार के लाभ के लिए होती है; क्योंकि कवि की सृष्टि में सम्पूर्ण प्रजातन्त्र है, समष्टिवाद का शुद्ध व्यवहार है। यहाँ स्वतन्त्रता है, स्वच्छन्दता है, अपरिमित सम्पत्ति है। कोई रोकने वाला नहीं, जितना चाहो उसमें से लेते जाओ, वह घटती नहीं, तुम में केवल इच्छा और शक्ति की आवश्यकता है।

हिन्दी बोलनेवालों का यह सौभाग्य है कि कविता के ऊँचे आदर्श के समीप तक पहुँचने वाले कई कवि ऐसे हुए हैं जिन्होंने हिन्दी भाषा द्वारा अपनी अमूल्य वाणी से संसार का उपकार किया है। मनुष्य–जाति सदा उनकी ऋणी रहेगी। कबीर, सूर और तुलसी—अहा! इनके नामों का स्मरण करते ही किस दीप्यमान सौन्दर्य और पवित्र आनन्द की सृष्टि के द्वार खुल जाते हैं, इनके भावों को जिसने समझा वह सच्चा पंडित है, इनके मर्म को जिसने पाया, वह स्वयं महात्मा है। संसार साहित्य की चर्चा करता है; काँच को हीरा जानकर उसके पीछे दौड़ता है; खेल के गुड्डे को बालक समझकर उसका ब्याह करता है, और अपनी करतूत पर अभिमानी बनता है। अनेक भाषाएँ अपने–अपने काँच के टुकड़ों को सामने रख हीरे का दम भरती हैं; किन्तु जैसा कबीर जी ने कहा है—

सिंहन के लँहड़े नहीं, हंसन की नहिं पाँत ॥
लालन की नहिं बोरियाँ, साधु न चलें जमात ॥

कवियों के भी लँहड़े नहीं होते; वह काल, वह देश, भाग्यवान है जहाँ एक भी कवि उत्पन्न हो जाए। कबीर और सूर और तुलसी यह हिन्दी भाषा ही के नहीं,

संसार-साहित्य के लाल हैं, परखनेवाले की आवश्यकता है। कबीर के दोहे और शब्दों की परख कौन करता है? सूर के पदों और तुलसी की चौपाइयों को कौन तौलता है? मात्रा और अक्षरों के गिनने वाले समालोचक? छि: ! परखने के लिए कुछ हृदय की सामग्री चाहिए, पुस्तकों के आडम्बर की आवश्यकता नहीं। इन कवियों के हँसने और रोने का अर्थ कौन समझता है? इनके वाक्यों के मर्म तक कौन पहुँचता है? स्वयं कोई प्रेमी, कोई कविता का मतवाला, जो शुद्ध हृदय से अभिमान छोड़ इस सृष्टि के भीतर नम्रतापूर्वक शिष्य बनकर आता है।

"ढाई अक्षर प्रेम का पढ़े सो पंडित हाये"

(कविता-कौमुदी की 'प्रस्तावना' से)

❑

पूर्णसिंह

आचरण की सभ्यता

विद्या, कला, कविता, साहित्य, धन और राजत्व से भी आचरण की सभ्यता अधिक ज्योतिष्मती है। आचरण की सभ्यता को प्राप्त करके एक कंगाल आदमी राजाओं के दिलों पर भी अपना प्रभुत्व जमा सकता है। इस सभ्यता के दर्शन से कला, साहित्य और संगीत की अद्‌भुत सिद्धि प्राप्त होती है। राग अधिक मृदु हो जाता है, विद्या का तीसरा शिवनेत्र खुल जाता है, चित्रकला मौन राग अलापने लग जाती है, वक्ता चुप हो जाता है, लेखक की लेखनी थम जाती है, मूर्ति बनाने वाले के सामने नये कपोल, नये नयन और नवीन छवि का दृश्य उपस्थित हो जाता है।

आचरण की सभ्यतामय भाषा सदा मौन रहती है। इस भाषा का निघंटु शुद्ध पत्रों वाला है। इसमें नाममात्र के लिए भी शब्द नहीं। यह सभ्याचरण नाद करता हुआ भी मौन है, व्याख्यान देता हुआ भी व्याख्यान के पीछे छिपा है, राग गाता हुआ भी राग के सुर के भीतर पड़ा है। मृदु वचनों की मिठास में आचरण की सभ्यता मौन-रूप से खुली हुई है। नम्रता, दया, प्रेम और उदारता सबके सब सम्पाचरण की भाषा के मौन व्याख्यान हैं। मनुष्य के जीवन पर मौन व्याख्यान का प्रभाव चिरस्थायी होता है और उसकी आत्मा का एक अंग हो जाता है।

न काला, न नीला, न पीला, न सफ़ेद, न पूर्वी, न पश्चिमी, न उत्तरी, न दक्षिणी, बेनाम, बेनिशान, बेमकान, विशाल आत्मा के आचरण से मौन रूपिणी सुगन्धि सदा प्रसारित हुआ करती है। इसके मौन से प्रसूत प्रेम और पवित्रता धर्म सारे जगत का कल्याण करके विस्तृत होते हैं। इसकी उपस्थिति से मन और हृदय की ऋतु बदल जाती है। तीक्ष्ण गर्मी से जले-भुने व्यक्ति बादलों की बूँदा-बाँदी से शीतल हो जाते हैं। मानसोत्पन्न शरद ऋतु से क्लेशातुर हुए पुरुष इसकी सुगन्धमय अटल वसन्त ऋतु के आनन्द का पान करते हैं। आचरण के नेत्र के एक अश्रु से जगतभर के नेत्र भीग जाते हैं। आचरण के आनन्द-नृत्य से उन्मदिष्णु होकर वृक्षों और पर्वतों के हृदय नृत्य करने लगते हैं। आचरण के मौन व्याख्यान से मनुष्य को एक नया जीवन प्राप्त होता है। नये-नये विचार स्वयं ही प्रकट होने लगते हैं। सूखे

काष्ठ सचमुच ही हरे हो जाते हैं। सूखे कूओं में जल भर आता है। नये नेत्र मिलते हैं। कुल पदार्थों के साथ एक नया मैत्रीभाव फूट पड़ता है। सूर्य, जल, वायु, पुष्प, पत्थर, घास, पात, नर, नारी और बालक तक में एक अश्रुत-पूर्व सुन्दर मूर्ति के दर्शन होने लगते हैं।

मौन रूपी व्याख्यान की महत्ता इतनी बलवती, इतनी अर्थवती और इतनी प्रभावती होती है कि उसके सामने क्या मातृ भाषा, क्या साहित्य-भाषा और अन्य देश की भाषा, सब की सब तुच्छ प्रतीत होती हैं। अन्य कोई भाषा दिव्य नहीं, केवल आचरण की मौन भाषा ही ईश्वरीय है। विचार करके देखो, मौन व्याख्यान किस तरह आपके हृदय की नाड़ी में सुन्दरता पिरो देता है। वह व्याख्यान ही क्या, जिसने हृदय की धुन को, मन के लक्ष्य को ही न बदल दिया। चन्द्रमा की मन्द-मन्द हँसी का, तारगण के कटाक्षपूर्ण प्राकृतिक मौन व्याख्यान का प्रभाव किसी कवि के दिल में घुसकर देखो। सूर्यास्त होने के पश्चात केशवचन्द्र सेन और महर्षि देवेन्द्रनाथ ठाकुर ने सारी रात, एक क्षण की तरह, गुजार दी; यह तो कल की बात है। कमल और नरगिस में नयन देखनेवाले नेत्रों से पूछो कि मौन व्याख्यान की प्रभुता कितनी दिव्य है।

प्रेम की भाषा शब्द रहित है। नेत्रों की, कपोलों की, मस्तक की भाषा भी शब्दरहित है। जीवन का तत्त्व भी शब्द से परे है। सच्चा आचरण-प्रभावशील अचल स्थिति संयुक्त आचरण—न तो साहित्य के लम्बे व्याख्यानों से गठा जा सकता है, न वेद की श्रुतियों के मीठे उपदेश से; न इंजील से, न कुरान से, न धर्म-चर्चा से, न केवल सत्संग से। जीवन के अरण्य में घुसे हुए पुरुष के हृदय पर के प्रकृति और मनुष्य, जीवन के मौन व्याख्यानों के यत्न से, सुनार के छोटे हथौड़े की मन्द-मन्द चोटों की तरह, आचरण का रूप प्रत्यक्ष होता है।

बर्फ का दुपट्टा बाँधे हुए हिमालय इस समय तो अति सुन्दर, अति ऊँचा और गौरवान्वित मालूम होता है; परन्तु प्रकृति ने अगणित शताब्दियों के परिश्रम से रेत का एक-एक परमाणु समुद्र के जल में डुबो-डुबोकर और उनका अपने विचित्र हथौड़ों से सुडौल करके इस हिमालय के दर्शन कराये हैं। आचरण भी हिमालय की तरह एक ऊँचे कलश वाला मन्दिर है। यह वह आम का पेड़ नहीं जिसको मदारी एक क्षण में, तुम्हारी आँखों में धूल डालकर, अपनी हथेली पर जमाये। इसके बनने में अनन्त काल लगा है। पृथ्वी बन गयी, सूर्य बन गया, तारागण प्रकाश में दौड़ने लगे; परन्तु अभी तक आचरण के सुन्दर रूप के पूर्ण दर्शन नहीं हुए। कहीं-कहीं उसकी अत्यल्प छटा अवश्य दिखाई देती है।

पुस्तकों में लिखे हुए नुस्खों से तो और भी अधिक बदहजमी हो जाती है। सारे वेद और शास्त्र भी यदि घोलकर पी लिये जाएँ तो भी आदर्श आचरण की

प्राप्ति नहीं होती। आचरण-प्राप्ति की इच्छा रखनेवालों को तर्क-वितर्क से कुछ भी सहायता नहीं मिलती। शब्द और वाणी भी तो सदा जीवन के चोचले हैं। ये आचरण की गुप्त गुहा में नहीं प्रवेश कर सकते। वहाँ इसका कुछ भी प्रभाव नहीं पड़ता। वेद इस देश में रहनेवालों के विश्वासानुसार ब्रह्मवाणी भी हैं; परन्तु इतना काल व्यतीत हो जाने पर भी आज तक वे समस्त जगत को भिन्न-भिन्न जातियों को संस्कृत भाषा न बुला सके-न समझा सके—न सिखा सके। यह बात हो कैसे? ईश्वर तो सदा मौन है। ईश्वरीय मौन शब्द और भाषा का विषय नहीं। वह केवल आचरण के कान में गुरु मन्त्र फूँक सकता है। वह केवल ऋषि के अन्त:करण में वेद का ज्ञानोदय कर सकता है।

किसी का आचरण वायु के झोंके से हिल जाए तो हिल जाए; परन्तु साहित्य और शब्द की गोलन्दाजी और आँधी से उसके सिर के एक बाल तक का बाँका न होना एक साधारण बात है। पुष्प की कोमल पंखुड़ी के स्पर्श से किसी को रोमांच हो जाए; जल की शीतलता से क्रोध और विषय वासना शान्त हो जाए; बर्फ के दर्शन से पवित्रता आ जाए; सूर्य की ज्योति से नेत्र खुल जाएँ—परन्तु अँग्रेजी भाषा का व्याख्यान चाहे वह कारलायल ही का लिखा हुआ क्यों न हो—बनारस के पंडितों के लिए राम रौला ही है! इसी तरह न्याय और व्याकरण की बारीकियों के विषय में पंडितों के द्वारा की गयी चर्चाएँ और शास्त्रार्थ संस्कृत ज्ञानहीन पुरुषों के लिए स्टीम इंजिन के फप-फप शब्द से अधिक अर्थ नहीं रखते। यदि आप कहें कि व्याख्यानों द्वारा, उपदेश के द्वारा धर्म-चर्चा द्वारा कितने ही पुरुषों और नारियों के हृदय पर, जीवन-व्यापी प्रभाव पड़ा है, तो उत्तर यह है कि प्रभाव शब्द का नहीं पड़ता। प्रभाव तो सदाचरण का पड़ता है। साधारण उपदेश तो हर गिरजे, हर मठ और हर मस्जिद में होते हैं; परन्तु उनका प्रभाव हम पर तभी पड़ता है जब गिरजे का पादरी स्वयं ईसा होता है—मन्दिर का पुजारी स्वयं महर्षि होता है—मस्जिद का मुल्ला स्वयं पैगम्बर और रसूल होता है।

❑

रसिक सम्पादन

'नवरस' के सम्पादक पं. चोखेलाल शर्मा की धर्मपत्नी का जब से देहान्त हुआ है, आपको स्त्रियों से विशेष अनुराग हो गया है और रसिकता की मात्रा भी कुछ बढ़ गयी है। पुरुषों के अच्छे-अच्छे लेख रद्दी में डाल दिए जाते हैं, पर देवियों के लेख कैसे भी हों, तुरन्त स्वीकार कर लिये जाते हैं और बहुधा लेख की रसीद के साथ लोगो की प्रशंसा कुछ इन शब्दों में की जाती है—आपका लेख पढ़कर दिल थामकर रह गया, अतीत का जीवन आँखों के सामने मूर्तिमान हो गया, अथवा आपके भाव साहित्य-सागर के उज्ज्वल रत्न हैं, जिनकी चमक कभी कम न होगी। और कविताएँ तो हृदय की हिलोरें, विश्ववीणा की अमर तान, अनन्त की मधुर वेदना, निशा का नीरव गान होती थीं। प्रशंसा के साथ दर्शनों की उत्कट अभिलाषा भी प्रकट की जाती थी—यदि आप कभी इधर से गुजरें, तो मुझे न भूलिएगा। जिसने ऐसी कविता की सृष्टि की है, उसके दर्शनों का सौभाग्य मुझे मिला, तो अपने को धन्य मानूँगा।

लेखिकाएँ अनुराग-मय प्रोत्साहन से भरे हुए पत्र पाकर फूली न समातीं। जो लेख अभागे भिक्षुक की भाँति कितने ही पत्र-पत्रिकाओं के द्वार से निराश लौट आये थे, उनका यहाँ इतना आदर! पहली ही बार ऐसा सम्पादन जन्मा है; जो गुणों का पारखी है! और सभी सम्पादक अहम्मन्य हैं, अपने आगे किसी को समझते ही नहीं। जरा-सी सम्पादकीय क्या मिल गयी, मानो कोई राज्य मिल गया। इन सम्पादकों को कहीं सरकारी पद मिल जाए तो अँधेरा मचा दें। वह तो कहो कि सरकार इन्हें पूछती नहीं, उसने बहुत अच्छा किया, जो आर्डिनेंस पास कर दिए। और स्त्रियों से द्वेष करो! यह उसी का दंड है! यह भी सम्पादक ही हैं, कोई घास नहीं छीलते और सम्पादक भी एक जगत विख्यात पत्र के। 'नवरस' जो सब पात्रों का राजा है।

चोखेलाल जी के पत्र की ग्राहक-संख्या बड़े वेग से बढ़ने लगी। हर डाक से धन्यवादों की एक बाढ़-सी आ जाती, और लेखिकाओं में उनकी पूजा होने लगी।

ब्याह, गौना, मुंडन, छेदन, जन्म-मरण के समाचार आने लगे। कोई आशीर्वाद माँगती, कोई उनके मुख से सान्त्वना के दो शब्द सुनने की अभिलाषा करती, कोई उनसे घरेलू संकटों में परामर्श पूछती। और महीने में दस-पाँच महिलाएँ उन्हें दर्शन भी दे जातीं। शर्माजी उनकी अवाई का तार या पत्र पाते ही स्टेशन पर जाकर उनका स्वागत करते, बड़े आग्रह से उन्हें एकाध दिन ठहराते, उनकी खूब खातिर करते, सिनेमा के फ्री पास मिले हुए थे ही खूब सिनेमा दिखाते। महिलाएँ उनके सद्भाव से मुग्ध होकर विदा होतीं। जो देवियाँ एक बार यहाँ आ जातीं, वह, शर्माजी की अनन्य भक्त हो जातीं। बेचारा साहित्य की कुटिया का तपस्वी है। अपने विधुर जीवन की निराशाओं को अपने अन्तस्तल में संचित रखकर मूक वेदना में प्रेम-माधुर्य का रस-पान कर रहा है। सम्पादक जी के जीवन में जो कमी आ गयी थी, उसकी कुछ पूर्ति करना महिलाओं ने अपना धर्म-सा मान लिया। उनके भरे हुए भंडार में से अगर एक क्षुधित प्राणी को थोड़ी-सी मिठाई दी जा सके, तो उससे भंडार की शोभा है। कोई देवी पार्सल से अचार भेज देती, कोई लड्डू; एक ने पूजा का ऊनी आसन अपने हाथों से बनाकर भेज दिया। एक देवी महीने में एक बार आकर उनके कपड़ों की मरम्मत कर देती थी। दूसरी देवी महीने में दो-तीन बार आकर उन्हें अच्छी-अच्छी चीजें बनाकर खिला जाती थी! अब वह किसी एक के न होकर सबके हो गये थे। स्त्रियों के अधिकारों का उनसे कड़ा रक्षक शायद ही कोई मिले। पुरुषों से तो शर्माजी को हमेशा तीव्र आलोचना ही मिलती थी। श्रद्धामय सहानुभूति का आनन्द तो उन्होंने स्त्रियों ही में पाया।

एक दिन सम्पादक जी को एक ऐसी कविता मिली, जिसमें लेखिका ने अपने उग्र प्रेम का रूप दिखाया था। अन्य सम्पादक उसे अश्लील कहते; लेकिन चोखेलाल इधर बहुत उदार हो गये थे। कविता इतने सुन्दर अक्षरों में लिखी थी, लेखिका का नाम इतना मोहक था कि सम्पादक जी के सामने उसका एक कल्पना-चित्र-सा आकर खड़ा हो गया। भावुक प्रकृति; कोमल गात, याचना भरे नेत्र, बिम्ब अधर, चम्पई रंग, अंग-अंग में चपलता भरी हुई, पहले गोंद की तरह शुष्क और कठोर, आर्द्र होते ही चिपक जाने वाली। उन्होंने कविता दो-तीन बार पढ़ी और हर बार उसके मन में सनसनी दौड़ी—

शर्माजी को हर बार इस कविता में एक नया रस मिलता था। उन्होंने उसी क्षण कामाक्षी देवी के नाम यह पत्र लिखा—

'आपकी कविता पढ़कर मैं नहीं कह सकता, मेरे चित्त की क्या दशा हुई। हृदय में एक ऐसी तृष्णा जाग उठी है, जो मुझे भस्म किए डालती है। नहीं जानता, इसे कैसे शान्त करूँ? बस, यही आशा है कि इसको शीतल करनेवाली सुधा भी वहीं मिलेगी, जहाँ से यह तृष्णा मिली है। मन मतंगी की भाँति जंजीर तुड़ाकर भाग

जाना चाहता है। जिस हृदय से यह भाव निकले हैं, उसमें प्रेम का कितना अक्षय भंडार है, उस प्रेम का जो अपने को समर्पित कर देने में ही आनन्द पाता है। मैं आप से सत्य कहता हूँ, ऐसी कविता मैंने आज तक नहीं सुनी थी और इसने मेरे अन्दर जो तूफान उठा दिया है, वह मेरी विधुर शान्ति को छिन्न-भिन्न किए डालता है। आपने एक गरीब की फूस की झोंपड़ी में आग लगा दी है; लेकिन मन यह स्वीकार नहीं करता कि यह केवल विनोद-क्रीड़ा है। इन शब्दों में मुझे एक ऐसा हृदय छिपा हुआ ज्ञात होता है, जिसने प्रेम की वेदना सही है, जो लालसा की आग में तपा है। मैं इसे अपना परम सौभाग्य समझूँगा, यदि आपके दर्शनों का सौभाग्य पा सका। यह कुटिया अनुराग की भेंट लिये आपका स्वागत करने को तड़प रही है।'

तीसरे ही दिन उत्तर आ गया। कामाक्षी ने बड़े भावुकतापूर्ण शब्दों में कृतज्ञता प्रकट की थी और अपने आने की तिथि बताई थी।

(2)

आज कामाक्षी का शुभागमन है।

शर्माजी ने प्रात:काल हजामत बनवाई, साबुन और बेसन से स्नान किया, महीन खद्दर की धोती, कोकटी का ढीला चुन्नटदार कुर्ता, मलाई के रंग की रेशमी चादर—इस ठाट से आकर कार्यालय में बैठे, तो सारा दफ़्तर दमक उठा। दफ़्तर की भी खूब सफाई करा दी गयी थी। बरामदे में गमले रखवा दिए गये थे, मेज पर गुलदस्ते सजा दिए गये थे। गाड़ी नौ बजे आती है, अभी साढ़े आठ हैं, साढ़े नौ बजे तक यहाँ आ जाएगी। इस परेशानी में कोई काम नहीं हो रहा है। बार-बार घड़ी की ओर ताकते हैं, फिर आईने में अपनी सूरत देखकर कमरे में टहलने लगते हैं। मूँछों में दो-चार बाल पके हुए नजर आ रहे हैं; पर उन्हें उखाड़ फेंकने का इस समय कोई साधन नहीं है। कोई हरज नहीं। इससे रंग कुछ और ज्यादा जमेगा। प्रेम जब श्रद्धा के साथ आता है तब वह ऐसा मेहमान हो जाता है, जो उपहार लेकर आया हो। युवकों का प्रेम खर्चीला वस्तु है, लेकिन महात्माओं या महात्मापन के समीप पहुँचे हुए लोगो का प्रेम—उलटे और कुछ ले आता है। युवक जो रंग बहुमूल्य उपहारों से जमाता है, ये महात्मा या अर्द्ध महात्मा लोग केवल आशीर्वाद से जमा लेते हैं।

ठीक साढ़े नौ बजे चपरासी ने आकर एक कार्ड दिया। लिखा था—'कामाक्षी'। शर्माजी ने उसे देवीजी को लाने की अनुमति देकर एक बार फिर आईने में अपनी सूरत देखी और एक मोटी-सी पुस्तक पढ़ने लगे, मानो स्वाध्याय में तन्मय हो गये हैं। एक क्षण में देवी जी ने कमरे में कदम रखा। शर्माजी को उनके आने की खबर न हुई।

देवी जी डरते-डरते समीप आ गयीं, तब शर्माजी ने चौंक कर सिर उठाया,

मानो समाधि से जाग पड़े हों, और खड़े होकर देवी जी का स्वागत किया; मगर यह वह मूर्ति न थी, जिसकी उन्होंने कल्पना कर रखी थी।

एक काली मोटी, अधेड़, चंचल औरत थी, जो शर्माजी को इस तरह घूर रही थी, मानो उन्हें पी जाएगी। शर्माजी का सारा उत्साह, सारा अनुराग ठंडा पड़ गया। वह सारी मन की मिठाइयाँ, जो वह महीनों से खा रहे थे, पेट में शूल की भाँति चुभने लगीं। कुछ कहते-सुनते न बना। केवल इतना बोले—''सम्पादकों का जीवन बिलकुल पशुओं का जीवन है। सिर उठाने का समय नहीं मिलता। उस पर कार्याधिक्य से इधर मेरा स्वास्थ्य भी बिगड़ रहा है। रात ही से सिर-दर्द से बेचैन हूँ। आपकी क्या खातिर करूँ?''

कामाक्षी देवी के हाथ में एक बड़ा-सा पुलिन्दा था। उसे मेज पर पटककर, रूमाल से मुँह पोंछकर मृदुस्वर में बोलीं—''यह तो आपने बड़ी बुरी खबर सुनाई। मैं तो एक सहेली से मिलने जा रही थी। सोचा, रास्ते में आपके दर्शन करती चलूँ; लेकिन जब आपका स्वास्थ्य ठीक नहीं है, तो मुझे यहाँ कुछ दिन रहकर आपका स्वास्थ्य सुधारना पड़ेगा। मैं आपके सम्पादन कार्य में भी आपकी मदद करूँगी। आपका स्वास्थ्य स्त्री-जाति के लिए बड़े महत्त्व की वस्तु है। आपको इस दशा में छोड़कर मैं अब जा ही नहीं सकती।''

शर्माजी को ऐसा जान पड़ा जैसे उनका सारा रक्त-प्रवाह रुक गया है। नाड़ी छूटी जा रही है। इस चुड़ैल के साथ रहकर तो जीवन ही नरक बन जाएगा। चली है कविता करने, और कविता भी कैसी? अश्लीलता में डूबी हुई। अश्लील तो है ही। बिलकुल सड़ी हुई, गन्दी। एक सुन्दरी युवती की कलम से वह कविता काम-बाण थी। इस डाइन की कलम से तो वह परनाले का कीचड़ है। मैं कहता हूँ, इसे ऐसी कविता लिखने का अधिकार ही क्या है? वह क्यों ऐसी कविता लिखती है? क्यों नहीं किसी कोने में बैठ कर राम-भजन करती? आप पूछती हैं—मुझे छोड़कर भाग सकोगे? मैं कहता हूँ, आपके पास कोई आएगा ही क्यों? दूर से ही देखकर लम्बा हो जाएगा। कविता क्या है? जिसका न सिर न पैर, मात्राओं तक का तो इसे ज्ञान नहीं है। और कविता करती है? कविता अगर इस काया में निवास कर सकती है, तो फिर गधा भी गा सकता है! ऊँट भी नाच सकता है! इसे इतना भी नहीं मालूम कि कविता करने के लिए रूप और यौवन चाहिए, नजाकत चाहिए। भूतनी सी तो आपकी सूरत है, रात को कोई देख ले, तो डर जाए और आप उत्तेजक कविता लिखती हैं! कोई कितना ही क्षुधातुर हो, तो क्या गोबर खा लेगा? और चुड़ैल इतना बड़ा पोथा लेती आयी है। इसमें भी वह परनाले का गन्दा कीचड़ होगा।

उस मोटी पुस्तक की ओर देखते हुए बोले—''नहीं-नहीं, मैं आपको कष्ट नहीं देना चाहता। वह ऐसी कोई बात नहीं है! दो-चार दिन के विश्राम से ठीक हो

जाएगा। आपकी सहेली आपकी प्रतीक्षा करती होंगी।''

''आप तो महाशय जी संकोच कर रहे हैं। मैं दस-पाँच दिन के बाद भी चली जाऊँगी, तो कोई हानि न होगी।''

''इसकी कोई आवश्यकता नहीं है देवी जी।''

''आपके मुँह पर तो आपकी प्रशंसा करना खुशामद होगी, पर जो सज्जनता मैंने आप में देखी, वह कहीं नहीं पाई। आप पहले महानुभाव हैं, जिन्होंने मेरी रचना का आदर किया, नहीं तो मैं निराश हो चुकी थी। आपके प्रोत्साहन का यह शुभ फल है कि मैंने इतनी कविताएँ रच डालीं। आप इनमें से जो चाहें रख लें, मैंने एक ड्रामा भी लिखना शुरू कर दिया है। उसे भी शीघ्र ही आपकी सेवा में भेजूँगी। कहिए तो दो-चार कविताएँ सुनाऊँ? ऐसा अवसर मुझे कब मिलेगा। यह तो नहीं जानती कि कविताएँ कैसी हैं; पर आप सुनकर प्रसन्न होंगे। बिलकुल उसी रंग की है।''

उसने अनुमति की प्रतीक्षा न की। तुरन्त पोथी खोलकर एक कविता सुनाने लगी। शर्माजी को ऐसा मालूम होने लगा, जैसे कोई भिगो-भिगो कर जूते मार रहा है। कई बार उन्हें मतली आ गयी, जैसे एक हज़ार गधे कानों के पास खड़े अपना स्वर अलाप रहे हों। कामाक्षी के स्वर में कोयल का माधुर्य था। पर शर्माजी को इस समय वह भी अप्रिय लग रहा था। सिर में सचमुच दर्द होने लगा। यह गधी टलेगी भी, या यों ही बैठी सिर खाती रहेगी? इसे मेरे चेहरे से भी मेरे मनोभावों का ज्ञान नहीं हो रहा है। उस पर आप कविता करने चली हैं? इस मुँह से महादेवी या सुभद्राकुमारी की कविताएँ भी घृणा ही उत्पन्न करेंगी।

आखिर न रहा गया। बोले—''आपकी रचनाओं का क्या कहना, आप यह संग्रह यहीं छोड़ जाएँ। मैं अवकाश में पढ़ूँगा। इस समय तो बहुत-सा काम है।''

कामाक्षी ने दयार्द्र होकर कहा—''आप इतना दुर्बल स्वास्थ्य होने पर भी इतने व्यस्त रहते हैं? मुझे आप पर दया आती है।''

''आपकी कृपा है।''

''आपको कल अवकाश रहेगा? जरा मैं ड्रामा सुनाना चाहती थी?''

''खेद है, कल मुझे जरा प्रयाग जाना है।''

''तो मैं भी आपके साथ चलूँ? गाड़ी में सुनाती चलूँगी?''

''कुछ निश्चय नहीं, किस गाड़ी से जाऊँ?''

''आप लौटेंगे कब?''

''यह भी निश्चय नहीं।''

और टेलीफोन पर जाकर बोले—हल्लो, नं. 77।

कामाक्षी ने आधे घंटे तक उनका इन्तजार किया; मगर शर्माजी एक सज्जन से ऐसी महत्त्व की बातें कर रहे थे, जिसका अन्त ही होने न पाता था।

निराश होकर कामाक्षी देवी विदा हुईं और शीघ्र ही फिर आने का वादा कर गयीं। शर्माजी ने आराम की साँस ली और उस पोथे को उठा कर रद्‌दी में डाल दिया और जले हुए दिल से आप-ही-आप कहा—'ईश्वर न करें कि फिर तुम्हारे दर्शन हों। कितनी बेशर्म है, कुलटा कहीं की! आज इसने सारा मजा किरकिरा कर दिया।'

फिर मैनेजर को बुला कर कहा—"कामाक्षी की कविता नहीं जाएगी।"

मैंनेजर ने स्तम्भित होकर कहा—"फार्म तो मशीन पर है!"

"कोई हरज नहीं। फार्म उतार लीजिए।"

"बड़ी देर होगी।"

"होने दीजिए। वह कविता नहीं जाएगी।"

❑

फणीश्वरनाथ रेणु

पुरानी याद

किसी बात या घटना की याद क्यों और कैसे आती है, इसका शास्त्रीय विवेचन मनोविज्ञान के विशेषज्ञों का विषय है। हम साधारण-जन तो इतना ही कह सकते हैं कि पुरानी याद उस सोने की तरह है, जिसमें मिली हुई, खाद समय की आँच में तप गल कर स्वयं ही अलग-विलग हो जाती है।

पिछले साल दूर देहात में, अपने एक निकट सम्बन्धी के घर पर दो-चार दिनों के लिए ठहरना पड़ा। साथ में जो एकमात्र मासिक-पत्रिका थी, उसकी सभी पठनीय और अपाठ्य सामग्रियों को एक ही दिन में दो बार पढ़ चुका था। विज्ञापनों से दूसरे दिन की दोपहरी किसी तरह कटी। किन्तु, तीसरे दिन को काटने के लिए मेरे पास कुछ नहीं था और सुबह से शाम तक मैं ख़ुद कटता रहा। मेरी बेचैनी का कारण जानकर मेरे सम्बन्धी ने दुख प्रकट करते हुए कहा, ''घर में तो पोथी-पत्तर के नाम पर बस एक रामायण जी हैं। रामायण पढ़िएगा?''

अन्दर हवेली से सीकी की एक पुरानी पिटारी लेकर आए। पिटारी से रामायणजी के साथ और भी कई किताबें निकलीं। एक—उस ज़माने की एक मशहूर पेटेंट दवा की कम्पनी का सचित्र पंचाग (सूची पत्र सहित) था। दूसरी थी...सन् उन्नीस सौ अट्ठाईस में मिडल में पढ़ाई जानेवाली किताब साहित्य-पाठ। दृष्टि पड़ते ही मेरा कलेजा धड़क उठा। पृष्ठ उलटकर देखा... अस्य पुस्तकाधिकारी...?

अपने हाथ की पुरानी लिखावट को पहचानने में देर नहीं लगी। किताब मेरी ही थी, जो न जाने कब और कैसे यहाँ आकर सुरक्षित पड़ी हुई थी। रामायण जी के बालकांड तथा उत्तरकांड के अधिकांश पृष्ठ दीमक-भुक्त हो चुके थे। किन्तु मेरी किताब की प्रत्येक पंक्ति में मेरा बालकांड छपा हुआ था—मानो। सचित्र साहित्य-पाठ के कई पाठों के आसपास हाशिये पर अँग्रेज़ी में 'इम्प' (अर्थात इम्पोर्टेंट) 'वी. इम्प' (वेरी इम्पोर्टेंट) और कहीं वेरी-वेरी इम्पोर्टेंट आदि लाल-सतर्क वाणियाँ इतने दिनों के बाद भी मुझे सतर्क कर रही थीं...

यत्र-तत्र, लाल पेंसिल से पंक्तियाँ रेखांकित थीं और किसी तस्वीर की मूँछ

'रिटच' करके सँवारी गयी थी। किसी सन्त कवि को चश्मा पहना दिया गया था।... जयद्रथवध... 'उस काल पश्चिम ओर रवि की रह गयी बस लालिमा, होने लगी कुछ-कुछ प्रकट-सी यामिनी कालिमा' ... डोमन खतबे ने परीक्षा में इन पंक्तियों का अर्थ 'सन्दर्भ सहित' लिखा था—रवि की लाल-माँ भी रह गयी और जामिनी की काली-माँ तब सामने आ गयी... बचपन की हँसी फिर लौट आयी मेरे होंठों पर।

एक पृष्ठ पर डाल्हिया फूल की कई बदरंग पंखुड़ियाँ चिपकी पड़ी मिलीं। तितली के पंखों जैसी। और उन्हीं पंखों के सहारे मैं तीस-बत्तीस साल पहले की दुनिया में जा पहुँचा।

स्कूल के हैडमास्टर साहब के कमरे के सामने, बाग में एक नया फूल खिला है... अँग्रेज़ी फूल, डाल्हिया। हम सभी महीनों से इस फूल के खिलने की प्रतीक्षा कर रहे थे। जिस दिन वह खिला, हैडमास्टर साहब की बाँछें खिल गयीं। इतने प्रफुल्लित हुए कि एक घंटा पहले ही छुट्टी की घंटी बजवा दी।... हैडमास्टर साहब ने वी.पी. से उस फूल का कन्द (बल्बे) मँगवाकर अपने हाथों रोपा-सींचा था। छुट्टी की घंटी बजी। ड्रिल-पीरियड और ड्रिल-मास्टर साहब से त्राण पाकर हम प्रसन्न हुए—जै हो डाल्हिया फूल की!!

किन्तु हम स्कूल के अहाते से निकलकर एक फर्लांग भी नहीं जा पाए थे कि पीछे से स्कूल के चपरासी की पुकार सुनाई पड़ी। उधर स्कूल की घंटी फिर ज़ोर-ज़ोर से बजने लगी। टन-टनांग, टन-टनांग!! एक, दो, तीन... दस, ग्यारह...।

हैडमास्टर साहब स्वयं घंटी बजा रहे थे।

घंटी बन्द हुई तो स्काउट-मास्टर की सीटी बजने लगी— ख़तरे की सीटी! डेंजर? डेंजर? विभिन्न दिशाओं की पगडंडियों पर जाते हुए विद्यार्थी मुड़े, लौटे और दौड़े—क्या हुआ? क्या हो गया? किधर आग लगी? कौन डूबा?

स्कूल के अहाते में लौटकर देखा हैडमास्टर साहब अगिया-बैताल होकर चिल्ला रहे हैं—किसने तोड़ा? फूल किसने तोड़ा?

एक-एक की तलाशी ली गयी, हाजिरी-बहियाँ खोलकर हर दर्जे के विद्यार्थी की उपस्थिति-अनुपस्थिति मिलाई गयी। पर वह फूल तो पौराणिक कथाओं का फूल हो गया।

अन्त में हैडमास्टर साहब झमा कर बैठ गये, मानो उस फूल में ही उनकी जान बसी हुई थी। हम सभी झमा गये हाय!

दूसरे दिन हैडमास्टर साहब के दफ़्तर में जिन कई गिने-चुने छात्रों की बुलाहट हुई, उसमें एक मैं भी था। इतना ही नहीं, दफ़्तर में पहुँचकर सुना—हैडमास्टर साहब का विश्वास एकदम पक्का है कि मेरे सिवा और किसी ने यह

काम नहीं किया है। सन्देह के कारण? क्योंकि, मैंने उनसे पूछा था— 'सर! क्या इस फूल में ज़रा भी सुगन्ध नहीं होती? तब, इस फूल की क्या कीमत?'... और, इसलिए भी कि खिले हुए फूल को, हैडमास्टर साहब के कथनानुसार— मैं बड़ी भूखी निगाह से देख रहा था!

मेरी कोई सफाई नहीं सुनी गयी और कसूर कबूल करवाने के लिए तमाचे से लेकर छड़ी तक की सहायता ली गयी। मेरा चेहरा लाल हो गया। लेकिन फूल... ?

चोट, लाज और ग्लानि के मारे मैं बीमार हो गया। तेज़ बुखार में मेरी आँखों के आगे सैकड़ों डाल्हिया के फूल खिले, मुर्झाये और फिर धू-धू कर जले। रात भर मैं डाल्हिया के बाग में भरमता रहा—राह खोकर।

दूसरे दिन शाम को जी ज़रा हलका था। पास के गाँव से मेरा एक सहपाठी मुझसे मिलने आया। उसने मेरी हालत पर हार्दिक दुख प्रकट किया और मुझे 'विद्या-कसम' खिलाने के बाद फुसफुसाकर बतलाया—"देखो, फूल मैंने तोड़ा है।... हैडमास्टर साहब के चपरासी ने बतलाया था एक दिन कि इसका पहला फूल जिसके पास हो, वह किसी इम्तहान में फेल नहीं कर सकता। ख़ासकर अँग्रेज़ी में तो कभी नहीं। क्योंकि फूल अँग्रेज़ी है। और, तुम तो जानते ही हो कि मैं सभी सबजेक्ट में कैसा भुसकोल हूँ!"

इतना कहने के बाद उसने अपने अँगोछे में लिपटे फूल को निकाला... बासी, मुर्झाई और झड़ी पपड़ियाँ, पंखुड़ियाँ!!

फिर उसने इस फूल की कुछ पंखुड़ियाँ मुझे देकर इसके व्यवहार की विधि भी बतलाई— 'जिस विषय में ज़्यादा नम्बर पाने की इच्छा हो, उस विषय की किताब में इन पंखुड़ियों को दबाकर रख दो। फिर, काम सोना!'

चोट, दर्द और बुखार के बाद असल आसामी को बा-माल देखकर मैं तनिक उत्तेजित हुआ किन्तु। किन्तु...।

किन्तु, पढ़ने में बोदा होने के बावजूद उससे मेरी दोस्ती थी। वह फुटबॉल का अच्छा खिलाड़ी था। हमारे बालचर-दल का मुस्तंड साथी।

इसके अलावा बार-बार माफ़ी माँगते समय वह अपना मुँह सामने कर देता था। कनपटी टेढ़ी करके कहता—"तुमको जितनी मार लगी है उससे ज़्यादा मुझे मार लो।"

मैंने फूल की पंखुड़ियों को साहित्य-पाठ के पृष्ठों में दबा कर रख दिया और फिर कभी उस किताब को स्कूल नहीं ले गया।

सबसे अचरज की बात जो याद आ रही है वह यह कि परीक्षाफल निकलने के बाद मेरा वह फूलचोर-मित्र सभी विषयों में फेल होकर भी मुझसे सोत्साह कहने आया—'देखी न तुमने इस फूल की महिमा? जिस किताब में दबाकर रखा उसमें तो

सबसे ज़्यादा नम्बर तुम्हीं को आया न?'

ख़ुद अपने बारे में उसने स्वीकार किया, चूँकि फूल हैडमास्टर साहब का था और सबसे बड़े गुरु का दिल दुखाकर पास करना खेल नहीं।...

मेरे इस मित्र ने आठ वर्ष पूर्व 'बिहार एलेवन' में 'सेलेक्ट' होकर—कलकत्ते के मैदान में चार दिनों तक कमाल दिखलाया था। अख़बारों में उसकी तस्वीर छपी थी।...

साहित्य-पाठ की उन पंखुड़ियों को बटोरकर मनी-बैग में रख लिया।... हमने जिसे प्यार किया था, उसको एक दिन राज्य भर के क्रीड़ाप्रेमियों ने प्यार किया— उसके नाम को और भी संक्षिप्त करके एक मीठा-सा नाम दिया...।

अट्ठाईस-उनतीस साल के बाद, अपनी पढ़ी हुई, कोर्स की किताब को फिर से देख पाना ही अपने में एक बड़ी बात है। तिस पर, उसके पन्नों के बीच पुरानी याद की कुछ पंखुड़ियाँ दबी चिपकी पड़ी हों...?

❑

बालकृष्ण भट्ट

प्रतिभा

प्रतिभा बुद्धि का वह गुण और मनुष्य में वह शक्ति है, जो स्वाभाविक होती है और अभ्यास से स्वाभाविक होती है और अभ्यास से अधिक-अधिक बढ़ाई जा सकती है। काव्य-रचना इसकी कसौटी है। यह कहना कि बिना प्रतिभा के कवि होगा ही नहीं, सर्वथा सुसंगत है। प्रतिभाहीन मनुष्य प्रतिभा के बल से दो-चार पद गढ़ ले, तो गढ़ ले; किन्तु प्रतिभा न होने से वह निरी गढ़न्त रहेगी, रस उसमें कहीं से न टपकेगा। साहित्यदर्पण में—''वाक्यं रसात्मकं काव्यम्''।

यह काव्य का लक्षण उस गढ़न्त में सुघटित न होगा। प्रतिभा में भी तारतम्य है। कालिदास में जैसी प्रतिभा थी, वैसी भवभूति, भारवि और श्रीहर्ष में न थी। सूर, तुलसी, बिहारी में जो प्रतिभा थी, वह केशव, मतिराम, भूषण और पद्माकर में न थी। शेक्सपियर और मिल्टन के समान अँग्रेजी के और कवियों में प्रतिभा कहाँ है? आधुनिक कवि टेनिंसन की रचना चाहे अधिक गम्भीर और शिक्षाप्रद (ङ्खठ्ठह्यह्लह्म्ह्वष्- ह्लद्ब1द्द) हो; पर वह रस उनके काव्य में नहीं टपकता, जैसा शेक्सपियर की रचना में है। अस्तु, प्रत्येक कवि की प्रतिभा का तारतम्य एक जुदा विषय है, जिसे हम कभी अलग दिखावेंगे। आज केवल प्रतिभा का स्वरूप-मात्र दिखलाने का हमारा प्रयत्न है। फिर भी, इतना यहाँ सूचित किये देते हैं कि प्रतिभा का प्रसाद-गुण के साथ बड़ा घनिष्ठ सम्बन्ध है। कालिदास की प्रतिभा, जो सबसे अधिक मानी गयी, सो इसलिए कि उनकी रचना प्रसाद-गुण पूर्ण है। प्रतिभा में प्रसाद-गुण दाख-रस के तुल्य है, जो स्वाद में मिश्री से अधिक मीठा होता है; पर मुख के किसी अवयव को जरा भी उससे क्लेश नहीं होता। जीभ पर रखा नहीं कि घुट गये। कवियों की रचना में चाहे रस हो भी तो पद और भाव इतने क्लिष्ट होते हैं कि बिना थोड़ी देर सोचे रस नहीं मिलता।

प्रतिभा केवल कविता ही में नहीं, वरन् और कितनी बातों में भी अपना दख़ल जमाये हुए है। यहाँ के प्रसिद्ध चित्रकार रवि वर्मा में चित्रकारी की अद्भुत शक्ति प्रतिभा ही का परिणाम है। यूरोप तथा एशिया के कई एक प्रसिद्ध विजयी

सीज़र, हनिबाल, सिकंदर, नेपोलियन बोनापार्ट, समुद्रगुप्त, रणजीत सिंह आदि सब प्रतिभाशाली थे, और उनकी प्रतिभा युद्ध-कौशल की थी। बुद्धदेव, शंकर, रामानुज, गुरु नानक, स्वामी दयानन्द, ईसा और मुहम्मद आदि सब प्रतिभा वाले महापुरुष थे और उनकी प्रतिभा नया-नया धर्म चलाने में थी। बहुधा ऐसा भी देखा जाता है कि यह प्रतिभा बराबर वंश परम्परा तक आती गयी है। हमारे यहाँ जो एक-एक पेशेवालों की अलग-अलग एक-एक जाति क़ायम कर दी गयी है, उसका यही हेतु है कि उस जाति के मनुष्य में उस पेशे की प्रतिभा बराबर दौड़ती जाती है। किसी-किसी में यह पूर्ण रीति से झलक उठती है, और उतने अंश में यत्किंचित्-विशेष प्रतिभा ही कही जाएगी। मनुष्य में प्रतिभा का होना पुनर्जन्म का बड़ा पक्का सबूत है। क्या कारण है कि एक ही शिक्षक दो बालकों को पढ़ाता है, एक को वह विद्या जल्द आ जाती है, और उस विद्या में वह विशेष चमकता है। दूसरे को गुरु को बतलाई हुई बात आती ही नहीं, आयी भी, तो देर में और अधिक परिश्रम के उपरान्त। तो, निश्चय हुआ कि एक का पूर्व संस्कार, जो अब प्रतिभा के नाम से बदल गया है, स्वच्छ और विमल था और दूसरे का मलिन था, इसी से उसमें प्रतिभा न आयी। 'अल्पायासं महत्फलम्' अर्थात 'परिश्रम थोड़ा, फल बहुत अधिक' यह बात प्रतिभा ही में पायी जाती है। छात्र-मंडली में बहुत-से ऐसे पाये जाते हैं, जो थोड़े परिश्रम में बड़े-बड़े दार्शनिक पंडित और कवि हो जाते हैं; पर बहुत-से ऐसे भी होते हैं, जो घोख-घोखकर थक जाते हैं; पर अन्त:पात या बोध उन्हें यथावत् नहीं होता। गीता में भगवद्विभूति को गिनाते-गिनाते भगवान न कहा—"हे अर्जुन, अब हम कहाँ तक तुमसे अपनी विभूति गिनते रहें। जिस मनुष्य में कोई बात असाधारण और लोकोत्तर पाओ, उसे भगवद्विभूति ही मानो"। यह लोकोत्तर चमत्कार प्रतिभा ही है, जिसे कृष्ण भगवान ने अपनी विभूति कहा है। धन्य हैं वे, जिनमें किसी तरह की प्रतिभा है। सफल जन्म उन्हीं का है।

❑

भगवतशरण उपाध्याय

कबीर अमेरिका में

अट्टालिकाओं-इमारतों की अनन्त परम्परा, मोटरों-बसों का अटूट ताँता, लोगो की अपार भीड़, हर सड़क पर, सड़क के हर मोड़ पर। और लोग तेज़ी से बढ़ते हुए, मुँह में पाइप या सिगरेट दबाये सड़कें लाँघ रहे हैं। चौराहों पर अपने आप लाल रोशनी हो जाती है और लोग चलते-चलते थम जाते हैं, गाड़ियाँ असुर वेग से दौड़ पड़ती हैं। रोशनी हरी हो जाती है : ठमके लोग चल पड़ते हैं। जब गाड़ियाँ चलती हैं वे फुटपाथों पर चलने लगते हैं, जब गाड़ियाँ थम जाती हैं वे सड़कें लाँघने लगते हैं। सभी को जल्दी है। क्यों जल्दी है, कोई नहीं जानता, पर चलते सब तेज़ हैं—क्योंकि यह अमेरिका है, न्यूयॉर्क, अस्सी लाख बाशिन्दों का नगर।

और उसी न्यूयॉर्क में पाँचवीं ऐवेन्यू की सड़क पर फुटपाथ के सहारे एक जन चला जा रहा है। सिर पर उसके एक कुलहदार ऊँची टोपी है, छोटी सफ़ेद दाढ़ी है, एक कन्धे पर ताने-बाने का साज है, दूसरे पर काली कमली है, कमर में कछनी है, बाकी जिस्म नंगा है, जैसे पैर नंगे हैं। हाथ में सूत सँभालने वाली छोटी-सी एक छड़ी है, बुनने की ढरकी के साथ। ये कबीरदास हैं जो मैडिसन ऐवेन्यू लाँघ 29वीं सड़क से पाँचवीं ऐवेन्यू में आ निकले हैं।

ऐसे आदमी का न्यूयॉर्क की इस महलों वाली सड़क पर होना एक घटना है। दुकानों के शीशों के पीछे सजी चीज़ों से नज़र हटा लोग सहसा ठमक जाते हैं, हैरत में आकर कबीरदास को घूरने लगते हैं, कानाफूसी करने लगते हैं।

कबीरदास ख़ुद हैरत में हैं। बनारस के पक्के महल की याद आती है और चली जाती है, यह तो न्यूयॉर्क है। पक्के महल की, उसके सामने क्या हक़ीक़त? दुकानों में शीशों के भीतर के नर-नारी-पुतले बीकानेर वाली चीज़ें तन पर धारे ऐसे लगते हैं जैसे क़यामत आ गयी हो और मुरदे जाग उठे हों, अनेक मुद्राओं में अलग-अलग दमखम के साथ।

कबीर साहब चुपचाप कुछ गुनते कुछ गुनगुनाते धीरे-धीरे चले जा रहे हैं, एक के बाद दूसरी, दूसरी के बाद तीसरी इमारत पार करते। इमारतें ऐसी जैसी वतन

में न तो खिलजी बनवा सके थे, न तुग़लक, न लोधी। कबीर साहब जब बैकुंठ से उतरे थे तभी फ़रिश्तों ने कह ज़रूर दिया था कि यह दुनिया ही और है, पुरानी से न्यारी, बिलकुल नयी—यह फ़ैरैडे और एडिसन की दुनिया है, बिजली और रेडियो की, इंजीनियरों और मोटरों की, होटलों की। पर बात उनकी समझ में कुछ आयी न थी, ताना-बाना कन्धे पर रख लिया था, और चल पड़े थे।

और कबीरदास एम्पायर स्टेट बिल्डिंग के साये सामने जा खड़े हुए। आँखें उठीं और उठती चली गयीं। कन्धे से ताना-बाना सरका, टोपी कुछ हिली। एक सौ पाँच मंज़िल की ऊँचाई कुछ कम नहीं होती। साहबों की भीड़ उन्हें देख रही थी, वे एम्पायर स्टेट बिल्डिग को देख रहे थे। घट-घट का साहब इमारत के पीछे छुप गया था। महात्मा के मुँह से सहसा साखी निकल पड़ी—

की यह मन्दिर-मकबरा, की मस्जिद-बीमार।
कौन मुअज्जिन बाँग दे, पूजे कौन सुजान॥

लोग उन्हें एलिवेटर से इमारत की चोटी पर चढ़ा ले गये। डेढ़ मिनट लग गया। संसार का तेज़ से तेज़ उड़ने वाला एलिवेटर ऊँची से ऊँची इमारत की चोटी पर पहुँचने में इतना वक़्त नहीं लेता। साधु उतरे तो बैकुंठ से हवा में ही थे, पर इस एलिवेटर की उड़ान न्यारी थी। साँस ऊपर की ऊपर नीचे की नीचे रह गयी, कानों में वह आवाज़ गूँजी कि अनहत जिसकी कल्पना भी नहीं कर सकता था। स्थिति जब समझ में आयी तब साधु मुस्कराये धीरे धीरे बोले—

नहिं मन्दिर नहिं मकबरा, नहिं मस्जिद न बिमान।
पाहन पर पाहन धरा, साईं बना पखान॥

लोगो का तेज़ चलना कबीर साहब की समझ में नहीं आया। ऐसी जल्दी क्या है? भगदड़ क्यों मची है इस क़दर? आख़िर क्या भागा जा रहा है? न राम-रहीम का भजन है, न साधु की बानी है, न सत्संग है! तब किसी ने बताया—यह सब डॉलर के लिए है, लोग अपने-अपने व्यापार में लगे हैं, डॉलर यहाँ का धन है। और जब महात्मा ने तथ्य जाना तब अनायास मुँह से साखी निकल पड़ी—

डालर का ही जीमना, डालर सुते बिछाय।
डालर पीछे जग मुआ, अलखहिं कौन जगाय॥

कबीर के पास डॉलर न थे और बग़ैर डॉलर के बैकुंठी देवदूतों के बावजूद अकसर उनकी कहीं रसाई न होने पाती। क्या करें अमरीकी? उनके पास दिल है, दर्द भी है, पर बग़ैर डॉलर के कबीरदास को वह बस में कैसे चढ़ाएँ, अपनी पाताल-गाड़ियों में कैसे घुमाएँ? आख़िर 'डिएम' तो देना ही होगा, चाहे वह स्वयं दें चाहे कबीरदास दें। हाँ, कबीर साहब अगर जगह चाहें, नौकरी करना और डॉलर कमाना चाहें तो बेशक वह उनकी मदद करेगा। क़ब्र है, ऑपेरा है, बर्लेस्क है, जहाँ

चाहें काम मिल सकता है। हाँ, जरा सभ्य तो बनना ही होगा अपना भेस—वह कमली काछा, वह टोपी क्लाउन जैसी, जरा अलग कर दें। दुनिया में क्या नहीं है—ब्रॉडवे की ओर निकल जाएँ, जाकिट, हैट, टाई, पैंट, जूते सब मिल जाएँगे, लमहे भर में। ख़रीदना न चाहें किराये पर ले लें या क़ीमत इंस्टॉलमेंट पर थोड़ा-थोड़ा करके चुका दें।

और कबीरदास का अन्तर बिलबिला उठा। उन्होंने साखी कही—

जड़-डालर चेतन-मनुज चेतन जड़ में खोया।
लख जड़-साईं चेतन-बन्दा दास कबीरा रोया।

कछनी काछे 'झीनी-झीनी चदरिया बिनते' कबीर साहब एक दिन कैलिफ़ोर्निया जा पहुँचे। लॉस एंजिलिस में डेरा डाला। हॉलीवुड के ठाठ देख अकल चकरा गयी देखा औरतें मरदों से दो हाथ आगे हैं। पहले तो यही समझ में न आया कि इनमें औरत कौन है, मर्द कौन है। तितली-सी फर्र-फर्र उड़ जाने वाली तिरिया को कबीर ने न जाना था। लगा, उसकी मनहर माया तो गुरु की भी मति मार ले। सजग होकर बोले—

माया केरी पूतरी तन तरकस मन बान।
तिरिया धावै रथ चढ़ी पुरुखहिं करैं निसान॥

और कबीरदास अमेरिका के पहाड़-जंगलों की राह छानते फिर पूरब लौटने ही वाले थे कि हॉलीवुड एंड वाइन नाम की सड़क पर सहसा फ़िल्म बनानेवालों ने उन्हें घेर लिया। शाम हो चुकी थी, सड़कें करोड़ों बत्तियों से जगमगा उठी थीं। बीसियों मूवी कैमरे कबीर साहब का चलचित्र बनाने लगे, सैकड़ों बल्बों की रोशनी में आँखें चौंधिया चलीं। फ़िल्म तारिकाएँ हाव-भाव द्वारा उन्हें छेड़ने लगीं, प्यार की विविध भाव-भंगिमाओं से उन्हें 'बॉक्स-हिट फ़िल्म' में घेर ले चलीं। कमली कन्धे से सरककर सड़क पर आ रही, तरानरा-बाना ग़ायब हो गये, ढरकी-छड़ी का कहीं पता न था। भीड़-भड़क्के में कोपीन और काछा दोनों नदारद। पर हाँ उनकी जगह अजीब रेशमी-सुनहरे तन्तुओं से बना पट तन पर चमक रहा था।

तभी किसी ने कबीर साहब को दरपन दिखा दिया। 'हाय-करतार! यह क्या हुआ?' कहते कबीर भागे, और जब दूर जाकर जान बची तब बोले—

कहाँ भगत की काछनी, कहाँ राम यह भेस।
चलो हंस घर आपने, छोड़ धनी का देस॥

❑

भारतेन्दु हरिश्चन्द्र

सूर्योदय

देखो भाई! सूर्य का उदय हो गया। अहा! इसकी शोभा इस समय ऐसी दिखायी पड़ती है मानो अन्धकार को जीतने को दिन ने यह गोला मारा है, अथवा प्रकाश का यह पिंड है, वा आकाश का यह कोई बड़ा लाल कमल खिला है, वा लोगों के शुभाशुभ कर्म की खराद का यह चक्र है, अथवा चन्द्रमा के रथ का पहिया है, घिसने से लाल हो गया है, अथवा काल के निर्लेप होने की सौगन्ध खाने का यह तपाया हुआ लोहे का गोला है, अथवा उस बड़े आतिशबाज का जिसने रात को अद्‌भुत गज सितारा छोड़ था, यह दिन का गुब्बारा है, वा यह एक लाल व्योमयान (बैलून) है, जो समय को लिए इधर-उधर फिरा करती है, वा संसारियों का दिन के काम पर जो अनुराग है, यह उसका समूह है, वा पूर्व दिशा का माणिक्य का सीसफूल है, वा काल खिलाड़ी का यह लाल पतंग है, वा समय-रेल का आगमन-सूचक वह आगे की लाल लालटेन है, वा उस बाजीगर का यह भी एक खेल है कि अधर में एक लाल झाड़ रोशन कर दिया है, वा काल-रूपी यह कोई बड़ा गृद्ध है जो जगत को खाता चला आता है, वा उस बड़े टकसाल की यह एक अशर्फी है जो चन्द्रमा ऐसे रुपये से भी दाम में सोलह गुनी है, वा समय-रूपी चलान की पेटी पर यह लोह की मोहर है, वा आकाश-रूपी दिगम्बर का भीख माँगने का यह ताँबे का कटोरा है; वा अँधेरे से लड़नेवाले चन्द्रमा वीर की यह खून भरी ढाल है, वा ज्योतिषियों की बुद्धि की घुड़दौड़ का सीमा चिह्न है, वा वे कितना भी गिना किये हाथ कुछ न लगा, उसी का यह बिन्दु है, वा रात-दिन के तौलने का यह तराजू का पलड़ा है, वा मजीठ का कुंड है, वा लाल पत्थर का गुम्बज है, वह काल का चक्र है, वा बेला लता का यह पक्की मिट्‌टी का थावला है, वा जगत के सिर का छत्र है, वा काल महाराज की सूरजमुखी है, वा संसार के सिर की यह लट्‌टूदार पगड़ी है, वा हठीले बालक के खेल को यह चकई है, जो इसकी आकाश-रूपी डार पर ऊँची-नीची हुआ करती है, वा जगत के जगाने का नगाड़ा है, वा सबको उठते ही शकुन होने को यह सामने दिशा को लाल हथेली है, वा उस कर्मकांडी का यह अग्निकुंड है जिसमें नित्य वह

जगत की आयु होम करता है, वा उस मंगल-मूर्ति की यह मंगला आरती है, वा उस दरबार के गज़र देने की यह घड़ी है, वा कोई लाल आरसी सामने खड़ी है, वा उस परम प्रकाशित भवन का एक मोखा है, वा आकाश सरोवर का यह लाल कछुआ है, वा किरनों का जाल फैलाने वाला कोई मछुआ है, वा जगत को मृगतृष्णा भ्रम के जादू में फँसाने को छू-मन्तर का पिटारा है, वा उस कबूतरबाज का सुरखा लक्का कबूतर है, वा संवत् जलाने वाली होली है, वा संसार का सिरमौर है, वा जगत पर दयालु के अपार अनुराग का यह एक किनका है, या लोगों के बुरे-भले कामों के लाल बही पर लेखा लगाने की यह दावत है, वा उसके दरबार के शिखर का कलस है, यह वह उस भार का मुँह है जिसका संसार लावा है, या होनहार की सवारी का बनाती चक्र डोल है, या दिक्कुंजर का रंगीन हौदा है, या उस व्यापारी का यह भी एक बटखरा है जिसका संसार सौदा है, या भाग्य-रूपी रणभूमि की नदी का फेन है, वा काल-सर्प का फन है, वा समय-रूपी मतवाले हाथी का घंटा है, वा जगतजालसाज का मन है। इसी से सारा टंटा है, वा लोगों की बुद्धि-रूपी सरस्वती का कुंड है, या काल-कबन्ध का मुंड है, वा आकाश-दर्पण में यह भूगोल का प्रतिबिम्ब है, वा चन्द्रमा का बड़ा भाई है, वा केसर के रंग का फुहारा है, या भूगोल में जहाँ लाखों ग्रह पड़े हैं वहाँ एक यह भी छोटा-मोटा लाल मंडल है, वा पूर्व दिशा सोहागिन का सिंधोरा है, वा शकुन का नारियल का गोला है जो रोली में बोरा है, वा लोक का दीप है, वा सर्वदा फैशन बदलने वाले काल की चक्करदार टोपी है, या सच पूछो तो उसकी जेबी घड़ी बरंच धर्म-घड़ी है, वा आलोक की खान है, वा जगत को पीसने की चक्की है, वा कपट-नाटक सूत्रधार का यह भी कोई गोल-मटोल लाल चेहरा है, या उस खिलाड़ी की शतरंज का कोई सुर्ख मुहरा है।

❑

मन्दार जोशी

ऐ मेरे वतन के लोगो

प्रदीपजी से मेरी पहली मुलाक़ात यों तो 1948 में हुई, लेकिन उससे पहले ही संगीत-निर्देशक अनिल विश्वासजी से मुझे उनके बारे में बहुत कुछ बातें सुनने को मिलती रहती थीं। प्रदीपजी शुरू-शुरू में 'बाम्बे टॉकीज़' में गीत-रचना का कार्य किया करते थे। 'बाम्बे टॉकीज़' की फ़िल्में, उन दिनों बड़ी प्रतिष्ठित मानी जाती थीं। इसलिए उन फ़िल्मों के बीत गड़े सुपरिचित हुआ करते थे। 1948 में अनिल विश्वास, 'गर्ल स्कूल' नामक फ़िल्म का संगीत दे रहे थे। उस फ़िल्म के गीत प्रदीप ने लिखे थे। इस गीत के रिकार्डिंग के दौरान उनसे बातचीत का अवसर मिला। प्रतिभासम्पन्न कवि के रूप में प्रदीपजी की ख्याति तो थी ही, रिकार्डिंग के दौरान उनके व्यक्तित्व के अनेक पहलुओं को क़रीब से देखने-परखने का अवसर मिला। पहली ही मुलाकात में हमारे सुर मिल गये और उन्हें 'पंडितजी' बुलाने का हक मुझे मिल गया। पंडितजी कवि थे और उनकी सुर और ताल की जानकारी उत्तम थी। जहाँ तक मुझे मालूम है, शास्त्रीय संगीत का उन्होंने अलग से कोई अध्ययन-प्रशिक्षण नहीं लिया था, लेकिन संगीत उनकी रगों में था इसलिए बढ़िया धुन ढूँढ़ने में वे उस्ताद थे। वे ख़ुद बढ़िया गाते भी थे। 'आओ बच्चो, तुम्हें दिखायें' और 'देख तेरे संसार की हालत'—ये गीत उन्होंने ख़ुद गाये थे। किसी भी गीत की धुन इतनी सहज होनी चाहिए कि आम आदमी उसे गुनगुना सके, यह उनकी मान्यता थी। इसीलिए धुन को ध्यान में रखकर ही वे कविता लिखा करते थे। पंडितजी के साथ काम करनेवाले संगीत-निर्देशकों ने, कुछ गीतों को अपवादस्वरूप छोड़ दें तो, अधिकांशत: उनकी ही धुनों को बरकरार रखा है। इससे यह पता चलता है कि पंडितजी को संगीत का ज्ञान कितना था। रिकार्डिंग के दौरान वे ख़ुद उपस्थित रहा करते थे। गायक-गायिकाओं के सुर की ओर वे बड़ी बारीकी से ध्यान दिया करते थे। अगर उनका सुर जरा भी बिगड़ जाता तो वे तुरन्त रिकार्डिंग रोक देने का आदेश दिया करते। ऐसे वक़्त, वे इस बात का लिहाज नहीं किया करते थे कि गायक-गायिका कितने बड़े या बढ़िया गानेवाले माने जाते हैं। प्रदीपजी बड़े गर्म-

मिज़ाज व्यक्ति थे। कोई गाना अगर ठीक से रंग न जमा पाता तो वे बग़ैर किसी लाग-लपेट के गानेवाले की गलती पर उँगली रख देते।

पंडितजी ने फ़िल्मों के लिए बहुत गीत लिखे लेकिन साथ ही उनके देशभक्ति के गीतों को भी बड़ी लोकप्रियता मिली। 'ऐ मेरे वतन के लोगो' गीत का उनके कार्यकाल की तरह ही मेरे कार्यकाल में भी महत्त्वपूर्ण स्थान है। 1963 के जनवरी महीने का वक़्त था। मेरी बहन मीना का ब्याह बहुत क़रीब आ रहा था। 11 फरवरी को कोल्हापुर में शादी होने वाली थी इसलिए उसकी तैयारियों में मैं बहुत व्यस्त थी। ऐन उसी दौरान मेरे द्वारा 'आनन्दघन' नाम से संगीत-निर्देशित 'मोहित्यांची मंजुला' नामक फ़िल्म रिलीज़ होनेवाली थी। उस फ़िल्म के निर्देशक भालचन्द्र पेंढारकर ने रिलीज़ के पहले की कुछ ज़िम्मेदारियाँ मुझे सौंप रखी थीं। इसलिए मीना की शादी और उस फ़िल्म के अलावा और किसी भी बात पर सोच-विचार करने की मन:स्थिति में मैं नहीं थी। इसी बीच, दिल्ली में गणतन्त्र दिवस की तैयारियाँ चल रही थीं। उस वक़्त होनेवाले कार्यक्रम में पूरे सिनेमाजगत के कलाकार भाग लेनेवाले थे। राजकपूर, दिलीप कुमार, देव आनन्द से लेकर शंकर-जयकिशन, मदनमोहन आदि सभी दिग्गज कलाकार अपना कला-कौशल उस वक़्त दिखाने जा रहे थे। मीना के विवाह की वजह से, उस कार्यक्रम में भाग लेने की इच्छा के बावजूद मैं जा नहीं सकती थी। एक दिन हेमन्त कुमार ने इस कार्यक्रम में मेरी सहभागिता की पूछताछ की, तब मैंने उन्हें मीना की शादी के बारे में बताया। वैसे उस वक़्त मेरी तबीयत भी ठीक नहीं थी लेकिन हेमन्त कुमार के बड़े आग्रह की वजह से मैंने गणतन्त्र दिवस के कार्यक्रम में भाग लेने की मंजूरी दी। हाँ, लेकिन यह भी शर्त रखी कि इस कार्यक्रम में शंकर-जयकिशन, मदनमोहन और अन्य कई श्रेष्ठ संगीतकार भाग लेंगे लेकिन मैं किसी के भी साथ कोई गाना नहीं गाऊँगी। तब हेमन्त कुमार ने पूछा कि, "फिर क्या गाओगी?" "अल्ला, तेरो नाम", मैंने जवाब दिया तो हेमन्त कुमार ने कहा, "ठीक है, कोई बात नहीं।" दूसरे ही दिन पंडितजी की ओर से सन्देश आया कि मैं सी. रामचन्द्र से तुरन्त ही मिलूँ। और मैं, सी. रामचन्द्र और पंडितजी मिले। उस वक़्त 'ऐ, मेरे वतन के लोगो' गीत पहली बार सुनने को मिला। पहली ही बैठक में मुझे वह गीत बहुत अच्छा लगा। लेकिन मैंने पहले वाली वजह बताते हुए गीत गाने में असमर्थता जतायी। तब सी. रामचन्द्र ने मुझसे कहा, "इस बार तो तुम मना न करो।" पंडितजी ने भी ऐसी ही प्रतिक्रिया दिखाई। इन दोनों के बड़े आग्रह की वजह से आख़िरकार मैं वह गीत गाने को तैयार हुई। लेकिन चूँकि वह गीत बड़ा महत्त्वपूर्ण था इसलिए मैं और आशा दोनों मिलकर गायें तो बेहतर होगा, ऐसी मेरी मान्यता थी। मेरी बात पूरी हुई न हुई कि प्रदीप जी का स्वाभाविक गुस्सैल स्वभाव प्रकट हो गया। वे क़रीब-क़रीब चिल्लाकर बोले,

''तुम दोनों साथ-साथ नहीं गाओगी; यह गीत सिर्फ़ तुम गाओगी।'' मैंने इनकार कर दिया तो पंडितजी ने ''लता नहीं तो गीत ही नहीं चाहिए'' यों ध्रुवान्त की मुद्रा धारण कर ली। बाद में आशा ने भी इसे गाने का इरादा रद्द कर दिया। बड़ी भाग-दौड़ में इस गीत का निर्माण हुआ सो हमें तैयारी के लिए काफ़ी समय नहीं मिल पाया। केवल दो बार हमने मुम्बई में इस गीत की रिहर्सल की होगी। पूरा गाना टेप करके सी. रामचन्द्र ने मुझे दिया था। उसे मैंने मुम्बई-दिल्ली यात्रा के दौरान सुना। गणतन्त्र-दिवस के कार्यक्रम में पं. जवाहरलाल नेहरू उपस्थित थे। उस वक़्त मैंने पहले 'अल्लाह तेरो नाम' भजन गाकर फिर 'ऐ मेरे वतन के लोगो' गीत गाया। इसके बाद का इतिहास सभी जातने हैं। इसलिए उसके बारे में विस्तार से मैं कुछ नहीं कहूँगी। बाद में इस गीत की हर ओर बड़ी सराहना हुई। उन्हें इतना प्रसन्न, इतना ख़ुश मैंने पहले कभी नहीं देखा था। 'मैं बहुत डर गया था, तुमने मेरी जान बचा ली' कहकर उन्होंने मेरी पीठ थपथपायी।

'ऐ मेरे वतन के लोगो' गीत को रसिकों की जो प्रशंसा मिली, उसे शब्दों में व्यक्त नहीं किया जा सकता। मैंने अब तक दुनिया के कोने-कोने में जो अनेकानेक कार्यक्रम किये हैं उन सब में इस गीत को जो सराहना मिलती है, वह अवर्णनीय है। मैंने अभी हाल ही में अमरीका का दौरा किया। इस दौरे में हमने कुल सात कार्यक्रम किये। इन सातों कार्यक्रमों की शुरुआत 'ऐ मेरे वतन के लोगो' से ही ऐसी माँग कार्यक्रम में उपस्थित श्रोताओं की हुआ करती थी। आख़िरकार हर बार मुझे यह कहना पड़ता कि अगर इस गीत को मैं शुरू ही में गा दूँगी तो बाद में आप सभी उठकर चले जाएँगे। 1995 में न्यूयार्क के दौरे के वक़्त भी अनूठा अनुभव हुआ। यह गीत चूँकि अधिकांश कार्यक्रमों में गाया जा चुका था सो रसिकजन इससे ऊब चुके होंगे सोचकर मैंने वह गाना नहीं सुनाया। लेकिन जब कार्यक्रम का समापन होने लगा तो रसिकों की ओर से फिर उसी गीत की माँग होने लगी। मैंने वक़्त समाप्त हो गया यों कहा तो उन्होंने कहा कि आप बस इस गीत की एक पंक्ति भी गा देंगी तो हमें सन्तोष हो जाएगा! मुझे नहीं लगता कि किसी भी गीत को रसिकों की इतनी अधिक सराहना मिली होगी। रसिकों की यह सराहना मेरे गायन के लिए नहीं वरन् पंडितजी के शब्दों की शक्ति के लिए है जो बार-बार उन्हें उसकी ओर आकर्षित करती है।

पंडितजी का और मेरा इतने वर्षों से स्नेह-सम्बन्ध है कि स्वाभाविक ही लोगो को लगता है कि हमारी अनेक बार मुलाकातें होती रही होंगी, लेकिन अचरज की बात यह है कि पाँच दशकों के स्नेह-भाव के बावजूद पंडितजी के घर में सिर्फ़ एक या दो बार ही गयी हूँगी। सिनेमा की दुनिया में रहते हुए भी वे 'ग्लैमर' से दूर रहा करते थे।

पंडितजी की कविता की वजह से मेरे गायन-कौशल को प्रतिष्ठा और अभिवृद्धि मिली। लेकिन मैं पंडितजी के लिए कुछ न कर पायी इसकी पीड़ा बरसों से मुझे हो रही थी। यह चुभन कुछ मात्रा में दूर करने के लिए दो साल पहले मैंने उन्हें एक लाख रुपये की मदद की। उस वक़्त मेरे इस काम पर प्रचार-माध्यमों ने टीका-टिप्पणी की थी, लेकिन मेरे मन में किसी प्रकार का खोट नहीं था। इसीलिए मैं बड़े साफ़ दिल से उनसे मिल पायी। इस बार भी मुझसे मिलकर पंडितजी बहुत ख़ुश हुए। बुढ़ापे की वजह से वे काफ़ी कमजोर हो गये थे। बीमार होने की वजह से ठीक से बोल नहीं पा रहे थे। उनकी श्रवणशक्ति भी कम हो गयी थी। फिर भी मुझसे वे बड़े प्रेम से बोले। मेरी मदद के बारे में उठी उल्टी-सीधी बातें उन तक भी पहुँची होंगी। उन्होंने कहा, ''बेटी, तूने तो मेरी इज्जत रख ली। सिर्फ़ तुम्हें मेरी याद रही।'' इस बार की मुलाकात में भी फिर से 'ऐ मेरे वतन के लोगो' पर बात चली। इस गीत को असीम लोकप्रियता तो अवश्य मिली लेकिन इस गीत को लोगो तक पहुँचानेवालों ने पंडितजी को नज़रअन्दाज़ किया, इस पर पंडितजी ने रंजिश जाहिर की। इस मुलाकात के दौरान मैंने पंडितजी से आग्रह किया कि उन्हें 'ऐ मेरे वतन के लोगो' जैसा एकाध गीत और रचना चाहिए। तब पंडितजी ने कहा कि देश को आज़ादी मिलने पर मैंने जो सपने देखे थे वे अभी भी साकार नहीं हो पाये हैं सो मैं नयी रचना कर नहीं सकता। हाँ, पर उन्होंने जोर देकर यह कहा कि ''अब मैं जो लिखूँगा वह बहुत ही तीखा होगा।'' अगले ही क्षण, ''मुझे मत कहो, अभी कुछ लिखने को'' कहते हुए पंडितजी का स्वर ही बदल गया था।

उस दिन बहुत देर तक हम लोग बातें करते रहे। बातों के बीच में अचानक मेरी माँ— 'माई' की बात चली। यों तो पंडितजी और माई में कोई ख़ास परिचय नहीं था। पंडितजी ने फिर भी उन्हें याद किया और ''मैंने माई के लिए कुछ लिखा है'' यों कहते हुए माई पर लिखी गयी कविता की तीन-चार पंक्तियाँ भी सुनाईं। फिर थोड़ा रुककर, ''यह तुम्हें रिकार्ड करना है...'' यह कहना भी वे नहीं भूले। इस कविता के ऐन शब्द तो मुझे याद नहीं हैं लेकिन उनकी बेटी से वह कविता हासिल करने की मैं कोशिश कर रही हूँ। वह कविता मिल गयी तो सचमुच ही उसका कैसेट बनाने की मैं सोच रही हूँ। सिर्फ़ माई, पर की कविता ही क्यों पंडितजी की अन्य अप्रकाशित कविताओं को भी रसिकों तक पहुँचाने का प्रयास मैं भविष्य में करूँगी।

❑

महादेवी वर्मा

बदलू

बदलू अपने बेडौल घड़ों का निर्विकार निर्माता भी था और अष्टावक्र-जैसी रूप-रेखा वाले बच्चों का निश्चिन्त विधाता भी। न कभी निर्जीव मिट्टी की सजीव विषमता ही उसका ध्यान आकर्षित कर सकी और न सजीव रक्त-मांस की निर्जीव कुरूपता ही उसकी समाधि-भंग करने का सामर्थ्य पा सकी।

मैंने उसे सदा एक ओर कच्चे, पक्के, टूटे, पूरे बर्तनों के ढेर से और दूसरी ओर मैले-कुचैले, नंगे, दुबले बच्चों की भीड़ से घिरा हुआ ही देखा। जैसे मिट्टी के बर्तन कुछ सुखाने, कुछ पकाने और कुछ उठाने-रखने में टूटते रहते थे, उसी प्रकार बच्चे भी कुछ जन्म लेते ही, कुछ घुटनों के बल चलते हुए और कुछ टेढ़े-मेढ़े पैरों पर डगमगाकर माता-पिता के काम में सहायता देते हुए चल बसते थे।

बदलू की मुखाकृति साँवली और सौम्य थी; पर पिचके गालों से विद्रोह करके नाक के दोनों ओर उभरी हुई हड्डियाँ उसे कंकाल-सहोदर बनाये बिना नहीं रहतीं। लम्बा इकहरा शरीर भी कभी सुडौल रहा होगा; पर निश्चित आकाशवृत्ति के कारण असमय वृद्धावस्था के भार से झुक आया था। उजली छोटी आँखें स्त्री की आँखों के समान सलज्ज थीं; पर एक रस उत्साह-हीनता से भरी होने के कारण चिकनी काली मिट्टी से गढ़ी मूर्तियों से कोड़ियों से बनी आँखों का स्मरण दिलाती रहती थीं। काँपते ओठों में से निकली हुई गले की खरखराहट सुननेवाले को वैसे ही चौंका देती थी, जैसे बाँसुरी में से निकलता हुआ शंख का स्वर।

बदलू एक तो स्वभाव से ही मितभाषी था, दूसरे मेरे जैसे नागरिक की श्रवणशक्ति की सीमा से अनभिज्ञ; अतः उससे कुछ कहने-सुनने के अवसर कम ही आ सके।

जब कभी आते-जाते मैं, उसके घूमते हुए चाक पर स्थित-सी उँगलियों का निर्माण-क्रम देखने के लिए रुक जाती, तब वह एकबारगी अस्थिर हो उठता। अपनी घबराहट छिपाने के लिए वह बार-बार खाँसकर गला साफ करता हुआ खरखराते स्वर में खेदन, दुखिया, नत्थू आदि को मचिया निकाल लाने के लिए

पुकारने लगता। जब एक चलनी-जैसी झरझरी और साढ़े तीन पायों पर प्रतिष्ठित मचिया का अँधेरी कोठरी से उद्धार करने के लिए वे बच्चे प्रतियोगिता आरम्भ कर देते, तब मैं वहाँ से बिदा हो जाने ही में भलाई समझती थी। मेरे बैठने से मचिया की कुशल तो संदिग्ध हो ही जाती थी, साथ ही मटके-मटकियों का भविष्य भी खतरे में पड़ सकता था।

हाँ, जिस दिन रधिया अपने द्वार पर मिट्टी छानती या घर का कोई और काम करते मिल जाती, उस दिन कुछ देर रुकना आवश्यक ही नहीं, अनिवार्य हो उठता। उसे कभी बरसती आँखों और कभी हँसते ओठों से, अपने एकरस जीवन की गाथा सुनाना अच्छा लगता उसकी आँखें, उसके ओंठ, उसके हाथ-पैर सब मानो अपनी-अपनी कथा सुनाने को आतुर थे, इसी से शब्दों में उसे थोड़ा ही कहना पड़ता था; पर वह थोड़ा इतना मार्मिक रहता कि सुनाने वाला शीघ्र ही अपने-आपको प्रकृतिस्थ नहीं कर पाता। किसी करुण रागिनी के समान उसकी कथा जितना उसके हृदय का मन्थन करती, उतना ही दूसरे के हृदय का, अत: अनेक बार उस कुम्हार-वधू से अपने आवेग को छिपा लेना मेरे लिए भी कठिन हो जाता था।

रधिया को मूर्तिमती दीनता कहना चाहिए। किसी पुरानी धोती की मैली कोर फाड़कर कसे हुए रूखे उलझे बाल पर्व-त्योहार पर काली मिट्टी से धो भले ही लिए जाएँ, पर उन्हें कड़ुए-तेल की चिकनाहट से भी अपरिचित रहना पड़ता था। धोती और उसके किनारे की धूल एकाकार कर देती थी, उस पर उसकी जर्जरता इतनी बढ़ी-चढ़ी थी घूँघट खींचने पर किनारी ही उँगलियों के साथ नाक तक खिंची चली आती थी।

दुख एक प्रकार का शृंगार भी बन जाता है, इसी कारण दुखी व्यक्तियों के मुख, देखनेवाले की दृष्टि को बाँधे बिना नहीं रहते।

रधिया के मुख का आकर्षण भी उसकी व्यथा ही जान पड़ती थी—वैसे एक-एक करके देखने से, मुख कुछ विशेष चौड़ा था। नाक आँखों के बीच में एक तीखी रेखा खींचती हुई ओंठ के ऊपर गोल हो गयी थी। गहरे काले घेरे से घिरी हुई आँखें ऐसी लगती थीं, जैसे किसी ने उँगली से दबाकर उन्हें काजल में गाड़ दिया हो। ओठों पर पड़ी हुई सिकुड़न ऐसी जान पड़ती थी, मानो किसी तिक्त दवा की प्याली से निरन्तर स्पर्श का चिह्न हो। इन सब विषमताओं की समष्टि में जो एक सामंजस्य पूर्ण आकर्षण मिलता था, वह अवश्य ही रधिया के दुख विगलित हृदय से उत्पन्न हुआ होगा। वह जीवन-रस से जितनी निचुड़ी हुई थी, दुख में उतनी ही भोगकर भारी हो उठी, इसी कारण उसमें न वह शून्यता थी, जो दृष्टि को रोक नहीं पाती और वह न हल्कापन, जो हृदय को स्पर्श करने की शक्ति नहीं रखता।

घिसकर गोल से चपटे हो जाने वाले काँसे के कड़े और मैल से रूपरेखाहीन

लाख की चूड़ियों के अतिरिक्त और किसी आभूषण से रधिया का परिचय नहीं; पर वह इस परिचयहीनता पर खिन्न होती नहीं देखी गयी। गठे हुए शरीर और भरे अंगों वाली वही स्त्री, सन्तान की अटूट शृंखला और दरिद्रता की अघट छाया के कारण ऐसा ढाँचा मात्र रह गयी थी, जिसे चलता-फिरता देखना भी विस्मय का कारण हो सकता था।

इस वर्ग की स्त्रियों में जो एक प्रकार की कर्कश प्रगल्भता मिलती है, उसका रधिया में सर्वथा अभाव रहा। सम्भवत: इसी कारण मेरी उदासीनता का कुतूहल में और कुतूहल का सम्मान में रूपान्तरित होना अनिवार्य हो गया। बदलू के प्रति उसका स्नेह गम्भीर और इसी से कोलाहलहीन था। न वह कभी घर की, बच्चों की और स्वयं उसकी चिन्ता करता देखा गया और न रधिया के मुख से उसके गोबरगणेश पति की निन्दा सुनने का किसी को सौभाग्य प्राप्त हो सका। रधिया को विश्वास था कि उसका पति कुम्भकार-शिरोमणि और अच्छा कलावन्त है; केवल लोग उसकी महानता से परिचित नहीं।

सबेरे उठकर कभी मक्का, कभी जुन्हरी, कभी बाजरा और कभी जौ-चना पीसकर रधिया जिस कठोर कर्तव्य का आरम्भ करती, उसका उपसंहार तब होता था, जब टिमटिमाते दीये के धुँधले प्रकाश में या फुलझड़ी के समान पलभर जलकर बुझ जाने वाली सिरकियों के उजाले के सहारे, कुछ उम्मीदें और कुछ रोते बच्चों में सबेरे की रोटी बँट चुकती।

बच्चे जीवित थे पाँच; पर उनकी संख्या बताते समय रधिया उन्हें भी गिनाये बिना नहीं रहती, जो स्मृतिशेष रह गये थे। मृत तीन बच्चों की चर्चा जीवितों के साथ इस प्रकार घुली-मिली रहती थी कि सुननेवाला उन्हें जीवित मानने के लिए बाध्य हो जाता। अन्तर केवल इतना ही था कि मृत तो कहानी के नायकों के समान केवल कहने सुनने योग्य वायवी स्थिति में जीवित थे और जीवित, अपने कलावन्त पिता और मजदूरिन माँ के काम में सहायता देते-देते मर जाते थे। मिट्टी खोदने से लेकर हाट में बर्तन पहुँचाने तक वे अपने दुर्बल नग्न शरीरों का उतना ही उपयोग करते थे जितने से उनके प्राणों को शरीर से सम्बन्ध-विच्छेद न करने का बहाना मिलता रहे। सबसे छोटा चार-पाँच वर्ष का नत्थू भी जब अपने बढ़े पेट से दसगुनी बड़ी मटकी को सर पर लादकर टेढ़े-मेढ़े सूखे पैरों पर अकड़ता हुआ हटिया जाने का उत्साह दिखाता, तब न उसके पुरुषार्थ पर हँसी आती थी न रोना।

बर्तनों के बेचने से पूरा नहीं पड़ता, अत: अपने जन्म-जात व्यवसाय से जीविका की समस्या हल न होती देख, रधिया आस-पास के खेतों में काम करने चली जाती थी। कभी-कभी उसके खेत से और बदलू के हाट से लौटने तक छोटे-छोटे जीव बाहर के कच्चे चबूतरे पर या उसके नीचे धूल में जहाँ-तहाँ लेटकर बेसुध

हो जाते। रधिया जब लौटती तब उन्हें भीतर पुरानी मैली धोती के बिछौने पर एक पंक्ति में सुला देती। उस परिवर्तन-क्रम में जो जाग उठता था, उसे छींके पर धरी हँडिया में से निकालकर मोटी रोटी का टुकड़ा भेंट किया जाता था और जो सोता रहता, उसे स्नेह-भरी थपकियों पर ही रात बितानी पड़ती।

बदलू भी उस हँडिया के प्रसाद का अधिकारी था; पर इस सीमित अन्नकोष की अन्नपूर्णा को, कब नींद से अपने एकादशी व्रत का पारायण नहीं करना पड़ता, यह जान लेना कठिन होगा।

बदलू का चाक सदा के समान उदासीनता में गतिशील था; पर बच्चे घर के द्वार को घेरकर कोलाहल मचा रहे थे। मैंने सकुचाए हुए बदलू की ओर न देखकर दुखिया से उसकी माँ के सम्बन्ध में प्रश्न किया। वह अपने भाई-बहिनों में सबसे अधिक बातूनी होने के कारण एक-एक साँस में अनेक कथाएँ कह चली। उसके नया भइया हुआ है। भाई ने चमारिन काकी को नहीं बुलाने दिया—एक रुपया माँगती थी। हँसिया से अपने-आप नाल काट दिया—उसारे के कोने में गड़ा है। भइया टिटहरी की तरह पाँव सिकोड़े, आँखें मूँदे पड़ा है। बप्पा ने भाई को बाजरे की रोटी दी है इत्यादि महत्त्वपूर्ण समाचार मुझे कुछ क्षणों में ही मिल गये। तब भीतर झाँककर देखने का निष्फल प्रयत्न किया; क्योंकि मलिन वस्त्रों में लिपटी श्यामांगिनी रधिया तो मिट्टी की धूमिल दीवारों से अन्धकार में घुलमिल-सी गयी थी। अपने भावी कुम्भकार को निकट आकर देखने का आमन्त्रण पाकर मैंने भीतर पाँव रखा।

रधिया अपने नवजात शिशु का, जीवन के साथ-साथ दरिद्रता से परिचय करा रही थी। आँखें मूँदे हुए वह ऐसा लगता था, मानो किसी बड़े पक्षी के अंडे से तुरन्त निकला हुआ बिना पैरों का बच्चा हो। नाल जहाँ से काटा गया था, वहाँ कुछ सूजन भी आ गयी थी और रक्त भी जम गया था।

मालूम हुआ चमारिन एक रुपये से कम में राजी नहीं हुई, इसी से फिजूलखर्ची उचित न समझकर उसने स्वयं सब ठीक कर लिया।

पीड़ा के मारे उठा ही नहीं जाता था—लेटे-लेटे हँसिया से नाल काटना पड़ा, इसी से ठीक से नहीं कट सका; पर चिन्ता की बात नहीं है, क्योंकि तेल लगा देने से दो-चार दिन में सूख जाएगा। मैंने आश्चर्य से उस विचित्र माता के मलिन मुख की प्रशान्त और सौम्य मुद्रा को देखा।

उसके लिए मैं अभी हरीरा, दूध आदि का प्रबन्ध करने जा रही हूँ, सुनकर वह और भी करुण-भाव से मुस्कराने लगी। जो कहा, उसका अर्थ था कि मैं कहाँ तक ऐसा प्रबन्ध करूँगी; यह तो उसके जीवन भर लगा रहेगा।

चाक के पास निर्विकार-भाव से बैठे हुए बदलू को पुकारकर जब मैंने बनिये के यहाँ से गुड़, सोंठ, घी आदि लाने का आदेश दिया, तो वह मानो आकाश से नीचे

गिर पड़ा। उस दुखिया की माई तो कहती थी कि गुड़ देखकर उसे उबकाई आती है, घी खाने से उसके पेट में शूल उठता है—इसी से तो वह बाजरे की रोटी देकर निश्चिन्त हो जाता था।

बदलू के सरल मुख को देखकर जब मैंने अपने मिथ्यापवाद के भार से सिकुड़ी-सी रधिया पर दृष्टि डाली, तब वह दम्पती से कुछ और पूछने की आवश्यकता नहीं रही। बदलू जिस वस्तु का प्रबन्ध नहीं कर सकता, वह रधिया के लिए हानिकारक हो उठती है—यह समझते देर नहीं लगी। पर, अपने इस दिव्य ज्ञान को छिपाकर मैंने सहज भाव से कहा—जो सब स्त्रियाँ खाती हैं, वह दुखिया की माई को भी खाना पड़ेगा, चाहे उबकाई आवे चाहे शूल उठे।

उस घर में सन्तान का जन्म जैसा आडम्बरहीन था, मृत्यु भी वैसी ही कोलाहलहीन थी।

मुलिया तेज बुखार में इधर-उधर घूमती ही रही। जब चेचक के दाने उभर आये, तब भाई ने पकड़कर घर के अँधेरे कोने में टूटी खटिया पर डाल दिया। लट से घर बुहारना, नीम की देवी के नाम से जल चढ़ाना आदि जो कर्तव्य रधिया के विश्वास और शक्ति के भीतर थे, उनके पालन में कोई त्रुटि नहीं हुई; पर चौथे दिन उसने परम-धाम की राह ली। उस बालिका पर बदलू की विशेष ममता थी, इसी से जब वह उसे यमुना के भीतर जल में विसर्जित कर लौटा, तब उसके शान्त मौन में छिपी मर्म-व्यथा का अनुमान कर रधिया ने एक सपने की कथा गढ़ डाली। सपने में देवी मइया उससे कह रही थीं कि इस कन्या को मैंने इतने ही दिन के लिए भेजा था; अब इसे मुझे लौटा दो। बदलू जैसे बुद्धू व्यक्ति का इस सपने से प्रभावित हो जाना अवश्यम्भावी था। जब सवयं देवी मैया उसकी मुलिया को ले जाने को उत्सुक थीं, तब कोई दवा न करना अच्छा ही हुआ। दवा-दारू से लड़की तो बच ही नहीं सकती थी—उस पर देवी मइया का कोप सहना पड़ता। फिर उस लड़की का इससे अच्छा भाग्य क्या हो सकता था! कि स्वयं माता उसके लिए हाथ पसारे।

एक बार मैंने रधिया को उसके झूठ बोलने के सम्बन्ध में सारगर्भित उपदेश दिया; पर उसने अपने मैले फटे आँचल से आँखें पोंछते हुए जो सफाई दी, वह भी कुछ कम सारगर्भित न थी। उसका आदमी बहुत भोला था है। उसका हृदय इतना कोमल है कि छोटी-छोटी चोटों से भी धीरज खो बैठता है। घर की दशा ऐसी नहीं कि उतने जीवों को दोनों समय भोजन भी मिल सके, इसी से वह अपने और बच्चों के छोटे-मोटे दुख को छिपा जाती है। अब भगवान उसे परलोक में जो चाहें दंड दें; पर किसी का कुछ छीन लेने के लिए वह झूठ नहीं बोलती।

रधिया का उत्तर ही मेरे लिए एक प्रश्न बन गया। उसके असत्य को सत्य भी कैसे कहा जाए और न कहें तो उसे दूसरा नाम ही क्या दिया जाए।

अनेक बार मैंने बदलू को समझाया कि यदि वह बेडौल मटकों के स्थान में सुन्दर नक्काशीदार झज्झर और सेराहियाँ बनावे, तो वे शहर में भी बिक सकेंगे। पर उसने चाक पर दृष्टि जमाकर खरखराते गले से जो उत्तर दिया, उसका अर्थ था कि—उसके बाप-दादा, परदादा सब ऐसे ही घड़े बनाते रहे हैं—वह गँवाई-गाँव का कुम्हार ठहरा—उससे शहराती बर्तन न बन सकेंगे। फिर मैंने अधिक कहना-सुनना व्यर्थ समझा।

एक दिन मैं, पढ़नेवाले बच्चों को कुछ पौराणिक कथाएँ समझाने के लिए कई चित्र ले गयी। वे कलात्मक तो नहीं; पर बाज़ार में बिकनेवाली शिव, पार्वती, सरस्वती आदि की असफल प्रति-कृतियों से अच्छे कहे जा सकते थे।

बदलू के बच्चों में दुखिया ही पढ़ने आ सकती थी। सम्भवत: वही अपने बप्पा को वह सूचना दे आयी। पर जब अपनी सारी गम्भीरता भूलकर बदलू दौड़ता हुआ वहाँ आ पहुँचा, तब मेरे विस्मय की सीमा नहीं रही। मैंने उसे सब चित्र दिखा दिए और उनका अर्थ भी यथासम्भव सरल करके समझा दिया, फिर भी बदलू बच्चों में बैठा ही रहा। सरस्वती के चित्र पर उसकी टकटकी बँधी देखकर मुझे पूछना ही पड़ा—'क्या इसे तुम अपने पास रखना चाहते हो?' बदलू की दृष्टि में संकोच था—इतनी सुन्दर तस्वीर कैसे माँगी जाए! उसके मन का भाव समझकर जब मैंने उसे वह चित्र सौंप दिया, तब वह बालकों के समान आनन्दातिरेक से अस्थिर हो उठा।

कई दिनों के बाद मैंने बदलू के अँधेरे घर के जर्जर द्वार पर चित्र को लेई से चिपका हुआ देखा और सत्य कहूँ, तो कहना होगा कि मुझे उस चित्र के दुर्भाग्य पर खेद हुआ।

दीवाली के दिन बहुत से मिट्टी के खिलौने खरीदने का मेरा स्वभाव है। वास्तव में वह मेरा पर्व है, जब मिट्टी के शिल्पियों की कारीगरी का अच्छा प्रदर्शन हो जाता है और उस दिन प्रोत्साहन पाकर वे वर्ष-भर अपनी कला के विकास की ओर प्रयत्नशील रह सकते हैं। आधुनिक सभ्य युग ने हमारे उत्सवों का उत्साह छीन ही नहीं लिया, वरन् इन शिल्पियों का विकास भी रोक दिया है। विचारों में उलझी हुई मैं खिलौने सजाने के लिए जैसे ही बड़े कमरे में पहुँची, वैसे ही बाहर बदलू का खरखराता हुआ कंठ सुनाई दिया। वह तो कभी मेरे यहाँ आया ही नहीं था, इसी से आश्चर्य भी हुआ और चिन्ता भी। क्या उसके घर कोई बीमार है, किसी प्रकार की आपत्ति आयी है? बरामदे में आकर देखा मैले कपड़ों में सकुचाया-सा बदलू एक टूटी डलिया लिए खड़ा है।

कुछ आगे बढ़कर जब उसने डलिया सामने रखकर उस पर ढँका हुआ फटे कपड़े का टुकड़ा हटा दिया, तब मैं अवाक् हो रही। बदलू एक सरस्वती की मूर्ति लाया था—सफ़ेद और सुनहले रंगों से चित्रित। मूर्ति की प्रशान्त मुद्रा को उसके शुभ्र

वस्त्र, सुनहले बाल, सुनहली वीणा और लाल चोंच और पैरवाले सफेद हंस ने और भी सौम्य कर दिया था। एक-एक बाल की लट जितनी कला से बनाई गयी थी, उसे तो बनानेवाला बहुत कुशल शिल्पी जान पड़ा। पूछा—'किससे बनवा लाए हो इसे?' जो उत्तर मिला उसके लिए मैं किसी भी प्रकार प्रस्तुत नहीं थी। बदलू ने सज्जल आँखें नीची कर और सूखे बेडौल हाथ फैलाकर बताया कि उसने अपने ही हाथों से बनाई है। विश्वास करना सहज होने के कारण मैं कभी मूर्ति और कभी बदलू की ओर देखते रह गयी। क्या यह वही कुम्हार है, जिसने एक वर्ष पहले सुन्दर घड़े बनाने में भी असमर्थता प्रकट की थी? मुख से निकल गया—'तुम तो गाँव में गँवार कुम्हार हो; जब नक्काशीदार घड़ा बनाना असम्भव लगता था, तब ऐसी मूर्ति बनाने की कल्पना कैसे कर सके?'

धीरे-धीरे सत्य स्पष्ट हुआ। सरस्वती के चित्र को देखते-देखते, बदलू के मन में कलाकार बनने की इच्छा जाग उठी। जहाँ तक सम्भव हो सका, उसने सारी शक्ति लगाकर उस चित्रगत सौन्दर्य को मिट्टी में साकार करने का प्रयत्न किया। कई बार असफल रहा; पर निरन्तर अभ्यास से आज वह सरस्वती की ऐसी प्रतिमा बना पाया, जो मुझे उपहार में देने योग्य हो सकी।

तब से कितनी ही दीवालियाँ आयीं, बदलू ने कितनी ही सुन्दर-सुन्दर मूर्तियाँ बनाईं और उनमें से कितनी ही सम्पन्न घरों में अलंकार बन कर रहीं।

सरला रधिया तो मानो अपने पति को कलावन्त बनाने के लिए ही जीवित थी। वैसे ही उसके बेडौल मटकों का स्थान सुन्दर मूर्तियों ने लिया, वैसे ही वह अपनी ममता समेटकर किसी अज्ञात लोक की ओर प्रस्थान कर गयी।

बदलू तो ऐसा रह गया, मानो चकवा-चकवी के जोड़े में से एक हो। सबेरे से साँझ तक और साँझ से सबेरे तक वह रधिया के लौट आने की प्रतीक्षा करता रहता था। प्रतीक्षा वैसे ही करुण है; पर जब एक जीवित मनुष्य उस मृत की प्रतीक्षा करने बैठता है, जो कभी नहीं लौटेगा, तब वह करुणतम हो उठती है। मिथ्यावादिनी रधिया उस उदासीन ग्रामीण के जीवन में कौन-सा स्थान रिक्त कर गयी है, यह तब ज्ञात हुआ, जब उसने घर बसाने की चर्चा चलानेवाले के सर पर एक मटकी दे मारी।

स्त्री में माँ का रूप ही सत्य, वात्सल्य ही शिव और ममता ही सुन्दर है। जब वह इन विशेषताओं के साथ पुरुष के जीवन में प्रतिष्ठित होती है, तब उसका रिक्त स्थान भर लेना असम्भव ही नहीं तो कठिन अवश्य हो जाता है।

अन्त में तेरह वर्ष की दुखिया ने छोटा-सा अंचल फैलाकर अपने बप्पा और भाई-बहनों को उसकी छाया में समेट लिया। रधिया का प्रतिरूप बनकर वह उसी के समान सबकी व्यवस्था में अपने-आपको गला-गलाकर बड़ा करने लगी।

दो वर्ष हो चुके, जब बदलू की कला पर मुग्ध होकर उसका एक ममेरा भाई

उसे बच्चों के साथ फैजाबाद ले गया था; परन्तु दीवाली के दिन वह एक-न-एक मूर्ति लेकर उपस्थित होना नहीं भूलता। केवल इसी वर्ष उसके नियम में व्यतिक्रम हो रहा है, क्योंकि दीवाली आकर चली गयी; पर बदलू अब तक कोई मूर्ति नहीं लाया। कदाचित् वह रधिया की खोज में चल दिया हो; पर मेरे घर के हर कोने में प्रतिष्ठित बुद्ध, कृष्ण, सऱस्वती आदि की मूर्तियाँ, पुराने चाक पर बेडौल घड़े गढ़ने वाले ग्रामीण कुम्भकार का स्मरण दिलाकर मानो कहती ही रहती हैं—कला कुम्हारा ही पैतृक अधिकार नहीं, कल्पना तुम्हारी ही क्रीतदासी नहीं।

❑

महावीर प्रसाद द्विवेदी

साहित्य की महत्ता

ज्ञान-राशि-संचित कोश ही का नाम साहित्य है। सब तरह के भावों को प्रकट करने की योग्यता रखने वाली और निर्दोष होने पर भी, यदि कोई भाषा अपना निज का साहित्य नहीं रखती हो, तो वह रूपवती भिखारिन की तरह कदापि आदरणीय नहीं हो सकती। उसकी शोभा, उसकी श्रीसम्पन्नता, उसकी मान-मर्यादा, उसके साहित्य पर अवलम्बित रहती है। जाति-विशेष के उत्कर्षापकर्ष का, उसके ऊँच-नीच भावों का, उसके धार्मिक विचारों और सामाजिक संगठन का, उसके ऐतिहासिक घटनाओं और राजनैतिक स्थितियों का प्रतिबिम्ब देखने को यदि कहीं मिल सकता है तो उसके ग्रन्थ साहित्य ही में मिल सकता है तो उसके ग्रन्थ साहित्य में ही मिल सकता है। सामाजिक अशक्ति या निर्जीवता और सामाजिक सभ्यता तथा असभ्यता का निर्णायक एकमात्र साहित्य है। जिस जाति-विशेष में साहित्य का अभाव या उसकी न्यूनता आपको देख पड़े, आप यह निस्सन्देह निश्चित समझिए कि वह जाति असभ्य किम्बा अपूर्ण असभ्य है। जिस जाति की सामाजिक अवस्था जैसी होती है उसका साहित्य भी ठीक वैसा ही होता है। जातियों की क्षमता और सजीवता यदि कहीं प्रत्यक्ष देखने को मिल सकती है तो उनके साहित्य रूपी आईने में ही मिल सकती है। इस आईने के सामने जाते ही हमें यह तत्काल मालूम हो जाता है कि अमुक जाति की जीवनी-शक्ति इस समय कितनी या कैसी है और भूतकाल में कितनी और कैसी थी। आप भोजन करना बन्द कर दीजिए या कम कर दीजिए, आपका शरीर क्षीण हो जाएगा और अत्तिरात् नाशोन्मुख होने लगेगा। इसी तरह आप साहित्य के रसास्वादन से अपने मस्तिष्क को वंचित कर दीजिए, वह निष्क्रिय होकर धीरे-धीरे किसी काम का न रह जाएगा। बात यह है कि शरीर के जिस अंग का जो काम है वह उससे यदि न लिया जाए, तो उसकी वह काम करने की शक्ति नष्ट हुए बिना नहीं रहती। शरीर का खाद्य भोजनीय पदार्थ है और मस्तिष्क का खाद्य साहित्य। अतएव, यदि हम अपने मस्तिष्क को निष्क्रिय और कालान्तर में निर्जीव-सा नहीं कर डालना चाहते, तो हमें साहित्य का सतत सेवन करना चाहिए और उसमें

नवीनता तथा पौष्टिकता लाने के लिए उसका उत्पादन भी करते जाना चाहिए। पर याद रखिए, विकृत भोजन से जैसे शरीर रुग्ण होकर बिगड़ जाता है उसी तरह विकृत साहित्य से मस्तिष्क भी विकारग्रस्त होकर रोगी हो जाता है। मस्तिष्क का बलवान और शक्ति सम्पन्न होना अच्छे ही साहित्य पर अवलम्बित है। अतएव, यह बात निर्भ्रान्त है कि मस्तिष्क के यथेष्ट विकास का एकमात्र साधन अच्छा साहित्य है। यदि हमें जीवित रहना है और सभ्यता की दौड़ में अन्य जातियों की बराबरी करना है तो हमे श्रमपूर्वक बड़े उत्साह से सत्साहित्य का उत्पादन और प्राचीन साहित्य की रक्षा करनी चाहिए। और, यदि हम अपने मानसिक जीवन की हत्या करके अपनी वर्तमान दयनीय दशा में पड़ा रहना ही अच्छा समझते हों, तो आज ही इस साहित्य-सम्मेलन के आडम्बर का विसर्जन कर डालना चाहिए।

आँख उठाकर जरा और देशों तथा और जातियों की ओर तो देखिए। आप देखेंगे कि साहित्य ने वहाँ की सामाजिक और राजकीय स्थितियों में कैसे-कैसे परिवर्तन कर डाले हैं। साहित्य ही न वहाँ समाज की दशा कुछ को कुछ कर दी है; शासन-प्रबन्ध में बड़े-बड़े उथल-पुथल कर डाले हैं—यहाँ तक कि अनुदार धार्मिक भावों को भी जड़ से उखाड़ फेंका है। साहित्य में जो शक्ति छिपी रहती है वह तोप, तलवार और बम के गोलों में नहीं पायी जाती। यूरोप में हानिकारिणी धार्मिक रूढ़ियों का उत्पादन साहित्य ही ने किया है; जातीय स्वातन्त्र्य के बीज उसी ने बोये हैं, व्यक्तिगत स्वतन्त्रता के भावों को भी उसी ने पाला-पोसा और बढ़ाया; पतित देशों का पुनरुत्थान भी उसी ने किया है। पोप की प्रभुता को किसने कम किया है? फ्रांस में प्रजा की सत्ता का उत्पादन और उन्नयन किसने किया है? पदाक्रान्त इटली का मस्तक किसने ऊँचा उठाया है? साहित्य ने, साहित्य ने, साहित्य ने। जिस साहित्य में इतनी शक्ति है, जो साहित्य मुर्दों को जिन्दा करनेवाली संजीवनी औषधि का आकार है, जो साहित्य पतितों को उठानेवाला और उत्थितों के मस्तक को उन्नत करनेवाला है, उसके उत्पादन और सम्बर्द्धन की चेष्टा जो जाति नहीं करती वह अज्ञानान्धकार के गर्त्त में पड़ी रहकर किसी दिन अपना अस्तित्व ही खो बैठती है। अतएव, समर्थ होकर भी जो मनुष्य इतने महत्त्वशाली साहित्य की सेवा और अभिवृद्धि नहीं करता अथवा उससे अनुगरा नहीं रखता, वह समाजद्रोही है, वह देशद्रोही है, वह जातिद्रोही है; किं बहुना, वह आत्मद्रोही और आत्महन्ता भी है।

कभी-कभी कोई समृद्ध भाषा अपने ऐश्वर्य के बल पर दूसरी भाषाओं पर अपना प्रभुत्व स्थापित कर लेती है; जैसा, जर्मनी, रूस और इटली आदि देशों की भाषाओं पर फ्रेंच भाषा ने बहुत समय तक कर लिया था। स्वयं अँग्रेजी भाषा भी फ्रेंच और लैटिन भाषाओं के दबाव से नहीं बच सकी। कभी-कभी यह दशा राजनैतिक प्रभुत्व के कारण भी उपस्थित हो जाती है और विजित देशों की भाषाओं

की जेता जाति की भाषा दबा लेती है। तब उनके साहित्य का उत्पादन यदि बन्द नहीं हो जाता तो उसकी वृद्धि की गति मन्द जरूर पड़ जाती है। यह अस्वाभाविक दबाव सदा नहीं बना रहता। इस प्रकार की दबी या अधःपतित भाषाएँ बोलनेवाले जब होश में आते हैं तब वे इस अनैसर्गिक आच्छादन को दूर फेंक देते हैं। जर्मनी, रूस, इटली और स्वयं इंग्लैंड चिरकाल तक फ्रेंच और लैटिन भाषाओं के माया-जाल में फँसे थे। पर, बहुत समय हुआ, उस जाल को उन्होंने तोड़ डाला। अब वे अपनी ही भाषा के साहित्य की अभिवृद्धि करते हैं, कभी भूलकर भी विदेशी भाषाओं में ग्रन्थ-रचना करने का विचार तक नहीं करते। बात यह है कि अपनी भाषा का साहित्य ही स्वजाति और स्वदेश की उन्नति का साधक है। विदेशी भाषा चूड़ान्त ज्ञान प्राप्त कर लेने और उसमें महत्त्वपूर्ण ग्रन्थ रचना करने पर भी विशेष सफलता प्राप्त नहीं हो सकती और अपने देश को विशेष लाभ नहीं पहुँचा सकता। अपनी माँ को निस्सहाय, निरुपाय और निर्धन दशा में छोड़कर जो मनुष्य दूसरे की माँ की सेवा-शुश्रूषा में रत होता है उस अधम की कृतघ्नता का क्या प्रायश्चित होना चाहिए, इसका निर्णय कोई मनु या याज्ञवल्क्य या आपस्तम्ब ही कर सकता है।

मेरा यह मतलब कदापि नहीं कि विदेशी भाषाएँ सीखनी ही न चाहिए। नहीं, आवश्यकता, अनुकूलता, अवसर, और अवकाश होने पर हमें एक नहीं, अनेक भाषाएँ सीखकर ज्ञानार्जन करना चाहिए; द्वेष किसी भी भाषा से न करना चाहिए; ज्ञान कहीं भी मिलता हो उसे ग्रहण ही कर लेना चाहिए। परन्तु, अपनी ही भाषा और उसी के साहित्य को प्रधानता देनी चाहिए; क्योंकि अपना, अपने देश का, अपनी जाति का उपकार और कल्याण अपनी ही भाषा के साहित्य की उन्नति से हो सकता है। ज्ञान, विज्ञान, धर्म और राजनीति की भाषा सदैव लोकभाषा ही होनी चाहिए। अपनी भाषा के साहित्य की सेवा और अभिवृद्धि करना, सभी दृष्टियों से हमारा परम धर्म है।

❑

मुक्तिबोध

कामायनी : एक पुनर्विचार

'कामायनी' के सम्बन्ध में बात करते वक्त हमें यह ध्यान में रखना चाहिए कि प्रसाद जी इड़ा, श्रद्धा, मनु आदि की ऐतिहासिक सत्ता भले ही स्वीकार करें, काव्य-ग्रन्थ में इन तीनों का जो मानव-चरित्र प्रस्थापित हुआ है उसी के आधार पर 'कामायनी' की व्याख्या की जा सकती है। साथ ही यह भी ध्यान में रखना होगा कि लेखक मनु, इड़ा तथा श्रद्धा को अपनी दार्शनिक मनोवृत्तियों के अनुकूल चाहे जैसा प्रतीकत्व प्रदान करें, 'कामायनी' में वर्णित मानव-चरित्र ही वह मूलाधार है, जिसके द्वारा हम पात्रों पर आरोपित प्रतीकत्व के औचित्य अथवा अनौचित्य की जानकारी प्राप्त कर सकते हैं। अत: 'कामायनी' के सत्य को पाने के लिए हमें अंकित मानव-चरित्रों की वास्तविकता को समझना होगा। उसके अनन्तर ही हम यह कह सकेंगे कि मनु वस्तुत: मनन के, मन के प्रतीक हैं, अथवा मानव-मात्र के (जैसा कि नन्ददुलारे वाजपेयी समझते हैं। नहीं तो वे 'कामायनी' को 'मानव-मात्र नर-नारी-मात्र की प्रतिनिधि कथा या जीवनी का स्वरूप' न कहते) प्रतीक हैं, अथवा किसी अन्य विशेष प्रवृत्ति के। तभी हम यह जान सकते हैं कि श्रद्धा, अपने चरित्र द्वारा, इडा, अपने चरित्र द्वारा, तथा मनु, अपने चरित्र द्वारा प्रसाद-प्रदत्त प्रतीकत्व का निर्वाह करते हैं, अथवा किन्हीं अन्य ऐसी वास्तविकताओं के प्रतीकरूप हैं जिन पर लेखक का कोई वश नहीं था, ऐसी वास्तविकताओं के असंस्कृत प्रतिबिम्ब हैं जिनकी पूरी वैज्ञानिक विचारानुभूति प्रसाद जी के पास न थी, ऐसी वास्तविकताओं की साहित्यिक रेखाएँ हैं जिनकी ऐतिहासिक-सामाजिक अन्त:प्रकृति प्रसाद जी की चेतना के बाहर थीं। वे पूरी वास्तविकता नहीं वरन् उसके ऊपरी लक्षणों को देखते थे। साथ ही उन लक्षणों को वे भाववादी-आदर्शवादी चश्मे से देखते थे। फलत:, चरित्र खड़ा किया जा रहा है मनु का (जो एक विशेष स्थान तथा काल में ही उपलब्ध हो सकता था) तथा उसको बतलाया जा रहा है कि वह मनन का, मन का, मानव-मात्र का देशकालातीत प्रतीक है। मनु एक विशेष प्रकार की ऐतिहासिक-सामाजिक भूमि में ही पैदा हो सकता है। वेदकालीन मनु 'कामायनी' का मनु नहीं है। प्रसाद का मनु

उसी वर्ग का मनु है, जिस वर्ग के स्वयं प्रसाद जी हैं। उसे मनन मात्र का, मन-मात्र का, मानव-मात्र का प्रतिनिधि कहना सरासर गलत है। मनु एक टाइप है, उस वर्ग का टाइप जिसकी शासन-सत्ता तथा ऐश्वर्य छिन गया हो। उस वर्ग की समस्त प्रवृत्तियाँ मनु में हैं। अहंकार, विलासिता, आत्ममोह, निर्बन्ध उच्छृंखलता, व्यक्तिवादी साहस, व्यक्तिवादी निराशा, पाखंड और ऐसा आत्मग्रस्त, निविड़ आत्मविश्लेषण जो पराजय से प्रसूत होकर पराजयों की ओर ले जाता है, मनु की विशेषता है। मनु पराजय का पुत्र है, जो अपनी पराजय को पलायन से ढँकता है तथा जबर्दस्ती लाए गये सामंजस्य से छिपता है। वस्तुतः मनु की प्रकृति ठीक उस पूँजीवादी व्यक्तिवाद की प्रकृति है जिसने कभी जनतन्त्रात्मकता का बहाना भी नहीं किया, केवल अपने मानसिक खेद, अन्तर्विप्लव और निराशा से छुटकारा पाने तथा स्वस्थ शान्त अनुभव करने के लिए श्रद्धा और इड़ा के समान अच्छी साथिनों का सहारा लिया, जो उसके सौभाग्य से उसे प्राप्त भी हुईं।

इस प्रकृति के मनु को मनन, मन अथवा मानव-मात्र का प्रतिनिधि वे कह सकते हैं, जो जान-बूझकर भ्रम फैलाना चाहते हैं। ध्यान रहे कि प्रसाद ने कभी भी मनु का आदर्शीकरण नहीं किया; किन्तु उसे अपनी भूमिका में मनन का प्रतीक घोषित कर, उन्होंने स्वयं ऐसे भ्रम का विस्तार किया है, जिसके लिए उन्हें कभी क्षमा नहीं किया जा सकता।

हमारे सामने यह प्रश्न भी उत्पन्न हो सकता है कि आखिर क्यों मनु जन तन्त्रात्मकता का भी बहाना नहीं करता? अपनी अहंग्रस्त स्पृहाओं को शान्त करने के लिए और यदि वे तृप्त नहीं हो रही हैं तो अपनी लोकप्रियता न खोने के लिए वह छलमूलक चातुर्य का सहारा ले सकता था, किन्तु उसने ऐसा नहीं किया। यह इसलिए हुआ कि वह आधुनिक पूँजीवादी व्यक्तिवाद का पुत्र नहीं है। वह सामन्त व्यवस्था के शासक वर्गों का पुत्र है, जो नयी ऐतिहासिक, सामाजिक स्थिति के कारण, पूँजीवादी व्यक्तिवाद को लिए हुए, अपनी सामन्ती परम्परा से विच्छिन्न होकर भी, सामन्ती-शासकवर्गीय प्रवृत्तियों की तानाशाहियत को अपने खून में लिए हुए है। चूँकि उसका पुराना वर्ग उद्ध्वस्त है, (वह अपनी शासन-सत्ता खो चुका है) इसीलिए वह हताश, एकाकी और निराशाग्रस्त है। अतएव, मनु को मन का, मानव-मात्र का, मनन का प्रतीक घोषित करना भयानक अन्याय है, जब तक कि आप यह मानें कि मन स्वभावतः ही मनु जैसा टुच्चा-ओछा, अहंग्रस्त, पाप-संकुल होता है। मनुष्य का मन सम्पूर्णतः ऐसा कभी नहीं होता। अच्छे और बुरे का वह योग है। उसमें आत्म-गरिमा, त्याग, श्रद्धा, आस्था, बुद्धि, विवेक और संकल्प की ऊँची कल्याणकारी दिशाएँ भी होती हैं। मनु की अच्छाई उसकी वृथा भावुकता है। क्षणिक उच्च भावानुभूति से ऊँचे चरित्र का निर्माण नहीं होता। मनु जन्मजात कमजोर

प्राणी है। उसकी कमजोरी पर श्रद्धा को दया आती है, इड़ा उसे बर्दाश्त कर लेती है, प्रसाद उसे अपनी सहानुभूति प्रदान करते हैं। उसे अपना चरित्र बनाते हैं। इसलिए, प्रसाद जी की काव्य-स्वभाव-सिद्ध भावुकता के कारण, मनु की बुराइयाँ ऐतिहासिक-सामाजिक बदनामी की शक्ल नहीं लेतीं। मानव-चरित्र के क्षेत्र में सद्-असद्, मंगल तथा अमंगल, शिव और अशिव के बीच, 'कामायनी' में न कभी घनघोर युद्ध छिड़ता है, न शिव द्वारा अशिव की वास्तविक पराजय ही बतलाई जाती है। यहाँ तक कि शिव को अशिव की तानाशाही के कारण जो महत्त्वपूर्ण हानियाँ हुई हैं, उसके प्रति शिव की उपेक्षा है (और सहानुभूति भी है) शिव उस अशिव से समझौता करता है। क्यों?

प्रसंग इड़ा का है। मनु के सहयोग से इड़ा ने सारस्वत सभ्यता का पुनः निर्माण किया; और मनु ने अपने अहंकार की मूर्खतापूर्ण विलासिता की झक में आकर उसे तोड़-फोड़ डाला। यह बिलकुल ठीक है कि इड़ा अपने सहयोगी के प्रति सहानुभूति रखे। किन्तु श्रद्धा के सामरस्य के अंचल में दुलराए गये मनु के व्यक्तित्व के प्रति, उसके चरित्र के प्रति, इड़ा का हृदय क्रोध अथवा घृणा से जल नहीं रहा है। स्पष्ट शब्दों में कहा जाए तो मनु, इड़ा की इच्छा के विरुद्ध शारीरिक रूप से उस पर आक्रमण करने के लिए तत्पर था। ऐसी स्त्री के स्त्रीत्व का यह तकाजा स्वाभाविक था कि वह उसे क्षमा न करे। कम से कम प्रसाद जी को यह बतलाना था कि इड़ा को मनु से, कुछ काल के लिए ही क्यों न सही, घृणा हो गयी है। किन्तु उसके मन में क्षमा और प्रतिशोध दोनों थे, वह एक जगह कहकर प्रसाद जी ने छुट्टी पा ली, इड़ा के विक्षोभ को उभारा नहीं (श्रद्धा ने भी मनु का करुण मुख देखा और दया से पिघल गयी। उसने उसे धिक्कारा भी नहीं।)।

ये हैं छायावादी जीवन-मूल्य, जिनकी वकालत नन्ददुलारे वाजपेयी करते है और प्रसाद की 'कामायनी' का समर्थन करते हुए स्वर्गीय रामचन्द्र शुक्ल की 'रामचरितमानस' के प्रति व्यवहारिक आदर्श-लक्ष्यवादी, सामाजिक-मंगलवादी की दृष्टि को स्थूल बतलाते हैं। वे कहते हैं कि रामचन्द्र शुक्ल की जीवन-दृष्टि अपनी तथा सतही थी। वे मनु को मानव-मात्र का, मन का, मनन का प्रतिनिधि बतलाते हैं। यह मैं नहीं कह रहा हूँ कि रामचन्द्र शुक्ल ने अन्याय नहीं किया। उन्होंने कबीर के साथ अन्याय किया, छायावादियों के साथ भी उन्होंने कशमकश की। किन्तु छायावादियों के सम्बन्ध में जब उन्होंने समझौता किया तो अपनी न्याय बुद्धि को दर-किनार नहीं रखा। हिन्दी साहित्य के इतिहास में उन्होंने छायावादियों के बारे में जो कुछ लिखा है, उसमें महत्त्वपूर्ण सत्यांश है। नन्ददुलारे वाजपेयी को 'कामायनी' के सम्बन्ध में लिखते-लिखते 'रामचरितमानस' की याद आयी। 'रामचरितमानस' की याद आते ही वे रामचन्द्र शुक्ल पर बरस पड़े और उन पर स्थूल आदर्शवाद का अपराध

आरोपित किया।

नन्ददुलारे वाजपेयी मनु के चरित्र को (अथवा किसी अन्य चरित्र को) स्थूल नैतिक-मानों से मापने के लिए तैयार नहीं। क्यों नहीं? क्या इसलिए कि समाज-परिवर्तन के अनुसार नैतिक मान भी बदलते रहते हैं? बिलकुल नहीं। वे इसलिए ऐसा करते हैं कि उनके मतानुसार...'यथार्थवादी' लोग प्रवृत्ति और निवृत्ति, भले और बुरे—इन ''द्वन्द्वों का समाहार एक नित्य सत्ता में करते हैं और खुली आँख से उस सत्ता की समस्त लीला का रस लेते हैं। यह लीला या अभिव्यक्ति ही रस है। प्रवृत्ति और निवृत्ति की कोई लीक न बनाकर यथार्थवादी सामने आयी जगत की स्थिति-मात्र का साक्षात्कार करना चाहता है, और उन स्थितियों में मानव-मन की गतियों का संकलन और कर्तव्य का निर्धारण करने की चेष्टा करता है। वह आध्यात्मिक एकान्तिकता या नपी--तुली प्रवृत्ति-निवृत्ति की शिक्षा देकर संसार की परिवर्तनशील यथार्थताओं से हाथ समेटने और आँखें मूँदने का अभ्यास न कर संसार की विविध वास्तविकता के अभिज्ञानपूर्वक सर्वव्यापक आत्मा का जागरूक अनुभव करना चाहता है। काव्य में यह स्वभावत: मनोवैज्ञानिक विश्लेषण की ओर अधिक आकर्षित है। यह आँख मूँदकर भले-बुरे का द्वन्द्व नहीं देख सकता। खुली आँखों सारे रंगों, रूपों, उनकी सम्पूर्ण भंगिमाओं का रस लेगा। संक्षेप में वह रहस्य की ओर लक्ष्य रखेगा, भले और बुरे के द्वैत की ओर नहीं। इसकी दृष्टि मुख्यत: बौद्धिक होगी और किसी गतानुगति 'सु' और 'कु' का पल्ला नहीं पकड़ सकेगी। प्रवृत्ति और निवृत्ति इसके लिए कोई पूर्व-निर्दिष्ट लीक नहीं होगी, जीवन के पग-पग की ताजी पहचान होगी।''

हमने जान-बूझकर यह उद्धरण दिया है। प्रसाद से भी अधिक, हमारे नन्ददुलारे वाजपेयी भले और बुरे के द्वन्द्वों का समाहार नित्य-सत्ता में कहते हैं। प्रसाद जी ने मनु को उसके आत्म-विश्लेषण के द्वारा भी निन्दित किया है, तथा घटनाओं की स्वरूप-विशिष्ट रचना के द्वारा भी। मनु की इतनी आत्मालोचनाओं के द्वारा तथा सारस्वत-सभ्यता के पुनर्निर्माण के मनु के सहयोग की घटना प्रस्तुत कर, वे पाठकों की सहानुभूति भी अपने चरितनायक को दिलवा देते हैं। इससे स्पष्ट है कि मनु पर प्रसाद का क्रोध नहीं है, यद्यपि उसके अपराधों के प्रति उसकी उपेक्षा भी नहीं है। यदि उपेक्षा होती तो 'कामायनी' की मूल समस्या को कोई आकार ही नहीं मिल पाता। किन्तु वाजपेयी जी हैं कि उस समस्या की ओर ध्यान न देकर, मनु को मन-मात्र, मनन-मात्र का प्रतिनिधि बनाने पर तुले हैं और मनु की विलक्षण असंगतियों तथा अपराधों से कन्नी काट जाते हैं।

वस्तुत: प्रसाद जी पश्चिम के उपन्यासकारों की विचारधारा से प्रभावित थे, जो बुरे को भी मानव-सुलभ सहानुभूति प्रदान करते हैं। किन्तु उन विचारकों ने भले

और बुरे के इस द्वन्द्व का समाहार नित्य सत्ता में नहीं किया, परन्तु प्रसाद जी ने किया। इस प्रकार के समाहार के कारण, असद् और अशिव तथा अनैतिक को व्यक्तिवादी धरातल पर ही देखा गया। उसका फल यह हुआ कि आदर्शवादी शब्दावली में हमने व्यक्तिवादी वासनाओं का आध्यात्मिक औचित्य स्थापित किया। हमारा यह सुदृढ़ मत है कि ब्रिटिश साम्राज्यशाही के युग में, अद्वैतवादी रहस्य के पुनर्जन्म ने व्यक्तिवाद की मनोवैज्ञानिकता को सुदृढ़ बनाया, किन्तु सामन्ती सामाजिक शृंखलाओं से व्यक्ति की मुक्ति के लिए जिन भयानक सामाजिक संघर्षों का सामना करना पड़ता है, उस कार्य को अद्वैतवाद ने कोई सहायता नहीं पहुँचाई। फलतः, सामन्ती-विचारग्रस्त, सामन्ती परम्पराग्रस्त समाज के भीतर, इस व्यक्तिवाद को अपनी कामनाओं की परिपूर्ति के लिए सामाजिक संघर्षों से भागने का रास्ता भी उसने बतलाया। फलतः, आधुनिक हिन्दी छायावाद में स्त्री अप्सरा हुई, देवी हुई, श्रद्धा हुई। किन्तु उसे साक्षात् मानवी सहचरी, साधारण मनुष्य जिसका अपना निजत्व तथा व्यक्तित्व होता है, नहीं समझा गया। अद्वैतवाद ने एक ओर सामाजिक संघर्ष से बचने का न केवल भाववादी या रहस्यवादी रास्ता तैयार किया, वरन् व्यक्तिवादी, अन्तर्मुख अभिप्रायों को आत्मगरिमा भी दी। किन्तु, सामन्ती सामाजिक बन्धनों से व्यक्ति की मुक्ति के वास्तविक सामाजिक संघर्ष को न उसने गति दी, न उस संघर्ष के लक्ष्य-आदर्श तथा उसके दौरान में सृजित होने वाले व्यावहारिक जीवन-मूल्य ही प्रस्थापित किये। छायावादी कवि की घुटन का मूल कारण यह है। बात यह है कि अद्वैतवाद का दर्शन संघर्ष का दर्शन नहीं है। वह मूलतः एक असामाजिक दर्शन है। अतएव उसने असामाजिक प्रणाली पर ही व्यक्तिवाद का परिस्फुटन किया। साथ ही इस दर्शन ने स्त्री और पुरुष के परस्पर सम्बन्ध को समाजातीत और नैतिकता के परे (Amoral) बताते हुए उसे नवीन आध्यात्मिक आलोक-वलय प्रदान किया। जैसे—

"तुम हो कौन, और मैं क्या हूँ,
इसमें क्या है धरा, सुनो।
मानसजलधि रहे चिर-चुम्बित,
मेरे क्षितिज उदार बनो।"

यही कारण है कि प्रसाद जी स्वयं मनु के श्रद्धा-परित्याग के अपराध के बारे में मौन हैं। मनु की आत्म-निन्दा द्वारा ही हम यह समझ पाते हैं कि मनु के इस अपराध के बारे में प्रसाद जी का क्या मत है। किन्तु, मनु को आत्मालोचन का अवसर देकर, श्रद्धा-त्याग के कारण उसके प्रति सहानुभूति का जो अभाव हो सकता था उस अभाव को अल्प कर दिया गया है। श्रद्धा-परित्याग के इस अपराध के कारण मनु कहीं भी दंडित नहीं है। दंडित तो वह तब होता है जब वह इड़ा पर बल

प्रयोग करना चाहता है। मनु की निन्दनीय अक्षमताओं पर स्वयं न चिढ़कर प्रसाद जी ने लोक-विप्लव, प्रकृति-विप्लव तथा रुद्र-क्रोध के नाटकीय घटना-समुच्चय द्वारा उसके अपराध की चंडता बतलाई है। किन्तु, पाठक का ध्यान इन घटनाओं की नाटकीयता पर जाता है, मनु के अपराध की विशालता पर नहीं। इस दंड के उपरान्त, मनु की आहत मूर्च्छितावस्था को देखकर पाठक उससे घृणा नहीं कर पाता। इस प्रकार, मनु के प्रति न किसी पात्र की, न पाठक की विरोधी प्रतिक्रिया हो पाती है। केवल बौद्धिक रूप से ही वह इस बात से सचेत रहता है कि मनु स्वयं एक समस्या है, जो अपने हर कदम पर नया सवाल खड़ा कर देता है। श्रद्धा के पुनर्मिलन के उपरान्त, मनु को जिस प्रकार का अपने किए पर जीवन-निर्णयात्मक पश्चात्ताप होना चाहिए, वह भी नहीं होता। एक कमजोर चरित्र की हैसियत से वह फिर भाग खड़ा होता है।

प्रसाद जी मनु को कर्म-क्षेत्र से हटाकर रहस्यात्मक आनन्दवाद की स्थापना करते हैं, मानो उसकी कमजोरियों का सुधार (अथवा उनका पर्यवसान?) उस भाववादी ऐकान्तिक व्यक्तिवाद में ही हो सकता है। कर्मक्षेत्र के वास्तविक संघर्ष से मनु को भगाकर, हिमालयीन अंचलों में उसे नित्य लीला के, सर्वव्यापी चेतना के दर्शन करवाये जाते हैं, और वह समस्त प्रकृति तथा समस्त जगत से सामरस्य का अनुभव करता है।

जिन प्रसाद जी ने अपने नाटकों तथा कहानियों में कर्म-क्षेत्र के अत्यन्त भव्य, वीर तथा संकल्पित चरित्रों को खड़ा किया, आत्मगरिमामय व्यक्तियों को उभारा, वे ही प्रसाद जी, 'कामायनी' में आकर मनु जैसे अक्षमताग्रस्त चरित्रों को न केवल सहानुभूति प्रदान करते हैं वरन् उसके उद्धार को, पुनः कर्मक्षेत्र की अग्नि-परीक्षाओं द्वारा उपस्थित न कर, मात्र वायवीय दार्शनिक, मानसिक धरातल पर ही प्रस्तुत करते हैं।

वस्तुतः कहानी कृत्रिम रूप से बढ़ाई जाती है, सिर्फ इसलिए कि उसमें प्रसाद जी के दर्शन का प्रदर्शन हो (यह बात अलग है कि उनका 'रहस्य' सर्ग उत्तम है); मनु के चरित्र का उसमें कोई स्वस्थ स्वाभाविक विकास नहीं होता। मनु श्रद्धा के अंचल-छोर को पकड़, दिव्य ज्ञान का अधिकारी होता है, और उस ज्ञान के अंजन से उसकी आँखें खुलती हैं। किन्तु वह ज्ञान कौन-सा है? प्रसाद जी ने जिन समस्याओं को उठाया, क्या उनके निराकरण-मार्गों का वह ज्ञान है? नहीं, समस्या वास्तविक जीवन की है। उसका हल, जो प्रसाद जी ने बतलाया है, कर्मक्षेत्र से सम्बन्धित नहीं उसके परे वह आध्यात्मिक है।

हमें इस आध्यात्मिक निराकरण से भी कोई आपत्ति न होती, बशर्ते कि मनु की अन्तःप्रकृति में से उस अध्यात्म का विकास होता, यानी चरित्र की भीतरी

प्रवृत्ति-शक्तियों के उच्चतर विकास के प्रकाश-रूप, वह अध्यात्म उपस्थित होता। हमारे भक्तिकालीन सन्तों की अध्यात्म-भावना—उनके चरित्र की जीवनानुभव सम्पन्न ज्ञान-शक्तियों की दार्शनिक परिणति थी। किन्तु मनु के सम्बन्ध में यह बात नहीं कही जा सकती। यदि प्रसाद जी उसके आध्यात्मिक ज्ञान के विकास को उपस्थित करना चाहते तो निश्चय ही 'कामायनी' दो खंडों में विभाजित होती, उस आध्यात्मिक ज्ञान की वास्तविक जीवन-भूमि के फलस्वरूप मनु के व्यक्तित्व-विकास के पंक्तिबद्ध क्रम-चित्र प्रस्तुत किये जाते। मध्ययुगीन भक्तिकाल के सन्तों की सामाजिक मानवीयता जो कबीर, रैदास, मलिक मुहम्मद जायसी, सूर और तुलसीदास में प्रकट हुई, वह प्रसाद जी की आदर्श नहीं थी। किन्तु उनका आदर्श आधुनिक अभिजातवर्गीय रहस्यात्मक अद्वैतवाद था जो प्राची अद्वैतवाद के पुनः संस्करण के रूप में उपस्थित हुआ, जिसका प्रचार विवेकानन्द आदि ने किया, और जिसको रवीन्द्रनाथ ने अपनी 'गीतांजलि' द्वारा काव्यात्मकता प्रदान की। हम इस बहस में नहीं पड़ना चाहते कि प्रसाद जी का दर्शन शैवागमों से प्रसूत है, या तान्त्रिकों से या किसी और चीज़ से। हम यह मानते हैं कि प्राचीन शैवागमों से उन्होंने कुछ प्रतीक लिये हैं जिनका उद्देश्य एक ऐसी विराट् (Cosmic) 'फैंटेसी' खड़ी कर देना है, जो चित्रमयी होने के साथ ही कुछ इस प्रकार धुँधली हो कि वह रहस्यात्मक प्रतीत हो सके। हम तो केवल यह सूचित करना चाहते हैं कि प्रसाद जी ने मनु-समस्या को खड़ी कर उसका पर्यवसान जिस अद्वैतवाद धरातल पर किया है, उससे यह बिलकुल स्पष्ट हो जाता है कि वास्तविकताओं के उच्चतर विकास की समस्याओं के सम्बन्ध में, प्रसाद जी का दर्शन, न केवल व्यक्ति को संसार-पलायन सिखलाता है, वरन् वह इस पलायन को डिफैंड करता है, उसकी स्थिति-रक्षा करता है तथा साथ ही जड़ और चेतन में महाचेतन की आनन्दमयी अभिव्यक्ति को, भले और बुरे, शोषक और शोषित, मंगल और अमंगल—दोनों में तथा दोनों के परे देखते हुए, यह दर्शन अन्ततः विषमताग्रस्त समाज, सभ्यता और व्यक्ति की वर्तमान स्थिति को कायम रखते हुए प्रतिक्रियावादी शोषक नीति, राजनीति और समाज-नीति को ही नित्यता प्रदान करता है।

अधिक से अधिक, प्रसाद जी के सम्बन्ध में यह कहा जा सकता है कि उनका दर्शन एक उदार पूँजीवादी-व्यक्तिवादी दर्शन है जो यदि एक मुँह से वर्ग-विषमता की निन्दा करता है तो दूसरे मुँह से वर्गातीत, समाजातीत व्यक्तिमूलक चेतना के आधार पर समाज के वास्तविक द्वन्द्वों का वायवीय तथा काल्पनिक प्रत्याहार करते हुए, 'अभेदानुभूति' के आनन्द का ही सन्देश देता है। निश्चय ही समाजातीत-वर्गातीत व्यक्तिमूलक आनन्दवादी अद्वैतवाद, अपने अन्तिम निष्कर्षों में, उसी विषमतापूर्ण समाज की स्थिति में कुछ सतही—ऊपरी परिवर्तन करके

सन्तुष्ट है। यही कारण है इड़ा के पास मनु-पुत्र को रखा है, जिसका दूसरा अर्थ भी है कि अन्तर्विरोध-ग्रस्त इड़ा-निर्मित समाज को इड़ा के नेतृत्व में, श्रद्धा के अद्वैतवादी उपदेशों से समन्वित कर, उसे इड़ा तथा मनु पुत्र के जिम्मे लगाकर, स्वयं श्रद्धा तथा मनु हिमालय प्रदेश में जाते हैं और जड़ और चेतन में व्यक्त महाचेतना का आनन्द लूटते हैं। इसमें क्या आश्चर्य है, यदि प्रसाद जी इड़ा-निर्मित समाज की अगली विकास-स्थितियों को न बतलाकर, भव-ताप से तापित उस इड़ा को तीर्थाटन करने के लिए हिमालय ले जाते हैं। प्रसाद जी का द्वैतवाद न अपने द्वारा उठाई गयी उन समस्याओं का निराकरण करता है जो सभ्यता से सम्बन्धित हैं, न उनका जो व्यक्ति से सम्बन्धित हैं। प्रसाद-दर्शन के प्रश्न को हम आगे चलकर फिर उठाएँगे। हम सिर्फ यह कहना चाहते हैं कि इस दर्शन के जरिये प्रसाद जी ने मनु-समस्या के सम्बन्ध में दुनिया को कोई नया सन्देश नहीं दिया है और उस रूप में जो कुछ प्रस्तुत किया है, वह न सन्देश है, न मनु-समस्या का हल।

निश्चय ही, टॉल्सटॉय ने भी बहुत से कमजोर पात्र रेखांकित किये हैं। उदाहरण के लिए—'रिमरेक्शन' उपन्यास लीजिए। उसके प्रमुख पात्र का उच्चतम विकास किस प्रकार होता है? कर्मक्षेत्र के त्याग में? नहीं। सामाजिक कर्तव्यों को सांसारिक कहकर किसी धार्मिक रहस्यात्मक भावानुभूति में? नहीं।

जिन अर्थों में टॉल्सटॉय, अपने अन्तिम निष्कर्षों में, मानवतावादी हैं, क्या उन्हीं अर्थों में, 'कामायनी' को देखते हुए, प्रसाद जी मानवतावादी हैं? बिलकुल नहीं।

मानवतावादी कमजोर चरित्रों को उभारना तो है; किन्तु उन पात्रों को, अपनी कमजोरियों का ज्ञान कराकर, उनके प्रकृतिगत वैषम्य के अमानवीय स्वरूप को उन्हीं के सामने उद्घाटित करते हुए, वह उनके व्यक्तित्व का समाजीकरण मानवीकरण उपस्थित करता है। मानवतावाद व्यक्तित्व की समस्याओं का वायवीय निरूपण-निराकरण नहीं करता। मानवतावाद वास्तविकता के क्षेत्र में, मानवादर्शों की वास्तविकता के द्वारा ही, कमजोर चरित्रों में ऐसा रूपान्तर उपस्थित करता है, जिसमें फलस्वरूप वे अधिकाधिक वास्तविक रूप से समाजोपयोगी, मानवगुण-सम्पन्न तथा कल्याणकारी होते चलते हैं।

कमजोर चरित्रों का प्रस्तुतीकरण गुनाह नहीं है। गुनाह है उनका वायवीय उच्चतर रूपान्तर। निज भौतिक व्यक्तिगत सामाजिक-वास्तविक सन्दर्भों से कमजोर चरित्र कमजोर होते हैं, उन्हीं सन्दर्भों से उनका रूपान्तर भी आवश्यक होता है। इन सन्दर्भों को बदलने से मूल समस्या ही रद्दी की टोकरी में डाल दी जाती है, तथा वायवीय रूपान्तर को खड़ा करने से वास्तविक रूपान्तर के सम्बन्ध में जो मानव-आस्था होनी चाहिए उसका अभाव और लोप दृष्टिगोचर होता है। वायवीय के

विपरीत वास्तविक रूपान्तर के लिए, अत्यधिक मानव-श्रद्धा की आवश्यकता होती है। जो कलाकार कमजोर चरित्रों की वास्तविक भीतरी समस्या खड़ी कर उसका समाधान, उसका निराकरण व्यक्तित्व के वायवीय रूपान्तर द्वारा उपस्थित करता है, निश्चय ही वह लेखक मानव-जीवन की उन्नतिपरक शक्तियों की वास्तविकता के प्रति अश्रद्धा ही प्रकट करता है। यदि मनुष्य अपनी कमजोरियों पर विजय प्राप्त कर सकता है—तो इस सामाजिक विश्व में रहकर ही। इसको हटाकर, जो तथाकथित हल खड़ा किया जाता है, वह मनुष्य का अपना हल नहीं है। ऐसे हल में कल्याणकारक मानवी शक्तियों की क्रियमाण, गतिमान वास्तविकता का मनोहर प्रकाश नहीं है—अतएव उसमें वास्तविक मानव-श्रद्धा भी नहीं है।

भौतिक-सामाजिक जगत के वास्तविक मानव-कल्याणकारी वैषम्य-विरोधी रूपान्तर के संघर्ष के माध्यम से ही, मनुष्य में वे सभी मानव-गुण उत्पन्न तथा प्रस्फुटित होते हैं, जिनके अभाव में हमारा चरित्र कमजोर ही रहता है। जिस हद तक तथा जिन क्षेत्रों में, हममें उन मानव गुणों का अभाव होता है, उतना ही हमारे चरित्र में अमानवता भी रहती है। इस अमानवता की वास्तविकता के विरोध में, मानवता की वास्तविकता को उपस्थित करना कलाकार का सबसे बड़ा धर्म है—विशेषकर उस कलाकार के लिए, जिसने अपनी कला की केन्द्रीय समस्या के रूप में कमजोर चरित्र उपस्थित किया।

उपर्युक्त विवेचन से यह बात स्पष्ट हो जाएगी कि विश्व के मानवतावादी साहित्य में प्रसाद की 'कामायनी' का स्थान उपेक्षणीय है और, चूँकि हमारा यह विश्वास है कि मनुष्य के भीतर से हिला देने वाला तथा साथ ही उसके उच्चतर रूपान्तर को विकसित करने वाला साहित्य वस्तुतः मानवतावादी साहित्य ही हो सकता है, इसलिए हमें यह कहने के लिए बाध्य होना पड़ता है कि प्रसाद जी, 'कामायनी' के द्वारा, साहित्य के सर्वोच्च शिखर पर चढ़ते-चढ़ते बीच ही में लुढ़क पड़े। हमें उनकी इस बाधाग्रस्तता के प्रति न केवल साहित्यिक दिलचस्पी है, वरन् ऐसी ऐतिहासिक-समाजशास्त्रीय दिलचस्पी भी है, जिसकी पूर्ति के द्वारा हम उन मूल निष्कर्षों पर पहुँच जाएँगे जिनके कारण प्रसाद जी जैसा ऊँचा कलाकार भी धोखा खा जाता है। 'प्रसाद' जी की सभ्यता-समीक्षा तथा अन्य जीवन-व्यापारों की समीक्षा करते हुए हम इसी सूत्र को आगे बढ़ाएँगे। इस समय इतना ही पर्याप्त है।

❑

यशपाल

तीसरी चिता

हृदय के लिए सबसे बड़ी व्यथा, शायद जीवन के लिए सबसे बड़ी व्याधि है शक! दाँत का उत्कट दर्द, तपेदिक की मर्मान्तक पीड़ा और दमे में दम का रुकना दौरे के रूप में आता है गुजर जाता है, या फिर व्यथा का मूल, प्राण ही चले जाते हैं। परन्तु शक और 'अपनी'...के प्रति शक, उसके चाल-चलन के सम्बन्ध में इशारेबाजी या कानाफूसी, इसे कौन नर-शार्दूल सह सकता है? शायद सह सकते हैं या तो नर-कुक्कुर या फिर देवता जो आवेश-उन्मेष और अनुभूति से परे हैं। परन्तु देवताओं के सम्बन्ध में पुराणों में ऐसे आख्यान मौजूद हैं जो उन्हें इस नीचता या महत्ता से बरी कर देते हैं।

माला को जयदेव ने अशेष रूप से आराध्य समझा था। उसकी कल्पना जहाँ तक जा सकती थी, उससे बहुत अधिक दूर तक माला की कमनीयता, सहृदयता और पुष्प की दृष्टि में स्त्री का चरम सौन्दर्य, अत्यन्त गुण—सतीत्व व्यापक था। जयदेव का मस्तिष्क और आत्मा एक निर्विकार आनन्द के जगत में खो गये थे। उस जगत का प्रत्येक रूप या चिह्न था, माला का मुग्धकर रूप।

लेकिन यह रंग बहुत दिन ठहर न सका। अब जयदेव का मन घृणा से उद्विग्न और घर से विरक्त था। जासूसी करके सबूत ढूँढ़ने जाना उसके आत्माभिमान के लिए असह्य था। एक युग था जब पुरुष असती नारी और उसके प्रेम-पात्र के रक्त से अपने पौरुष के अपमान का कलंक धो सकते थे, कलंकिनी को कमर तक गड़वाकर कुत्तों से नुचवा सकते थे। उस समय वही न्याय था, यही मर्यादा थी। समय के साथ न्याय और मर्यादा की धारणा बदल गयी।

स्त्री के प्रति तिरछी नजर से देखना या उसे धमकाना आज पुरुष का लक्षण है। रोजमर्रा की जलन से बचने के लिए अलबत्ता ऐसी स्त्री को अलग कर दिया जा सकता है, परन्तु वह सिर दर्द के लिए मूँड काटने कौन-सा इलाज है। अपनी अयोग्यता अपने अपौरुष का ढिंढोरा पीटना है।

और फिर वह अपमान भी कैसा? पति के स्वयं व्यभिचारी होने पर भी भद्र

समाज में उसके लिए गुंजाइश है परन्तु जिसकी स्त्री असती है उसके लिए भद्र समाज क्या, समाज के निचले तबके में भी स्थान नहीं। कोढ़ी से भी अधिक अछूत और भ्रूण-घातक से भी अधिक जघन्य वह व्यक्ति है। अपने आपको यों हेय उद्घोषित करने की अपेक्षा, अपने हृत्पिंड में स्वयं दाँत गड़ा कर समाप्त हो जाना आसान है।

भीतर इतना भयंकर ध्वंस और भूकम्प आ जाने पर भी जयदेव के जीवन में प्रत्यक्ष अन्तर केवल इतना ही था कि अब वह पहले की अपेक्षा अधिक चिन्ताशील और चुप जान पड़ता। जिन लोगो के कानों तक अपवाद की सुरसुराहट नहीं पहुँची थी, उन लोगो का ख्याल था, आयु के बढ़ने और कारोबार के बन्धन में फँसने से मनुष्य स्वभावत: गम्भीर हो ही जाता है।

इसके अतिरिक्त जहाँ तक घर के भीतर हवा का सवाल था, जयदेव और माला में परस्पर आकर्षण का कोई चिह्न शेष न रहा। प्रेमालाप, सलाह-मशविरा, एक साथ खाना, उठना-बैठना सब समाप्त हो गया। आने-जाने वाले लोगो के सम्मुख वह माला से किसी प्रकार का खिंचाव प्रगट न होने देने के लिए विवश था।

माला इस सर्दमोहरी को उपेक्षा और अन्याय समझती थी पर उसे सह जाने के अतिरिक्त उपाय न था। यदि किसी दिन जयदेव उस पर असतीत्व का अभियोग लगाने का साहस करता तो वह चुप रहकर केवल अपने रक्त से उस कलंक को धो डालती। जयदेव ऐसा साहस कभी कर न सका, कायरता से हो या औचित्य के विचार से हो। घर पर माला मुरझाये हुए बासी गुलाब की-सी रहती। दिल के बोझ को हलका करने का केवल एक ही उपाय था, वह सखी सहेलियों में जा दिल-बहलाने का यत्न करती।

मई का महीना, नौ तारीख थी। रात प्राय: तीन प्रहर बीत चुकी थी। जयदेव ऊपर तीसरी मंजिल की छत पर सो रहा था। माला का पलँग नीचे खुले आँगन में मौसी के पास था। समीप एक स्टूल पर बिजली का पंखा रखा था जो बन्द हो गया। गरमी अधिक मालूम होने से मौसी की नींद उचट गयी। कुछ अप्रिय गन्ध और चटकने-कड़कने का शब्द सुनकर मौसी ने नजर उठाकर देखा, जीने और दूसरी मंजिल की खिड़कियों से आग की लपटें और धुएँ के बादल उठ रहे थे। बिजली की करेंट से आग लग गयी थी। मौसी की चीख निकल गयी। माला उठ खड़ी हुई। नौकर को पुकारा गया। शोर मच गया। लोग इकट्ठे हो गये। पानी की बाल्टियाँ, गागरें और घड़े आग की ओर फेंके जाने लगे।

पुकार सुनकर जयदेव उठ खड़ा हुआ। उसे तुरन्त नीचे आ जाने के लिए कहा गया। जीने की कुछ ही सीढ़ियाँ उतर वह ऊपर लौट गया। जीने की छत और सीढ़ियों में सब जगह लकड़ी ही लगी होने से जीना बिलकुल ज्वालामय हो रहा

था। ऊपर से नीचे उतर आना सम्भव न था। मकान के दोनों ओर गली, सामने सड़क और पीछे केवल एक मंजिला मकान होने से किसी दूसरे मकान के रास्ते उतर आना भी सम्भव न था। लम्बी सीढ़ी आस-पास कहीं न थी। इस जमाने में लाहौर जैसे शहर में, जहाँ घर-घर पानी के नल लगे हों, बिना जरूरत लम्बी रस्सी भी कोई क्यों रखेगा?

भय-त्रस्त लोग तमाशा देख रहे थे। झटपट तीन-चार पगड़ियाँ और साड़ियाँ बाँधकर रस्सियाँ तैयार हो गयीं, परन्तु रस्सी को तिमंजिले की छत तक पहुँचने का उपाय न था। यदि जीने से ऊपर जाना सम्भव होता, जयदेव ही नीचे उतर आ सकता था। जवानी के जोश में नौकर पगड़ियों की बनी रस्सी ले कुछ सीढ़ियाँ चढ़ा—पर लौट आया। दो-तीन और नौजवानों ने भी आजमाइश की पर मुँहकी खाकर वे लौट आये। आग बुझाने के इंजन को टेलीफोन किया जा रहा था। वह अभी तक पहुँच न पाया था।

किसी से कुछ न कह साड़ियाँ जोड़कर बनाई एक रस्सी को ले माला झपट कर जीने की ओर चली। उसे रोकने के लिए लोग आगे बढ़े, इतने में वह धुएँ के घने बादलों में छिप गयी।

आशा-निराशा की लहरों पर उतराते हुए लोग मुँह बाए ऊपर की ओर देख रहे थे। किसी ने मुँह से कुछ न कहा पर सभी समझ रहे थे कि एक के बजाय दो जानें गयीं। जितनी देर में पहले साहस कर ऊपर जाने वाले लौट आये थे उससे चौगुनी देर हो गयी, परन्तु माला न लौटी।

बहुत ऊँचे स्वर में घंटी बजाते हुए फायर-ब्रिगेड आ पहुँचा। फायर-ब्रिगेड ने आते ही अपनी सीढ़ी लगा जयदेव को नीचे उतारा और जल की डबल पिचकारियों से मकान को नहला दिया। आँगन राख, कोयले और अधजले लकड़ी के टुकड़ों से भर गया। जीने में एक स्त्री होने की सूचना के कारण फायर-ब्रिगेड ने और भी जल्दी की परन्तु वहाँ से शरीर के एक जले हुए अंश के अतिरिक्त और कुछ न मिला।

अपने जले मकान को छोड़ जयदेव एक पड़ोसी सज्जन के यहाँ जरूरी सामान लेकर ठहर गया। माला के अवशिष्ट शारीरिक चिह्नों के प्रति अपने कर्तव्य को पूरा करते समय शोक और अभिमान के मिश्रण ने उसे एक नशे की-सी हालत में कर दिया। इस युवक में माला के यों सती हो जाने से जयदेव के प्रति लोगो की श्रद्धा और सहानुभूति का ज्वार उमड़ पड़ा। सहानुभूति प्रकट करने वालों का अन्त न था। जिन लोगो ने माला के आचरण के सम्बन्ध में कनखियों से इशारे कर गन्दगी फैलाई थी, वे उन सब बातों को ऐसे भूल गये मानो वह प्रसंग कभी था ही नहीं।

जयदेव के जीवन से शारीरिक रूप में लुप्त हो माला ने उस पर और भी

अधिक व्यापक प्रभुत्व पा लिया। वह दिवंगत माला प्रथम प्रणय की माला की अपेक्षा भी कहीं अधिक...कहीं अधिक प्रिय हो गयी। जयदेव को समझ न पड़ता था, माला के बिना वह किस प्रकार जीवित रह सकेगा?

उसका हृदय शून्य हो गया था। जो कुछ अनुभूति शेष थी उससे, जिस सम्मान की पात्र माला थी, उसे अपने सिर पर ओढ़ाया जाता देख लज्जा से उसका मन दबा जा रहा था। उपेक्षा का जो व्यवहार उसने माला के प्रति किया था, उसकी स्मृति से कलेजे को फाड़ डालने की इच्छा होती थी। माला के अभाव में संसार में जीवित रहना उसे घोर विश्वासघात और महापाप मालूम होने लगा। वह अपनी दृष्टि में संसार का सबसे नीच और जघन्य व्यक्ति हो रहा था।

मेज पर फ्रेम में माला की एक फोटो खड़ी थी। उसके सम्मुख कुछ कागज पड़े थे। जयदेव ने नेत्र मूँद अपना सिर माला के चरणों में रख दिया। कितनी देर तक वह यों बैठा रहा, इसकी उसे कुछ खबर न थी। उसकी आँखों से बहुत-सा जल मेज पर एकत्र हो बिजली के प्रकाश में चमक रहा था, उसी में माला की तस्वीर भी प्रतिबिम्बित हो रही थी। उसे अनुभव हो रहा था, आकाश में बैठी माला उसके आँसुओं को देखकर मुस्करा रही थी। उसने सिर उठाया, उसकी पलकों से आँसू टपक रहे थे। उस एकान्त में उन्हें पोंछने की जरूरत न थी, उन्हें पोंछा भी नहीं जा सकता था।

रात के साढ़े तीन बज चुके थे, पर नींद का कहीं पता न था। शरीर थकावट से चूर था इसलिए वह शरीर को सीधा करने के लिए पलँग की ओर झुका। तीन दिन से उसने अपनी कोई चिट्ठी-पत्री न खोली थी। मकान में आग जल जाने के एक दिन से चौदह चिट्ठियाँ जमा हो गयी थीं। इतने समय में उसे संवेदना के इतने तार मिले और बैठने आनेवालों ने इसे इतना अधिक घेर रखा था कि चिट्ठियों की ओर ध्यान देने का समय ही न था। लेटकर वह उन लिफाफों को देखने लगा।

पहला लिफाफा माला के लिए था—'श्रीमती माला देवी, राणा गली, लाहौर।' बाईं ओर कोने में भेजनेवाले का नाम लिखा था—'लिलि'।

आरम्भ में माला और जयदेव को जो पत्र आते थे, दोनों मिलकर साथ-साथ पढ़ते थे। जयदेव के पत्र माला और माला के पत्र जयदेव जरूर पढ़ता था। उस समय वे एक प्राण दो शरीर थे, परन्तु बरस भर से वे अदृश्य सीमाओं में बँधकर अलग-अलग हो चुके थे। जहाँ बातचीत न हो, वहाँ एक-दूसरे के पत्र पढ़ने का सवाल ही क्या? यदि दूसरे का पत्र हाथ में पड़ जाता तो नौकर के हाथ तुरन्त भिजवा दिया जाता।

आज माला के अभाव में उसके नाम का पत्र जयदेव की आँखों के सामने पिछली बातें फिर गयीं। आज इस पत्र को बिना पढ़े ही वह किसके पास भेज

सकता था? उसने मोहर देखी। लिफाफा नौ तारीख को हीरामंडी से पोस्ट किया गया था। और दस तारीख सुबह डाकिया मकान जल जाने के बाद उसे दे गया था।

माला की इस सहेली लिलि को वह क्या उत्तर देगा? बहुत भाव से उसने लिफाफा खोला। पत्र में लिखा था।

'मेरी मलका, कल जैसा दिन दुश्मन की किस्मत में भी न आये। कितने अरमान से मैं नैना के यहाँ गया था और विषाद का कैसा बोझ लेकर मकान को लौटा। सिवाय नमस्ते और कुशल पूछने के एक शब्द भी तुमसे न कह सका। नैना के यहाँ चाय खत्म कर तुम्हें साथ ले जाकर जरा घूम आने के लिए एक मित्र से कार माँग लाया था, परन्तु विभा तुम्हें बरजोरी साथ पकड़ ले गयी। उस समय जो विवश दृष्टि तुमने मेरी ओर डाली, वह अब तक मेरे हृदय में बाण के समान चुभ रही है। कल तुम अवश्य-अवश्य शाम को पाँच बजे विभा के यहाँ आना। यदि तुम न आओ तो मुझे तुम्हारे यहाँ आना ही होगा और उसमें कुसूर होगा। तुम्हारा—मन्नू।'

उसका शोक से हृदय अवसन्न रहा। इससे किसी हलकल चोट को वह अनुभव ही न कर सकता था। उस चोट ने फिर उसे एक दफे विवेक के लायक बना दिया। उसके लिए माला के अपने प्राण दे देने की बात उसके सम्मुख थी और उसके साथ ही अपवाद और अस्तित्व का एक अकाट्य प्रमाण उसके हाथ में मौजूद था।

तो क्या मुझे प्राण-पन से प्यार करती हुई भी एक-दूसरे के प्रति अनुरक्त थी? उसने अपने प्राण मेरे लिए प्रेम से नहीं बल्कि सामाजिक कर्तव्य समझ कर दिए!—जय का सिर चकरा रहा था।

इस उधेड़बुन में उसकी संज्ञा और अनुभूति भावुकता से हटकर विवेक की ओर चली गयी। माला की मृत्यु से जीवन को असम्भव समझने का भाव उसके मन से दूर हो गया। फिर ख्याल आया—माला के हृदय में उसके प्रति अनुराग की जो कमी हो गयी थी, उसका कारण शायद उसकी ही शून्यता थी। माला ने उसके प्रति अशिष्ट व्यवहार कुछ नहीं किया। हाँ मन्नत के प्रति माला के अनुराग से उसका अपमान अवश्य था।

दोनों हाथ सिर के नीचे रखे वह निर्निमेष पड़ा था। उसे मालूम हुआ, कागज के पुर्जे ने माला को सतीत्व के ऊँचे, आभामय लोक से गिरा दिया।

वह पत्र को उठाकर उसकी ओर देखने लगा। उस समय वियोग के दुख की अपेक्षा अपमान का दाह ही उग्र हो रहा था। एक बड़े भारी आघात की आशंका से उसकी अन्तरात्मा सिहर उठी। समीप की किसी मिल से सुबह चार बजे से बिगुल ने बजकर उसे नया दिन चढ़ने की सूचना दी। वह फुर्ती से उठा, पत्र की बत्ती बना उसने दाँतों में दबा ली और माचिस की एक सींक खींच बत्ती के उस छोर पर लगा दी।

कागज से एक निर्बल-सी लपट उठने लगी। ज्वाला का प्रतिबिम्ब उसकी आँखों की पुतलियों में नाच रहा था। उसे खयाल आया—माला की पहली चिता जली थी उस समय जब मन्नत बीच में आया, वह उसकी तीसरी चिता जल रही थी।

❑

रवीन्द्रनाथ टैगोर

जब जीवन और जगत एक प्राण हुए

एक दिन साँझ को अपने जोड़ासाँकों वाले मकान की छत पर घूम रहा था। दिवावसान की म्लानिमा पर सूर्यास्त की आभा ने ऐसा खेल खेला कि उस दिन की आसन्न सन्ध्या मेरे आगे विशेष रूप से मनोहर होकर प्रकट हुई। आसपास के मकानों की दीवारें तक मेरे लिए सुन्दर हो उठीं।

मैं सोचने लगा परिचित जगत पर से यह जो तुच्छता का आवरण बिलकुल ही उठ गया, यह क्या केवल सायंकाल के आलोक सम्पात का एक जादू मात्र था? नहीं। मुझे स्पष्ट दिखाई दिया, उसका असल कारण यह है कि सन्ध्या मेरे ही अन्दर आ समाई है, मैं ही उससे रुक गया हूँ।

दिन के उजाले में ख़ुद मैं ही जब अत्यन्त उग्र हो रहा था तब जो भी कुछ मैं देख-सुन रहा था उस सबको मैं ही तो वेष्टित करके आवृत्त किये हुए था। अब मेरा वह 'मैं' वहाँ से हट आया है, इसीलिए जगत को मैं उसके निजी स्वरूप में देख रहा हूँ। वह स्वरूप कदापि तुच्छ नहीं, वह आनन्दमय है, सुन्दर है।

तब से कभी-कभी मैं इच्छापूर्वक अपने को मानो अलग हटाकर जगत को दर्शक की भाँति देखने की चेष्टा किया करता, और तब मन अत्यन्त प्रसन्न हो उठता। एक दिन मुझे एक अनुभव प्राप्त हुआ जिसे मैं आज तक न भूल सका।

सदर स्ट्रीट, जहाँ जाकर ख़त्म हुई है वहाँ शायद फ्री स्कूल के बगीचे के पेड़ दिखाई देते थे। एक दिन प्रभात में बरामदे में खड़ा-खड़ा मैं उधर देखने लगा। उस समय उन वृक्षों के शाखा—पल्लवान्तराल से सूर्योदय हो रहा था। देखते-देखते सहसा मेरी दृष्टि के ऊपर से एक परदा-सा हट गया। मैंने देखा कि किसी एक अपूर्व सुन्दर महिमा से विश्व-संसार समाच्छन्न हो रहा है; आनन्द और सौन्दर्य से जल-थल-आकाश तरंगित हो रहा है। मेरे हृदय के स्तर-स्तर में विषाद का जो आच्छादन था उसे भेद कर मेरे सम्पूर्ण अन्तर में विश्व का आलोक विच्छुरित हो उठा।

उसी दिन या उसके दूसरे दिन एक घटना घटी, उससे मैं स्वयं ही आश्चर्य में पड़ गया। एक व्यक्ति था जो कभी-कभी आकर मुझसे पूछा करता था, 'अच्छा, महाशय, आपने ईश्वर को कभी आँखों से देखा है ?' मुझे स्वीकार करना ही पड़ता, 'नहीं देखा।' व्यक्ति से तत्त्वालोचना करने में समय ऐसे बिताना प्रीतिकर नहीं होता। ख़ासकर जब मैं लिखने की धुन में रहा करता था। अबकी बार वह आया तो मैंने सम्पूर्ण आनन्दित होकर उससे कहा, 'आओ, आओ।' आज मेरी दृष्टि में मानो उसका यह बहिरावरण खुल गया, जिसे देखकर मैं ख़ुश हुआ और जिसकी मैंने अभ्यर्थना की वह उसके भीतर का आदमी है, मेरे साथ उसका कोई भेद नहीं, आत्मीयता है। ऐसा लगा कि मेरा एक झूठा जाल टूट गया।

फिर तो मैं बरामदे में खड़ा रहता, रास्ते से मुटिया-मजदूर जो कोई जाता-आता उसकी गति-भंगी, शरीर-गठन और चेहरे सभी मानो निखिल-समुद्र के ऊपर से तरंग-लीला के समान बहते जाते लगते। शिशु काल से सिर्फ़ आँखों से देखने का आदी बन गया था, अब अपने सम्पूर्ण चैतन्य से देखना आरम्भ कर दिया।

मामूली काम करते समय मनुष्य के अंग-प्रत्यंगों में जो गति-वैचित्र्य प्रकट होता रहता है उस पर पहले कभी मेरा ध्यान नहीं गया, किन्तु अब क्षण-क्षण में समस्त मानव देहों के चलन के संगीत ने मुझे मुग्ध कर दिया। एक ही समय में पृथ्वी में सर्वत्र ही नाना कार्यों में, नाना आवश्यकताओं में करोड़ों मानव चंचल हो रहे हैं— इस धरणी-व्यापी समग्र मानव के देह-चांचल्य को सुविशाल रूप में एक-एक करके देखने में मुझे एक महा सौन्दर्य-नृत्य का आभास मिलता। मित्र के साथ मित्र हँस रहा है, बच्चे को लेकर माँ लाड़-प्यार कर रही है, एक गाय और एक गाय के पास खड़ी हुई अपने बछड़े की देह चाट रही है— इनमें जो एक अन्तहीन अपरिमेयता है वही मेरे मन को विस्मय के आघात से मानो वेदना देने लगी। इसी समय मैंने जो लिखा था—

हृदय आजि मोर कैमोने गैलो खुलि,
जगत आसि सेथा करिछे कोलावुलि।

❑

रवीन्द्रनाथ पारीक

भारतीय संगीतज्ञ और उनकी कला

संगीत भारत की अत्यन्त प्राचीन कला है। इसका इतिहास अत्यन्त ही गौरवपूर्ण रहा है। इस कला ने समय की प्रगति के साथ उत्तरोत्तर उन्नति की और सदैव उन्नति के पथ पर अग्रसर होती गयी है।

प्रारम्भ में केवल 3 या 4 स्वरों के माध्यम से ही संगीत का अभिव्यक्तिकरण हुआ करता था। परन्तु आगे चलकर 7 शुद्ध स्वर और 5 विकृत स्वरों की उत्पत्ति हुई और आगे चलकर इन 12 स्वरों की सहायता से हजारों रागों को जन्म दिया गया।

प्रारम्भ में संगीत का सम्बन्ध केवल ईश्वरोपासना से था। लोग मन्दिरों में जाकर भगवान की भक्ति में गीत गाया करते थे! आगे चलकर संगीत उच्च घरानों की शिक्षा का एक अंग माना जाने लगा और इसकी शिक्षा प्राप्त करना प्रत्येक राजा-महाराजा के पुत्र के लिए अनिवार्य हो गया।

संगीत का क्रमिक विकास मुसलमान शासकों के समय में भी शिथिल नहीं पड़ा। अलाउद्दीन खिलजी से लेकर मोहम्मद शाह के शासनकाल तक, औरंगजेब को छोड़कर सभी बादशाहों ने इस कला का सम्मान किया, जिसके फलस्वरूप नवीन प्रकार के वाद्य यन्त्रों का आविष्कार हुआ और अनेक प्रकार की गायन शैलियाँ प्रचलन में आयीं।

संगीत के इतिहास में अमीर खुसरो का नाम सदैव स्वर्णाक्षरों में लिखा रहेगा। 'सितार' और 'तबला' इन दो वाद्य यन्त्रों को जन्म देकर खुसरो ने संगीत कला के विकास में एक नया योगदान दिया। 'ख्याल' और 'कब्बाली' के जन्म दाता कहलाने का गौरव भी अमीर खुसरो को ही प्राप्त है।

संगीत दिन-प्रतिदिन उन्नति की ओर ही बढ़ता गया। अकबर के शासनकाल में संगीत का स्वर्णयुग आया। संगीतज्ञों की खोज हुई। उन्हें दरबार में सम्मान मिला। तानसेन, बैजू बावरा और बाबा हरिदास ने संगीत कला को नया रूप प्रदान किया। ध्रुपद शैली का प्रचलन खूब जोरों से हुआ।

नवाब वाजिदअली शाह के शासनकाल में शृंगारिक रस से ओत-प्रोत सरल

संगीत गायन शैली—ठुमरी और दादरा का प्रचलन हुआ। कत्थक नृत्य शैली का जन्म, प्रचार और प्रसार भी नवाब साहब के दरबार से ही हुआ।

उत्तर भारत में संगीत कला का जो विकास हुआ, वह केवल राजाओं, महाराजाओं, नवाबों और बादशाहों की सहायता से ही सम्भव हो सकता था। संगीत केवल उनके दरबार तक ही सीमित रहा। जनसाधारण सदैव ऐसे महान कलाकारों के गायन सुनने से तथा उनके विषय में जानकारी प्राप्त करने से दूर रहा। मुगल शासन की समाप्ति पर—और ब्रिटिश शासन की स्थापना पर, संगीतज्ञों की बड़ी दुर्दशा हुई। केवल कुछ विकसित रियासतों ने, जिनमें रामपुर, बड़ौदा और ग्वालियर प्रमुख हैं, संगीतज्ञों को अपने यहाँ आश्रय दिया।

संगीतज्ञों के सामने अपने उदर-पालन की एक बड़ी समस्या खड़ी हो गयी। सभी संगीतज्ञों के लिए कुछ इनी-गिनी रियासतों के स्थान पा लेना सम्भव नहीं था। जनसाधारण से तो उनका कोई सम्पर्क था नहीं। अत: उन लोगो ने संगीत कला को छोड़कर अपने पेट पालने के पेशों को ढूँढ़ना आरम्भ किया।

20वीं शताब्दी के प्रारम्भ में जब अँग्रेजी शासन भारत में भली भाँति जम गया, और आमोद-प्रमोद के नित्य नये साधनों का प्रयोग बढ़ने लगा, शिक्षित समाज धीरे-धीरे संगीत से घृणा करने लगा। उस समय भले घरों में संगीत की शिक्षा प्राप्त करना अत्यन्त बुरा समझा जाता था। भले समाज में संगीत का कोई महत्त्व नहीं था। परन्तु इसी समय दो महान संगीताचार्य—पंडित विष्णु दिगम्बर पलुस्कर तथा पंडित भातखंडे ने संगीत को अपना प्राचीन गौर दिलाने का बीड़ा उठाया। इन्हें प्रारम्भ में अनेकानेक कठिनाइयों का सामना करना पड़ा।

पंडित विष्णु दिगम्बर जी ने जब लाहौर में संगीत विद्यालय, खोला, तो कई महीने तक न तो कोई छात्र और न छात्रा ही आयीं। परन्तु वे निराश नहीं हुए।

इन दोनों संगीतज्ञों ने अपने प्रयास जारी रखे और अन्त में इन्हें आशातीत सफलता भी प्राप्त हुई।

जहाँ उत्तर भारत में इन दो महान संगीतज्ञों में संगीत कला के प्रचार और प्रसार में सफलता प्राप्त की, बंगाल के राजा सुरेन्द्र मोहन टैगोर ने भी इस दिशा में महत्त्वपूर्ण कार्य किया। महाराष्ट्र में सगीत नाटकों ने जनसाधारण को आकर्षित करने में विशेष सफलता प्राप्त की।

हमारे देश में संगीत की शिक्षा वैज्ञानिक रीति से न देकर गुरु परम्परानुसार दी जाती थी। गुरु जिस प्रकार चाहता शिष्य को सिखलाता था। गुरु से प्रश्न करने का अधिकार शिष्य को नहीं होता था। यदि कोई शिष्य प्रश्न करने की हिम्मत भी करता, तो उसे आगे की शिक्षा प्राप्त करने से वंचित कर दिया जाता।

संगीत की शिक्षा देने की भी कोई विधि नहीं होती थी। यह सब कुछ गुरु पर

ही निर्भर करता था। गीतों के नोटेशन लिखने की हमारे यहाँ कोई प्रणाली नहीं थी। यदि शिष्य गुरु का याद कराया हुआ पाठ भूल गया, तो उसे पुनः याद कराने का कोई तरीका नहीं था। इस बड़ी कमी को दूर करने के लिये, पंडित विष्णु दिगम्बर तथा भातखंडे जी ने नोटेशन लिखने का तरीका निकाला। इससे संगीत की शिक्षा देने में और प्राप्त करने में सरलता हो गयी है।

पंडित विष्णु दिगम्बर जी तथा भातखंडे जी ने जन-साधारण को शास्त्रीय संगीत की ओर आकर्षित करने के लिए संगीत सम्मेलनों का आयोजन प्रारम्भ किया। प्रारम्भ में तो उन्हें कम सफलता मिली, परन्तु धीरे-धीरे संगीत सम्मेलनों की ओर जनता खूब आकर्षित होने लगी।

संगीत सम्मेलनों के आयोजन से दो लाभ हुए। पहला और सबसे बड़ा लाभ तो यह हुआ कि जनसाधारण को शास्त्रीय संगीत के सुनने और जानने का अवसर मिला। जो लोग यह अनुभव करते थे कि शास्त्रीय संगीत उनकी समझ से बाहर है और उन्हें उसके सुनने से कोई आनन्द नहीं मिलेगा; वे शास्त्रीय संगीतज्ञों के गायन तथा वादन सुनकर अत्यन्त प्रभावित हुए और वे भी शास्त्रीय संगीत में रुचि लेने लगे।

इससे दूसरा लाभ यह हुआ कि संगीतज्ञों को अच्छा प्रोत्साहन मिलने लगा। उन्हें आर्थिक लाभ भी होने लगा। जिससे उनका मन अभ्यास करने में लगने लगा। इसके अतिरिक्त वे लोग यह अनुभव करने लगे कि उनकी विद्या की कद्र करनेवाले अब भी विद्यमान हैं।

इस प्रकार समस्त भारत में एक बार फिर संगीत के पुनरुद्धार का डंका बज गया। चारों ओर संगीत विद्यालय खुलने लगे। स्कूल और महाविद्यालयों में संगीत एक विषय बना दिया गया।

स्वतन्त्रता प्राप्ति के पश्चात संगीत की उन्नति के लिए हमारी राष्ट्रीय सरकार ने बहुत ठोस कार्य किया है इससे सभी परिचित हैं।

संगीत से अधिकतर लोग केवल गायन का ही अर्थ लगाते हैं। परन्तु संगीत में गायन, वादन तथा नृत्य तीनों सम्मिलित हैं। हमारे देश में इन तीनों क्षेत्रों में ही अत्यधिक उन्नति हुई है।

गायन के क्षेत्र में जबकि प्राचीन युग में बाबा हरिदास, बैजू बावरा तथा तानसेन ऐसे महान कलाकार हुए हैं, वादन में अमरी खुसरो का नाम विशेष रूप उल्लेखनीय है। तानसेन की पुत्री सरस्वती वीणा वादन में अत्यन्त दक्ष थीं। नृत्य कला के क्षेत्र में कालिका—बिन्दादीन महाराज का नाम संगीत के इतिहास में सदैव अमर रहेगा।

हमारी इस गौरवशाली कला को जीवित रखने के लिए जिन महान कलाकारों

ने ब्रिटिश शासन में अनेकानेक बाधाओं का सामना करते हुए भी संगीत साधना और इसका प्रचार और प्रसार किया, उनको भुला देना अत्यन्त अनुचित होगा।

स्व. उस्ताद अब्दुलकरीम खाँ जैसे महान गायक को भुला देना किसी भी संगीत प्रेमी के लिए असम्भव है। खाँ साहब ने मरते दम तक गाना नहीं छोड़ा। उन्होंने खराब से खराब दशा में भी लोगो को अपने गाने से निराश नहीं किया।

खाँ साहब के गायन की सबसे बड़ी विशेषता यह थी कि वे उन लोगो को भी मन्त्रमुग्ध कर देते थे, जो शास्त्रीय संगीत में किसी प्रकार की भी रुचि नहीं रखते थे। लोग कहते हैं कि स्वर्गीय उस्ताद अब्दुल करीम खाँ के गायन में जादू था। उनके गाने की निजी विशेषता थी। आजकल उनके घराने का प्रतिनिधित्व हीराबाई बड़ौदकर, सरस्वती बाई राने, गंगू बाई हंगल कर रही हैं। उस्ताद अमीर खाँ भी इसी घराने के हैं।

हीराबाई तथा खाँ साहब अमीर खाँ ने इस घराने की गायन शैली के लिए भारत ही में नहीं, बल्कि विदेशों में भी ख्याति अर्जित की है।

दत्तात्रेय विष्णु पलुस्कर को स्वप्न में भी नहीं भुलाया जा सकता। अल्पावस्था ही में उनकी गणना महान गायकों में की जाने लगी थी। पलुस्कर जी यों ख्याल गाने में दक्ष थे, परन्तु भजन गाने में वे अद्वितीय थे। उनकी गायन-शैली, अत्यन्त आकर्षक थी। उनका कंठ अत्यन्त कोमल और भजन गाने के उपयुक्त था। पलुस्कर जी में जो सबसे बड़ी विशेषता थी वह यह थी कि घंटों तक गाने के पश्चात भी उनकी मुखाकृति नहीं बिगड़ने पाती थी।

गोविन्द राव बुरहानपुरकर पखावज बजाने में अद्वितीय समझे जाते थे। अभी कुछ समय पूर्व उन्हें राष्ट्रपति पुरस्कार से सम्मानित किया गया था। इतनी जल्दी से विदा हो जाएँगे। इसकी किसी ने कल्पना भी न की थी।

उस्ताद इनायत खाँ भारत के माने हुए सितार वादक समझे जाते थे। यूरोपीय देशों में जाकर अपने वादन से उन्होंने वहाँ की जनता को बहुत प्रभावित किया था। उनके स्वर्गवासी हो जाने से यद्यपि एक बड़ा स्थान रिक्त हो गया था, परन्तु उसकी पूर्ति उनके सुपुत्र उस्ताद विलायत खाँ ने किसी हद तक पूरी कर दी है। विलायत खाँ को भी विदेशों में जाकर अपनी वादन कला के लिए प्रशंसा प्राप्त करने का गौरव प्राप्त हो चुका है।

'संगीत सम्राट' उस्ताद अलाउद्दीन खाँ ने संगीत की जो महान सेवाएँ की हैं, उनके विषय में जितना भी लिखा जाए उतना कम है। खाँ साहब समस्त वाद्य यन्त्रों के के बजाने में दक्ष माने जाते हैं। 80 वर्ष से अधिक अवस्था हो जाने पर भी वे अत्यन्त कुशलता के साथ विभिन्न वाद्ययन्त्रों को बजा लेते हैं, जितना कि 25 वर्ष

का नवयुवक भी कठिनाई से बजा पाएगा।

खाँ साहब ने स्वयं संगीत का जितना अधिक प्रचार अपनी शिक्षा के द्वारा किया है, उतना शायद किसी अन्य संगीतज्ञ ने नहीं किया। उनके शिष्यों की गणना करना अत्यन्त कठिन है। उनके सुपुत्र उस्ताद अली अकबर खाँ और दामाद पं. रविशंकर की गणना भारत के प्रमुख संगीतज्ञों में की जाती है।

उस्ताद बड़े गुलाम अली खाँ गायन क्षेत्र में अद्वितीय ही माने जाते हैं। उनके बराबर ठुमरी गाने में कोई दूसरा दक्ष नहीं समझा जाता।

रामपुर के वयोवृद्ध गायक एवं ग्वालियर घराने के उस्ताद मुश्ताक हुसैन खाँ को राष्ट्रीय पुरस्कार प्राप्त करने का गौरव प्राप्त हो चुका है। ये ख्याल गायन में दक्ष हैं।

काशी की सुप्रसिद्ध गायिकाओं ने भी संगीत की उन्नति में विशेष योगदान दिया है। वृद्ध महिला कलाकारों में रसूलन बाई और सिद्धेश्वरी देवी के नाम विशेष रूप से उल्लेखनीय हैं। उदीयमान गायिकाओं में गिरजादेवी अपना प्रमुख स्थान रखती हैं।

पंडित ओमकारनाथ ठाकुर ने संगीत कला की जो सेवाएँ की हैं, उनमें सभी परिचित हैं। आप एक सिद्ध गायक हैं। सुप्रसिद्ध डागर बन्धुओं के हम सदैव ऋणी रहेंगे, जिन्हें हमारी अत्यन्त प्राचीन गायन शैली, 'ध्रुपद' के जीवित रखने का गौरव प्राप्त है।

यह अत्यन्त प्रसन्नता का विषय है कि हमारे नवयुवक कलाकार उत्तरोत्तर उन्नति के पथ पर अग्रसर हो रहे हैं। इनमें सुप्रसिद्ध सितार वादक पंडित रविशंकर तथा उस्ताद अब्दुल हलीम जाफर खाँ के नाम विशेष उल्लेखनीय हैं। श्रीधर पार्सेकर, वी.जी. जोग तथा गजानन राव जोशी की गणना प्रसिद्ध बेला वादकों में की जाती है।

चाहे गायन हो, चाहे वादन अथवा नृत्य, बिना तबला वादन के इनका प्रदर्शन असम्भव है। अतएव हम अपने देश के प्रमुख तबला वादकों को कैसे भूल सकते हैं। उस्ताद अहमद जान थिरकवा, कंठे महाराज, पं. अनोखेलाल, हबीबउद्दीन, गुदई महाराज तथा किशन महाराज एवं उस्ताद करामत खाँ उन प्रसिद्ध तबला वादकों में से हैं, जिन्हें भारत के लगभग समस्त उच्चकोटी के कलाकारों के साथ सफल प्रदर्शन कराने का गौरव प्राप्त हुआ है।

नृत्य कला हमारी अत्यन्त प्राचीन कला है। आज भी यह कला अपना महत्त्वपूर्ण स्थान रखती है। हमारे देश के कलाकारों ने इस कला का प्रदर्शन विदेशों में करके, यह प्रमाणित कर दिया है कि भारतीय नृत्य कला से उच्च नृत्य कला किसी भी देश की नहीं है। इसका श्रेय—श्र्दय शंकर, दमयन्ती जोशी, सितारा देवी, इन्द्राणी रहमान को प्राप्त है।

उदीयमान नृत्य कलाकार गोपीकृष्णन ने 'झनक-झनक पायल बाजे' में अपनी नृत्यकला का प्रदर्शन कर, जन-साधारण को अपनी ओर आकर्षित करने का सफल प्रयास किया है।

हमें पूर्ण विश्वास है कि जिन हाथों में हमारे संगीत का भविष्य है, उनसे दिन-प्रतिदिन उन्नति होने की ही सम्भावना है।

❑

राजा राधिकारमण प्रसाद सिंह

कानों में कंगना

(1)

किरन! तुम्हारे कानों में क्या है?

उसने कानों में चंचल लट को हटाकर कहा, 'कंगना'। ''अरे, कानों में कंगना!'' सचमुच दो कंगन कानों को घेरकर बैठे थे।

हाँ, तब कहाँ पहनूँ?

किरन अभी भोरी थी। दुनिया में जिसे भोरी कहते हैं वैसी भोरी नहीं। उसे वन के फूलों का भोलापन समझो। नवीन चमन के फूलों को भंगी नहीं, विविध खाद या रस से जिनकी जीविका है; निरन्तर काट-छाँट से जिनका सौन्दर्य हैं; जो दो घड़ी चिकने बाल की भूषा हैं; दो घड़ी तुम्हारे फूल-दान की शोभा है। वन के फूल ऐसे नहीं। प्रकृति के हाथों से लगे हैं। मेघों की धारा से बढ़े हैं। चटुल दृष्टि इन्हें पाती नहीं। जगतवायु इन्हें छूती नहीं। यह सरल, सुन्दर और सौरभमय जीवन है। जब जीवित रहे तब चारों तरफ अपने प्राण-धन से हरे-भरे रखे; जब समय आया तब अपनी माँ की गोद में झर पड़े।

आकाश स्वच्छ था—नील, उदार और सुन्दर। पत्ते शान्त थे। सन्ध्या हो चली थी। सुनहली किरनें सुदूर पर्वत की चूड़ा से देख रही थीं। वह पतली किरन अपनी मृत्यु-शैया से इस शून्य निविड़ कानन में क्या ढूँढ़ रही थी, कौन कहे। किसे एक टक देखती थी कौन जाने। अपनी लीला-भूमि को सस्नेह-करुण चाहती थी या हमारे बाद वहाँ क्या हो रहा है, इसे जोहती थी, मैं क्या बता सकूँ, जो हो, उसकी उस भंगी में आकांक्षा अवश्य थी। मैं तो खड़ा-खड़ा उन बड़ी आँखों की किरन लूटता थी। आकाश में तारों को देखा या उन जगमग आँखों को देखा, एक ही बात थी। हम दूर से तारों के सुन्दर शून्य झिकमिक को बार-बार देखते, लेकिन वह सस्पन्द निश्चेष्ट ज्योति सचमुच भावहीन है या आप ही आप अपनी अन्तर-लहरी में मस्त है, इसे जानना आसान नहीं। हमारी ऐसी आँखें कहाँ कि उनके सहारे उस

निगूढ़ अन्तर में डूबकर थाह लें।

मैं रसाल की डाली थामकर पास ही खड़ा था। वह बालों को हटाकर कंगन दिखाने की भंगी प्राणों में रह-रहकर उठती थी। जब माखन चुरानेवाले ने गोपियों के सर के मटकों को तोड़कर उनके भीतरी किले को तोड़ डाला या नूरजहाँ ने अंचल से कबूतर को उड़ाकर शाहनशाह के हृदय की कठोर धज्जियाँ उड़ा दी थीं, फिर नदी के किनारे वसन्त-वल्लभ रसाल-पल्लवों की छाया में बैठी किसी अपरूप बालिका की यह सरल स्निग्ध भंगी एक मानव-अन्तर पर क्यों दौड़े?

किरन इन आँखों के सामने प्रतिदिन आती ही जाती थी। कभी आम के टिकोरों से आँचल भर लाती, कभी मौलसिरी के फूलों की माला बना लाती; लेकिन कभी भी ऐसी बाल-सुलभ लीला आँखों से होकर हृदय तक नहीं उतरी। आज क्या था, कौन शुभ या अशुभ क्षण था कि अचानक वह बनैली लता मन्दारमाला से भी कहीं मनोरम दिख पड़ी। कौन जानता था कि चाल से कुवाल जाने में, हाथों के कंगन भूलकर कानों में पहिनने में इतनी माधुरी है; दो टके के कंगने में इतनी शक्ति है। गोपियों को कभी स्वप्न में भी नहीं झलका था कि बाँस की बाँसुरी में घूँघट खोलकर नचा देनेवाली शक्ति है।

मैंने चटपट उसके कानों से कंगन उतार लिया। फिर, धीरे-धीरे उसकी उँगलियों पर चढ़ाने लगा। न जाने उस घड़ी कैसी खलबली थी। मुँह से अचानक निकल आया—

"किरन! आज की यह घटना मुझे मरते दम तक न भूलेगी।" यह भीतर तक बैठ गयी। उसकी बड़ी-बड़ी आँखें और भी बड़ी हो गयीं। मुझे चोट-सी लगी। मैं तत्क्षण योगीश्वर की कुटी की तरफ चल दिया, प्राण भी उसी समय नहीं चल दिये, यही विस्मय था।

(2)

एक दिन था कि दुनिया में दुनिया से दूर रहकर लोग दूसरी दुनिया का सुख उठाते थे। हरिचन्दन के पल्लवों की छाया भूलोक पर कहाँ मिले। लेकिन, किसी समय हमारे यहाँ भी ऐसे वन थे, जिनके वृक्षों के साये में दो घड़ी 'घाम निवारने' के लिए स्वर्ग से देवता भी उतर आते थे। जिस पंचवटी के अनन्त यौवन को देखकर राम की आँखें भी खिल उठी थीं, वहाँ के निवासियों ने कभी अमरतरु के फूलों की माला नहीं चाही, मन्दाकिनी के छींटों की शीतलता नहीं ढूँढ़ी। वृन्दावन का सानी कहीं वन भी था! कल्पवृक्ष को छाया में शान्ति अवश्य है; लेकिन कदम की छहियाँ कहाँ मिल सकती है! हमारी तुम्हारी आँखों ने कभी नन्दनोत्सव की लीला नहीं देखी; लेकिन इसी भूतल पर एक दिन ऐसा उत्सव हो चुका है जिसको देख-देखकर प्रकृति तथा

रजनी छः-छः महीने तक ठगी रहीं; शत-शत देवांगनाओं ने पारिजात के फूलों की वर्षा से नन्दन-कानन को उजाड़ डाला।

समय ने सब कुछ पलट दिया। अब ऐसे वन नहीं जहाँ कृष्ण गोलोक से उतरकर दो घड़ी वंशी की टेर दें। ऐसे कुटीर नहीं जिनके दर्शन से रामचन्द्र का भी अन्तर प्रसन्न हो, या ऐसे मुनीश नहीं जो धर्मधुरन्धर धर्मराज को भी धूम की शिक्षा दें। यदि एक-दो भूले-भटके हों भी तो अभी तक उन पर दुनिया का पर्दा नहीं उठा—उनको जगन्माया की माया नहीं लगी। लेकिन, वे कब तक बचे रहेंगे। लोक अपने, यहाँ, अलौकिक बातें कब तक होने देगा। भवसागर के जलतरंगों पर छिद्र होना कब सम्भव है।

हृषीकेश के पास एक सुन्दर वन है। सुन्दर नहीं, अपरूप सुन्दर है। वह प्रमोद-वन के विलासनिकुंजों से सुन्दर नहीं, वरन् चित्रकूट या पंचवटी की महिमा से मंडित है। वहाँ चिकनी चाँदनी में बैठकर कनक-घुँघरू की इच्छा नहीं होती, वरंच प्राणों में एक ऐसी आवेगधारा उठती है जो कभी अनन्त साधना के कूल पर पहुँचाती है—कभी जीव जगत के एक-एक तत्त्व से दौड़ मिलाता है। गंगा की अनन्त गरिमा-वन की निबिड़ योगनिद्रा वहीं देख पड़ेगी। कौन कहे, कहाँ जाकर यह चंचल चित्त क्या चाहता है—

गंभीर अलौकिक आनन्द या शान्त सुन्दर मरण।

इसी वन में एक कुटी बनाकर योगीश्वर रहते थे। योगीश्वर योगीश्वर ही थे। यद्यपि वह भूतल ही पर रहते थे तथापि उन्हें इस लोक का जीव कहना यथार्थ नहीं था। उनकी चित्तवृत्ति सरस्वती के श्रीचरणों में थी या ब्रह्मलोक की अनन्त शान्ति में लिपटी थी और वह बालिका-स्वर्ग से एक रश्मि उतरकर एक घने जंगल में उजेला करती फिरती थी। वह लौकिक मायाबद्ध जीवन नहीं था। इसे बन्धनहीन बाधाहीन नाचती किरनों की लेखा कहिए; मानो निर्मुक्त चंचल मलयवायु फूल-फूल पर डली-डली पर डोलती फिरती हो या कोई मूर्तिमती अमर संगीत लहरी बे-रोकटोक हवा पर या जल के तरंग-भंग पर नाच रही हो। मैं ही वहाँ इस लोक का प्रतिनिधि था। मैं ही उन्हें उनकी अलौकिक स्थिति से इस जटिल मर्त्य-राज्य में खैंच लाता था।

कुछ सालों से मैं योगीश्वर के यहाँ आता-जाता था। पिता की आज्ञा थी कि उनके यहाँ जाकर अपने धर्म के सब ग्रन्थ पढ़ डालो। योगीश्वर और बाबा लड़कपन के साथी थे। इसीलिए, उनकी मुझ पर इतनी दया थी। किरन उनकी लड़की थी। उस कुटीर में वही एक दीपक थी। जिस दिन की घटना मैं लिख आया हूँ उसी दिन के सबेरे मेरे अध्ययन को पूर्णाहुति थी और मैं बाबा के कहने पर एक जोड़ा पीताम्बर, पाँच स्वर्णमुद्रा तथा किरन के लिए दो कनक-कंगन आचार्य के निकट ले गया था। योगीश्वर ने सब लौटा दिया, केवल कंगन को किरन उठा ले गयी। वह

क्या समझकर चुप रह गये। समय का अद्भुत चक्र है। जिस दिन मैंने धर्मग्रन्थ से मुँह मोड़ा उसी दिन कामदेव के यहाँ जाकर उनकी किताब का पहला सफा उलटा।

दूसरे दिन मैं योगीश्वर से मिलने गया। वह किरन को पास बैठाकर न जाने क्या पढ़ा रहे थे। उनकी आँखें गम्भीर थीं। मुझ को देखते ही उठ पड़े और मेरे कन्धे पर हाथ रखकर गद्गद स्वर से बोले—'नरेन्द्र! अब मैं चला; किरन तुम्हारे हवाले है।' यह कहकर किसी की सुकोमल उँगलियों को मेरे हाथों में रख दिया। लोचनों के दोनों कोनों पर दो बूँदें निकल कर झाँक पड़ीं। मेरे मन में सवाल उठा। क्या उन्हें सब बातें विदित थीं? क्या उनकी तीव्र दृष्टि मेरी अन्तर-लहरी तक डूब चुकी थी? वह ठहरे नहीं, चल दिए। मैं काँपता रह गया, किरन देखती रह गयी। सन्नाटा छा गया। वनवायु भी चुप हो चली। हम दोनों भी चुचल पड़े, किरन मेरे कन्धे पर थी। हठात् अन्तर से कोई कड़क कर कह उठा—'हाय नरेन्द्र! यह क्या? तुम इस वनफूल को किस चमन में ले चले? इस बन्धन-विहीन स्वर्गीय जीवन को किस लोक-जाल में बाँधने चले?

(3)

कंकरी जल में जाकर कोई स्थायी विवर नहीं फोड़ सकती। क्षण भर जल का समतल भले ही उलट-पुलट हो; लेकिन इधर-उधर से जलतरंगें दौड़कर उस छिद्र का नाम-निशान भी नहीं रहने देतीं। जगत की भी यही चाल है। यदि स्वर्ग से देवेन्द्र भी आकर इस लोक चलाचल में खड़े हों, फिर संसार देखते ही देखते अपना बना लेना। इस काली कोठरी में आकर इसकी कालिमा से बची रही, ऐसी शक्ति अब आकाश-कुसुम ही समझो। दो दिन में राम 'हाय जानकी'-'हाय जानकी' कहकर वन-वन डोलते फिरे। दो क्षण विश्वामित्र को स्वर्ग से खसीट लाया।

किरन की भी यही अवस्था हुई। कहाँ प्रकृति की निर्मुक्त गोद और कहाँ जगत का जटिल बन्धनपाश! कहाँ से कहाँ आ पड़ी। वह अलौकिक भोलापन, वह निसर्ग उच्छ्वास हाथों हाथ लुट गया। वह वनफूल की विमल कान्ति लौकिक चमन की मायाविनी मनोहरता में परिणत हुई। अब आँखें उठाकर आकाश से नीरव बातचीत करने का अवसर कहाँ से मिले। मलय-वायु से मिलकर मलयाचल के फूलों की पूछताछ क्यों कर हो।

जब किशोरी नये साँचे में ढलकर उतरी तब उसे पहचानना भी कठिन था—वह अब लाल चोली, हरी साड़ी पहिनकर सर पर सिन्दूर लेखा सजती और हाथों के कंगन, कानों की बाली, गले की कंठी? कमर की करधनी, दिन-दिन उसके चित्त को नचाय मारती थी। जब कभी वह सज-धजकर चाँदनी में कोठे पर चढ़ती और

वसन्त-वायु उसके आँचल से मोतियों की लपट खाकर मेरे बरामदे से भर देती तब किसी मतवाली माधुरी या तीव्र मदिरा के नशे से मेरा मस्तिष्क घूम जात। और मैं चटपट अपना प्रेम-चीत्कार फूलदार रंगीन चिट्ठी में भरकर जूही के हाथ ऊपर भेजवाता या बाजार से दौड़कर कटकी गहने या विलायती चूड़ी खरीदकर लाता। लेकिन जो हो, अब भी कभी-कभी उसके प्रफुल्ल वदन पर उस अलौकिक आलोक की छटा पूर्व जन्म की सुख-स्मृतिवत् चली आती थी और आँखें उसी जीवन्त सुन्दर झिकमिक को नाच दिखाती थीं। जब अन्तर प्रसन्न था, फिर बाहरी चेष्टा पर प्रतिबिम्ब क्यों न पड़े।

यों ही साल दो साल मुरादाबाद में कट गये। एक दिन मोहन के यहाँ नाच देखने गया-वहीं किन्नरी से आँखें मिलीं; मिलीं क्या, लीन हो गयीं। नवीन यौवन, कोकिन-कराठ, चतुर चंचल चेष्टा तथा मायावी चमक—अब चित्त को चलाने के लिए और क्या चाहिए। किन्नरी सचमुच किन्नरी ही थी। नाचने वाली नहीं नचाने वाली थी। पहली बार देखकर उसे इस लोक की सुन्दरी समझना दुस्तर था। एक लपट जो लगती—किसी नशा-सी चढ़ जाती। यारों ने मुझे और भी चढ़ा दिया। आँखें मिलती—मिलती मिल गयीं, हृदय को भी साथ-साथ खसीट ले गयीं।

फिर क्या था—इतने दिनों की धर्मशिक्षा, शतवत्सर की पूज्या लक्ष्मी, बाप-दादों की कुल-प्रतिष्ठा, पत्नी से पवित्र प्रेम एक-एक करके उस प्रदीप्त वासना कुंड में भस्म होने लगे। अग्नि और भी बढ़ती ही गयी। किन्नरी की चिकनी दृष्टि, चिकनी बातें घी बरसाती रहीं। घर-बार सब जल उठा। मैं भी निरन्तर जलने लगा। लेकिन, ज्यों-ज्यों जलता गया त्यों-त्यों जलने की इच्छा जलाती रही।

पाँच महीने कट गये, नशा उतरा नहीं। बनारसी साड़ी, पारसी जैकेट, मोती का हार, कटकी कान, सब कुछ लाकर उस मायाविनी के अलकरंजित चरणों पर रखा। किरन हेमन्त की मालती बनी थी, जिस पर एक फूल नहीं—एक पल्लव नहीं। घर की वधू क्या करती? जो अनन्त सूत्र से बँधा था, जो अनन्त जीवन की संगी थी, वही हाथों-हाथ पराये के हाथ बिक गया। फिर, ये तो दो दिन के चमकीले खिलौने थे; इन्हें शरीर बदलते क्या देर लगे। दिन भर बहाना की माला गूँथ-गूँथ किरन के गले में और शाम को मोती की माला उस नचाने वाली के गले में सशंक निर्लज्ज हो डाल देना, यही मेरा जीवन-निर्वाह था। एक दिन सारी बातें खुल गयीं; किरन पछाड़ खाकर भूमि पर गिर पड़ी। उसकी आँखों में आँसू न था। मेरी आँखों में दया न थी।

बरसात की रात थी, रिमझिम बूँदों की झड़ी थी। चाँदनी मेघों से आँखें-मुँदौ आँगन में खेल रही थी। बिजली काले कपाट से बार-बार झाँकती थी। वह किसे चंचल देखती थी तथा बादल किस जोर-शोर से रह-रहकर चिल्लाते थे? इन्हें सोचने का मुझे अवसर नहीं था। मैं तो किन्नरी के दरवाजे से हाताश लौटा था;

आँखों के ऊपर न चाँदनी थी न बदली। त्रिशंकु ने तो स्वर्ग जाते-जाते बीच ही में टँगकर कितना दुख उठाया और मैं तो अपने स्वर्ग के दरवाजे पर सर रखकर निराश लौटा था—मेरी वेदना क्यों न बड़ी हो।

हाय! मेरी उँगलियों में एक अँगूठी भी रहती तो उसे दिखाकर उसके चरणों का चन्दन चाटता।

घर पर आते ही जूही को पुकार उठा—'जूही! जूही!!' किरन के पास कुछ भी बँचा हो तो फौरन जाकर माँग लाओ। ऊपर से कोई आवाज नहीं आयी। केवल सर के ऊपर एक काला बादल कालान्त चीत्कार से चिल्ला उठा। मेरा मस्तिष्क घूम गया। मैं तत्क्षण कोठे पर दौड़ा गया।

बस-सन्दूक, झाँपे, जो कुछ मिला सब तोड़ डाला; लेकिन मिला कुछ भी नहीं। अलमारी में केवल मकड़े का जाला था। शृंगार-बॉक्स में एक छिपकली बैठी थी। उसी दम किरन पर झपटा।

पास जाते ही सहम गया। वह एक तकिये के सहारे निस्सहाय निस्पन्द लेटी थी। केवल चाँद खिड़की से आकर उसे गोद में रखा था और वायु उस शरीर पर जल से भिगोया पंखा झल रही थी। मुख पर एक अपरूप छटा थी। कौन कहे, कहीं जीवन की शेष रश्मि क्षणभर वहीं अटकी हो। आँखों में एक जीवन-ज्योति थी। शायद प्राण शरीर से किसी आसरे में वहीं बैठ रहा था। मैं फिर पुकार उठा—'किरन, किरन! तुम्हारे पास कोई गहना बच रहा है?'

'हाँ'—क्षीण कंठ की काकली थी।

'कहाँ है? अभी देखने दो।' उसने धीरे-से घूँघट सरकाकर कहा—'वही कानों का कंगना।'

सर तकिये से ढल पड़ा। आँखें भी झिप गयीं। वह जीवन रेखा कहाँ चली गयी? क्या इतने ही के लिए अब तक ठहरी थी?

आँखें मुँह पर जा पड़ीं। वे ही कंगन थे। वैसे ही कानों को घेरकर बैठे थे। मेरी स्मृति तड़िद्वेग से नाच उठी। दुष्यन्त ने अँगूठी पहचान ली। भूली शकुन्तला तत्क्षण याद आ गयी। लेकिन, दुष्यन्त सौभाग्यशाली राजा थे—अपनी प्राणप्रिया को आकाश-पाताल छानकर ढूँढ़ निकाला। मेरी किरन तो इस भूतल पर न थी कि किसी तरह प्राण देकर भी पता पाता। परलोक से ढूँढ़ निकालूँ, ऐसी शक्ति इस दीन-हीन मानव में कहाँ?

चढ़ा नशा उतर पड़ा—सारी बातें सूझ गयीं—आँखों पर की पट्टी खुल पड़ी। लेकिन, हाय! खुली भी तो उसी समय जब जीवन में केवल अन्धकार ही रह गया। ❑

रामकुमार वर्मा

रहस्यवाद : उनकी व्याख्या

रहस्यवाद जीवात्मा की उस अन्तर्हित प्रवृत्ति का प्रकाशन है जिसमें वह दिव्य और अलौकिक शक्ति से अपना शान्त और निश्चल सम्बन्ध जोड़ना चाहती है। यह सम्बन्ध यहाँ तक बढ़ जाता है कि दोनों में कुछ भी अन्तर नहीं रह जाता। जीवात्मा की सारी शक्तियाँ इसी शक्ति के अनन्त वैभव और प्रभाव से ओत-प्रोत हो जाती हैं। जीवन में केवल उसी दिव्य शक्ति का अनन्त तेज अन्तर्हित हो जाता है और जीवात्मा अपने अस्तित्व को एक प्रकार से भूल-सा जाती है। एक भावना, एक वासना हृदय में प्रभुत्व प्राप्त कर लेती है और यह भावना सदैव जीवन के अंग-प्रत्यंगों में प्रकाशित होती रहती है। यही दिव्य संयोग है। आत्मा उस दिव्य शक्ति से इस प्रकार मिल जाती है कि आत्मा में परमात्मा के गुणों का प्रदर्शन होने लगता है और परमात्मा में आत्मा के गुणों का प्रदर्शन।

इस संयोग में एक प्रकार का उन्माद होता है, नशा रहता है। उस एकान्त सत्य से, उस दिव्य शक्ति से जीवन का ऐसा प्रेम हो जाता है कि वह अपनी सत्ता परमात्मा की सत्ता में अन्तर्हित कर देता है। उस प्रेम में चंचलता नहीं रहती, अस्थिरता नहीं रहती। वह प्रेम अमर होता है।

ऐसे प्रेम में जीव की सारी इन्द्रियों का एकीकरण हो जाता है। सारी इन्द्रियों से एक स्वर निकलता है और उनमें अपने प्रेम की वस्तु के पाने की लालसा समान रूप से होने लगती है। इन्द्रियाँ अपने आराध्य प्रेम को पाने के लिए उत्सुक हो जाती हैं और उनकी उत्सुकता इतनी बढ़ जाती है कि वे उसके विविध गुणों का ग्रहण समान रूप से करती हैं। अन्त में वह सीमा इस स्थिति को पहुँचती है कि भावोन्माद में वस्तुओं के विविध गुण एक ही इन्द्रिय पाने की क्षमता प्राप्त कर लेती हैं। ऐसी दशा में शायद इन्द्रियाँ भी अपना कार्य बदल देती हैं। एक बार प्रोफेसर जेम्स ने यही समस्या आदर्शवादियों के सामने सुलझाने के लिए रखी थी कि यदि इन्द्रियाँ अपनी-अपनी कार्य-शक्ति एक-दूसरे से बदल लें, तो संसार में क्या-क्या परिवर्तन हो जाएँगे ? उदाहरणार्थ, यदि हम रंगों को सुनने लगें और ध्वनियों को देखने लगें, तो

हमारे जीवन में क्या अन्तर आ जाएगा? इसी विचार के सहारे हम सेंट मार्टिन की रहस्यवाद से सम्बन्ध रखने वाली परिस्थिति समझ सकते हैं। जब उन्होंने कहा था कि मैंने उन फूलों को सुना जो शब्द करते थे और उन ध्वनियों को देखा जो उज्ज्वलयमान थीं।

अन्य रहस्यवादियों का भी कथन है कि उस दिव्य अनुभूति में इन्द्रियाँ अपना काम करना भूल जाती हैं। वे निस्तब्ध-सी होकर अपने कार्य-व्यापार को ही नहीं समझ सकतीं। ऐसी स्थिति में आश्चर्य ही क्या कि इन्द्रियाँ अपना कार्य अव्यवस्थित रूप से करने लगें। इसी बात से हम उस दिव्य अनुभूति के आनन्द का परिचय पा सकते हैं जिसमें हमारी सारी इन्द्रियाँ मिलकर एक हो जाती हैं, अपना कार्य व्यापार भूल जाती हैं। जब हम उस अनुभूति का विश्लेषण करने बैठते हैं तो उसमें हमें न जाने कितने गूढ़ रहस्यों और आश्चर्यमय व्यापारों का पता लगता है।

रहस्यवाद उन्माद में जीव इन्द्रिय-जगत से बहुत ऊपर उठकर विचार-शक्ति और भावनाओं का एकीकरण कर अनन्त और अन्तिम प्रेम के आधार से मिल जाना चाहता है। यही उसकी साधना है, यही उसका उद्देश्य है। उसमें जीव अपनी सत्ता को खो देता है। मैं, मेरा, और मुझ का विनाश रहस्यवाद का एक आवश्यक अंग है। एक अपरिमित शक्ति की गोदही में 'मैं' और 'मेरा' सदैव के लिए अन्तर्हित हो जाते हैं। वहाँ जीव अपना आधिपत्य नहीं रख सकता। एक सेवक की भाँति अपने को स्वामी के चरणों में भुला देना चाहता है। संसार के इन बाह्य बन्धनों का विनाश कर आत्मा ऊपर उठती है। हृदय की भावना साकार बनकर ऊपर की ओर जाती है केवल इसलिए कि वह अपनी सत्ता को असीम शक्ति के आगे डाल दे। हृदय की इस गति में कोई यथार्थ नहीं, संसार की कोई वासना नहीं, कोई सिद्धि नहीं, किसी ऐश्वर्य की प्राप्ति नहीं केवल हृदय के प्रेम की पूर्ति है। और ऐसा हृदय वह चीज़ है जिसमें केवल भावनाओं का केन्द्र ही नहीं वरन् जीवन की वह अन्तरंग अभिव्यक्ति है जिसके सहारे संसार के बाह्य पदार्थों में उसकी सत्ता निर्धारित होती है। अनन्त सत्ता के सामने जीव अपने को इतने समीप ला देता है कि उसको साधारण से साधारण भावना में उन अनन्त शक्ति की अनुभूति होने लगती है। अँग्रेजी के एक कवि कॉलरिज ने इसी भावना को इस प्रकार प्रकट किया है—

हम अनुभव करते हैं कि हम कुछ नहीं हैं
क्योंकि तू सब कुछ है और सब कुछ तुझमें है।
हम अनुभव करते हैं कि हम कुछ हैं,
वह भी तो तुझसे प्राप्त हुआ है।
हम जानते हैं कि हम कुछ भी नहीं हैं
परन्तु तू हमें अस्तित्व प्राप्त करने में सहायक होगा।
तेरे पवित्र नाम की जय हो!

कबीर की निम्नलिखित प्रसिद्ध पंक्तियाँ इस विचार को कितने सरल और स्पष्ट रूप से सामने रखती हैं—

लोका जानि न भूलौ भाई,
खलिक खलक, खलक में खालिक
सब घट रह्यौ समाई।

अतएव हम इसी निष्कर्ष पर पहुँचते हैं कि रहस्यवाद अपने नग्न स्वरूप में एक अलौकिक विज्ञान है जिसमें अनन्त सम्बन्ध की भावना का प्रादुर्भाव होता है और रहस्यवादी वह व्यक्ति है जो इस सम्बन्ध के अत्यन्त निकट पहुँचता है। उसे कहता ही नहीं, उसे जानता ही नहीं, वरन् उस सम्बन्ध को ही धारण कर वह अपनी आत्मा को भूल जाता है।

अब हमें ऐसी स्थिति का पता लगाना है जहाँ आत्मा भौतिक बन्धनों का बहिष्कार कर संसार के नियमों का प्रतिकार कर ऊपर उठती है और उस अनन्त जीवन में प्रवेश करती है जहाँ आराधक और आराध्य एक हो जाते हैं, जहाँ आत्मा और अनन्त शक्ति का एकीकरण हो जाता है, जहाँ आत्मा यह भूल जाती है कि वह संसार की निवासिनी है और उसका इस दैवी वातावरण में आना एक अतिथि के आने के समान है।

अँग्रेजी में जार्ज हरबर्ट ने ऐसा कहा है—'ओ अब भी मेरे हो जाओ, अब भी मुझे अपना बना लो, इस 'मेरे' और 'तेरे' का भेद ही न रक्खो।'

ऐसी स्थिति का निश्चित रूप से निर्देश किया जा सकता है। इस संयोग के पास पहुँचने के पूर्व न जाने कितनी दशाएँ, उनमें भी न जाने कितनी अन्तर्दशाएँ हैं, जिनसे रहस्यवाद के उपासक अपनी शक्ति भर ईश्वरीय अनुभूति पाना चाहते हैं। इसीलिए रहस्यवादियों की उत्कृष्टता में अन्तर जान पड़ता है। कोई केवल ईश्वर की अनुभूति करता है, कोई उसे केवल प्यार कर सकने योग्य बन सका है, कोई अभिन्नता की स्थिति पर है और कोई पूर्ण रूप से आराध्य के अधीन है। सेंट आगस्टाईन, कबीर, जलालुद्दीन रूसी यद्यपि ऊँचे रहस्यवादी थे तथापि उनकी स्थितियों में अन्तर था।

हम रहस्यवादियों की उद्देश्य-प्राप्ति में तीन परिस्थितियों की कल्पना कर सकते हैं। पहली स्थिति तो वह है जहाँ वह व्यक्तिविशेष अनन्त शक्ति से अपना सम्बन्ध जोड़ने के लिए अग्रसर होता है। वह संसार की सीमा को पार कर ऐसे लोक में पहुँचता है जहाँ भौतिक बन्धन नहीं, जहाँ संसार के नियम नहीं, जहाँ उसे अपने शारीरिक अवरोधों की परवाह नहीं है।

वह ईश्वर के समीप पहुँचता है और दिव्य विभूतियों को देखकर चकित हो जाता है। यह रहस्यवादी की प्रथम परिस्थिति है। इस परिस्थिति का वर्णन कबीर ने

बड़ी सुन्दर रीति से किया है—

घट-घट में रटना लागि रही,
परघट हुआ अलेख जी।
कहुँ चोर हुआ कहुँ साह हुआ
कहुँ ब्राह्मण है कहुँ सेखजी॥

तात्पर्य यह है कि यहाँ संसार की सभी वस्तुएँ, अनन्त शक्ति में विश्राम पाती हैं और सभी अनन्त सत्ता में आकर मिल जाती हैं। यहाँ रहस्यवादी ने अपने लिए कुछ भी नहीं कहा है, वह चुप है। उसे ईश्वर की इस अनन्त शक्ति पर आश्चर्य-सा होता है। वह मौन होकर इन बातों को देखता-सुनता है। यद्यपि ऐसे समय वह अपना व्यक्तित्व भूल जाता है, पर ईश्वर की अनुभूति स्वयं अपने हृदय में असमर्थ रहता है। इसे हम रहस्यवादियों की प्रथम स्थिति कहेंगे।

द्वितीय स्थिति तब आती है जब आत्मा परमात्मा से प्रेम करने लग जाती है। भावनाएँ इतनी तीव्र हो जाती हैं कि आत्मा में एक प्रकार का उन्माद या पागलपन छा जाता है। आत्मा मानो प्रकृति का रूप रख पुरुष आदिपुरुष से प्यार करती है। संसार की अन्य वस्तुएँ उसकी नजर से हट जाती हैं। आश्चर्यचकित होने की अवस्था निकल जाती है और रहस्यवादी चुपचाप अपने आराध्य को प्यार करने लग जाता है। वह प्यार इतना प्रबल होता है कि उसके समक्ष विश्व की कोई चीज़ नहीं ठहर सकती। वह प्रेम बरसात के उस प्रबल नाले की भाँति होता है जिसके सामने कोई भी वासना नहीं ठहर सकती। सभी भावनाएँ, हृदय की सभी वासनाएँ बड़े जोर से एक ओर को बह जाती हैं और एक, केवल एक, भाव रह जाता है और वह प्रेम का प्रबल प्रवाह। जिस प्रकार किसी जल-प्रपात के शब्द में समीप के सभी छोटे-छोटे स्वर अन्तर्निहित हो जाते हैं ठीक उसी प्रकार उस ईश्वरीय प्रेम में सारे विचार या तो लुप्त हो जाते हैं अथवा उसी प्रेम के बहाव में बह जाते हैं। फिर कोई भावना उस प्रेम के प्रबल प्रवाह के रोकने को आगे नहीं आ सकती।

इसके पश्चात रहस्यवादियों की तीसरी स्थिति आती है जो रहस्यवाद की चरम सीमा कहला सकती है। इस दशा में आत्मा और परमात्मा का इतना एकीकरण हो जाता है कि फिर उनमें कोई भिन्नता नहीं रहती। आत्मा अपने में परमात्मा का अस्तित्व मानती है और परमात्मा के गुणों को प्रकट करती है। जिस प्रकार प्रारम्भिक अवस्था में आग और लोहे का एक गोला, ये दोनों भिन्न हैं पर जब आग से तपाये जाने पर गोला भी लाल होकर अग्नि का स्वरूप धारण कर लेता है तब लोहे के गोले में वस्तुओं के जलाने की वही शक्ति आ जाती है जो आग में है। यदि गोला आग से अलग भी रख दिया जाए तो भी वह लाल स्वरूप रखकर अपने चारों ओर आँच फेंकता रहेगा। यही हाल आत्मा का परमात्मा के सत्संग से होता है। यद्यपि

प्रारम्भिक अवस्था में माया के वातावरण में आत्मा और परमात्मा दो भिन्न शक्तियाँ जान पड़ती हैं, पर जब दोनों आपस में मिलती हैं तो परमात्मा के गुणों का प्रवाह आत्मा में इतने अधिक वेग से होता है कि आत्मा के स्वाभाविक निज के गुण तो लुप्त हो जाते हैं और परमात्मा के गुण प्रकट जान पड़ते हैं। वही अभिन्न सम्बन्ध रहस्यवादियों की चरम सीमा है। इसका फल क्या होता है—

गम्भीर एकान्त सत्य का परिचय
परम शान्ति की अवधारणा
जीवन में अनन्त शक्ति और चेतना
प्रेम का अभूतपूर्व अविर्भाव
श्रद्धा और भय

भय वह भय नहीं जिससे जीवन की शक्तियों का नाश होता है किन्तु वह भय जो आश्चर्य से प्रादुर्भूत होता है और जिसमें प्रेम, श्रद्धा और आदर की महान शक्तियाँ आती हैं और आत्मा इस बन्धनमय संसार से ऊपर उठकर उस लोक में पहुँच जाती है जहाँ प्रेम का अस्तित्व है और जिसके कारण आत्मा परमात्मा में कुछ भिन्नता नहीं प्रतीत होती। अनन्त की दिव्य विभूति जीवन का आवश्यक अंग बनती है और शरीर की सारी शक्तियाँ निरावलम्ब होकर अपने अनन्त की गोद में फेंक देती हैं।

जिस प्रकार मछलियाँ समुद्र में तैरती हैं, जिस प्रकार पक्षी वायु में झूलते हैं, उसी प्रकार हम भी तेरे आलिंगन से विमुख नहीं हो सकते। हम साँस लेते हैं और तू वहाँ वर्तमान है।

इस प्रकार रहस्यवादी दैवी शक्ति से युक्त होकर संसार के अन्य मनुष्यों से ऊपर उठ जाता है। उसका अनुभव भी अधिक विस्तृत और आध्यात्मिक हो जाता है। उसका संसार ही दूसरा हो जाता है और वह किसी दूसरे ही वातावरण में विचरण करने लगता है।

किन्तु रहस्यवादी की यह अनुभूति व्यक्तिगत ही समझनी चाहिए। उसका एक कारण है। वह अनुभूति इतनी दिव्य, इतनी अलौकिक होती है कि संसार के शब्दों में उसका स्पष्टीकरण असम्भव नहीं तो कठिन अवश्य है। वह कान्ति दिव्य है, अलौकिक है। हम उसे साधारण आँखों से नहीं देख सकते। वह ऐसा गुलाब है जो किसी बाग में नहीं लगाया जा सकता, केवल उसकी सुगन्ध ही पाई जा सकती है। वह ऐसी सरिता है कि उसे हम किसी प्रशान्त-वन में नहीं देख सकते वरन् उसे कल-कल नाद करते हुए ही सुन सकते हैं। कहने का तात्पर्य यह है कि संसार की भाषा इतनी ओछी है कि उसमें हम पूर्ण रीति से रहस्यवाद की अनुभूति प्रकट ही नहीं कर सकते। दूसरी बात यह है कि रहस्यवादी की यह भावुक विवेचना समझने की शक्ति भी तो सर्वसाधारण में नहीं है। रहस्यवादी अपने अलौकिक आनन्द में

विभोर होकर यदि कुछ कहता है तो लोग उसे पागल समझते हैं। साधारण मनुष्यों के विचार इतने उथले हैं कि उनमें रहस्यवाद की अनुभूति समा ही नहीं सकती। इसीलिए 'अलहल्लाज-मंसूर' अपनी अनुभूति का गीत गाते-गाते थक गया पर लोग उसे समझ ही नहीं सके। लोगो ने उसे ईश्वरीय सत्ता का विनाश करने वाला समझकर फाँसी दे दी। इसीलिए रहस्यवादियों को अनेक स्थलों पर चुप रहना पड़ता है। उसका कारण वे यही बतला सकते हैं कि—

'नश्वर स्वर से गाऊँ, आज अनश्वर गीत।'

❑

रामचन्द्र शुक्ल

महाकवि तुलसीदास की भावुकता

कवि की पूर्ण भावुकता इसमें है कि वह प्रत्येक मानव-स्थिति में अपने को डालकर उसके अनुरूप भाव का अनुभव करे। इस शक्ति की परीक्षा का रामचरित से बढ़कर विस्तृत क्षेत्र और कहाँ मिल सकता है। जीवन-स्थिति के इतने भेद कहाँ दिखाई पड़ते हैं। इस क्षेत्र में जो कवि सर्वत्र पूरा उतरता दिखाई पड़ता है, उसकी भावुकता को और कोई नहीं पहुँच सकता। जो केवल दाम्पत्य रति ही में अपनी भावुकता प्रकट कर सकें या वीरोत्साह ही का अच्छा चित्रण कर सकें, वे पूर्ण भावुक नहीं कहे जा सकते। पूर्ण भावुक वे ही हैं जो जीवन की प्रत्येक स्थिति के मर्मस्पर्शी अंश का साक्षात्कार कर सकें और उसे श्रोता या पाठक के सम्मुख अपनी शब्द-शक्ति द्वारा प्रत्यक्ष कर सकें। हिन्दी के कवियों में इस प्रकार की सर्वांगपूर्ण भावुकता हमारे गोस्वामीजी ही में है जिसके प्रभाव से रामचरितमानस उत्तरी भारत की सारी जनता के गले का हार हो रहा है। वात्सल्य भाव का अनुभव करके पाठक तुरन्त बालक राम-लक्ष्मण के प्रवास का उत्साहपूर्ण जीवन देखते हैं जिसके भीतर आत्मावलम्बन का विकास होता है। फिर, आचार्य विषयक रति का स्वरूप देखते हुए वे जनकपुर में जाकर सीताराम के परम पवित्र दाम्पत्य भाव के दर्शन करते हैं। इसके उपरान्त आयोध्या-त्याग के करुण दृश्य के भीतर भाग्य की अस्थिरता का कटु स्वरूप सामने आता है। तदनन्तर पथिक-वेशधारी राम-जानकी के साथ-साथ चलकर पाठक ग्रामीण स्त्री-पुरुषों के उस विशुद्ध सात्विक प्रेम का अनुभव करते हैं जिसे हम दाम्पत्य, वात्सल्य आदि कोई विशेषण नहीं दे सकते; पर जो मनुष्य-मात्र में स्वभाविक है।

रमणीय वन—पर्वत के बीच एक सुकुमारी राजवधू को साथ लिये दो वीर आत्मावलम्बी राजकुमारी को विपत्ति के दिनों को सुख के दिनों में परिवर्तन करते पाकर, वे 'वीर-भोग्या वसुन्धरा' की सत्यता हृदयंगम करते हैं। सीता-हरण पर विप्रलम्भ शृंगार का माधुर्य देखकर पाठक फिर लंकादहन के अद्‌भुत, भयानक और वीभत्स दृश्य का निरीक्षण करते हुए राम-रावण युद्ध के रौद्र और युद्ध-वीर तक

पहुँचते हैं। शान्त-रस का पुट तो बीच-बीच में मिलता ही है। हास्य-रस का पूर्ण समावेश रामचरितमानस के भीतर न करके नारद-मोह के प्रसंग में उन्होंने किया है। इस प्रकार काव्य के गूढ़ और उच्च उद्देश्य को समझने वाले मानव-जीवन के सुख और दुख, दोनों पक्षों के नाना रूपों के मर्मस्पर्शी चित्रण को देखकर गोस्वामी जी के महत्त्व पर मुग्ध होते हैं और स्थूल बहिरंग दृष्टि रखनेवाले भी लक्षण-ग्रन्थों में गिनाये हुए नव रसों और अलंकारों पर अपना आह्लाद प्रकट करते हैं।

यहाँ पर कहा जा सकता है कि गोस्वामी जी मनुष्य-जीवन की बहुत अधिक परिस्थितियों का जो सन्निवेश कर सके, वह रामचरित की विशेषता के कारण। इतने अधिक प्रकार की मानव-दशाओं का सन्निवेश आप से आप हो गया। ठीक है, पर उन सब दशाओं का यथा-तथ्य चित्रण बिना हृदय की विशालता, भावप्रसार की शक्ति, मर्मस्पर्शी स्वरूपों की उद्भावना और शब्द शक्ति की सिद्धि के नहीं हो सकता। मानव-प्रकृति के जितने अधिक रूपों के साथ गोस्वामी जी के हृदय का रागात्मक सामंजस्य हम देखते हैं, उतना अधिक हिन्दी भाषा के और किसी कवि के हृदय की नहीं। यदि कहीं सौन्दर्य है तो प्रफुल्लता, शक्ति है तो प्रगतिशील है तो हर्ष-पुलक, गुण है तो आदर, पाप है तो घृणा, अत्याचार है तो क्रोध, अलौकिकता है तो विस्मय, पाखंड है तो कुढ़न, शोक है तो करुणा, आनन्दोत्सव है तो उल्लास, उपकार है तो कृतज्ञता, महत्त्व है तो दीनता, तुलसीदासजी के हृदय में बिम्ब-प्रतिबिम्ब भाव से विद्यमान है।

गोस्वामीजी की भावात्मक सत्ता का अधिक विस्तार स्वीकार करते हुए भी पूछा जा सकता है कि क्या उनके भावों में पूरी गहराई या तीव्रता भी है। यदि तीव्रता न होती, भावों का पूर्ण उद्रेक उनके वचनों में न होता, तो वे इतने सर्वप्रिय कैसे होते? भावों के साधारण उद्गार से ही सबकी तृप्ति नहीं हो सकती। यह बात अवश्य है कि जो भाव सबसे अधिक प्रकृतिस्थ है उसकी व्यंजना सबसे अधिक गूढ़ और ठीक है। प्रेम-भाव अत्यन्त उत्कर्ष पर पहुँचा हुआ उन्होंने प्रकट किया है, वह अलौकिक है, अविचल हैं और अनन्य है। वह धन और चातक का प्रेम है।

एक भरोस एक बल एक आस विश्वास।
एक राम घनश्याम हित चातक तुलसीदास॥

❑

रामदहिन मिश्र

साहित्य

साहित्य शब्द का अर्थ बड़ा जटिल हो गया है। साहित्य शब्द के नाना अर्थ किये जाते और तद्नुसार ही यह शब्द काम में लाया जाता है। इससे इसका ठीक-ठीक भाव बतला देना आवश्यक है।

साहित्य-ग्रन्थों के नाम पूछने पर साहित्यज्ञ झट कह उठते हैं —साहित्य-दर्पण, काव्यप्रकाश और रसगंगाधर इत्यादि। उनसे यदि यह पूछा जाता है कि रघुवंश, कुमारसम्भव आदि क्या हैं? तो वे कहते हैं कि ये काव्य हैं। उनसे यदि यह प्रश्न किया जाता है कि ये साहित्य ग्रन्थ हैं कि नहीं? तो वे आगा-पीछा सोचने लगते हैं। यद्यपि वे देखते हैं कि उपर्युक्त तीनों ग्रन्थों में प्रतिपाद्य विषय एक ही है और साहित्य, काव्य और रस शब्द को लेकर उन तीनों के नाम रखे गये हैं, तो भी वे उल्लिखित काव्यों को साहित्य नहीं कहेंगे। कहें कैसे? वे तो काव्य और साहित्य को भिन्न समझते हैं। पर, सच पूछिए तो साहित्य शब्द, रस, गुण, रीति, अलंकार आदि के निर्णायक ग्रन्थ में एक प्रकार से रूढ़ हो गया है। इसी से काव्य ग्रन्थ को साहित्य ग्रन्थ कहने में पंडित लोग प्राय: हिचकिचाते हैं।

यही दशा काव्य की भी है। काव्य कहने से अनेक लोग प्राय: पद्य ही समझते हैं। यद्यपि वे समझते हैं कि गद्य-पद्य दोनों ही काव्यों के अन्तर्गत हैं तथापि यदि संस्कृत या हिन्दी गद्य की कोई छोटी-मोटी पुस्तक उनके सामने रख दी जाए तो वे उसे, वह कितनी ही भावभरी और रसभरी हो काव्य कहने से प्राय: मुख मोड़ते हैं। हिन्दी के कुछ ज्ञाता जहाँ कहीं चमत्कृत पदावली देखते हैं, फिर उसमें कुछ भाव हो या न हो, उसे कविता ही समझते हैं। पर, गद्य कैसा ही सुन्दर हो—कैसा ही भावमय हो—उसे लोग न कविता कहेंगे और न उसके बनाने वाले को कवि ही कहेंगे।

यह अन्धपरम्परा बहुत दिनों से चली आती है। सच पूछिए तो साहित्य और काव्य एक ही चीज़ हैं। उनमें कुछ भेद है तो केवल नाममात्र का। किसी भाषा में हो, किसी शैली में हो, किसी रूप में हो, गद्य में हो या पद्य में, रसवती रचना ही साहित्य और काव्य कहलाती है।

अच्छा, तो साहित्य क्या चीज़ है—साहित्य कहने से समझा क्या जाता है? सहित शब्द से 'ष्यञ्' प्रत्यय करने से साहित्य शब्द बनता है। इस शब्द के प्रकरणानुसार कई अर्थ होते हैं। (1) साहित्यं मेलनम्। (2) परस्परसापेक्षाणां तुल्यरूपाणां युगपदेकक्रियान्वयित्वम्-इति श्राद्धविवके:। (3) तुल्यवदेकक्रियान्वयित्वं वृद्धि-विशेषविषयित्वं वा साहित्यम्— इति शब्दशक्तिप्रकाशिका। (4) मनुष्यकृत-श्लोकमयग्रन्थविशेष: साहित्यम्—इति शब्दकल्पद्रुम:। साहित्य शब्द के इतने अर्थ होने पर भी यथार्थत: निर्दोष, शब्दार्थ, गुण, अलंकार, रीति विशिष्ट विषय को ही साहित्य कहते हैं। इसी का दूसरा नाम काव्य भी है। पहले में काव्यप्रकाश आदि और दूसरे में रघुवंश आदि हैं। एक अनुशासक है, दूसरा अनुशिष्ट। पहला साहित्य शब्द से और दूसरा काव्य शब्द से व्यवहृत होता है।

साधारणत: साहित्य शब्द का यह अर्थ होता है—सहितस्य भाव: साहित्यं अर्थात साथ का जो भाव है; जो संयुक्त, सहित, मिलित, परस्परापेक्षित और सहगामी है, उसके भाव का नाम साहित्य है।

साहित्य का एक अर्थ सहगमन तो हुआ है। दूसरा अर्थ यह भी हो सकता है कि जो हित के साथ वर्तमान है वह हुआ सहित और उसका जो भाव है वह हुआ साहित्य। इस अर्थ के अनुसार काव्य, इतिहास, पुराण, भूगोल, दर्शन, गणित, आदि सभी साहित्य के अन्तर्गत आ जाते हैं। इतिहासों में ऐसे ही अर्थ में साहित्य शब्द प्रयुक्त हुआ है। जैसे, लिखते हैं कि अमुक के राज्य-काल में साहित्य की दशा अच्छी रही। इससे नाना प्रकार के ग्रन्थों की रचना ही सूचित होती है।

अब साहित्य की कुछ व्याख्या सुनिए। हम लोगों की आत्मा चिदानन्दस्वरूप है। प्रीति, स्नेह, दया और भक्ति ही सात्विक भावों की अवस्थाएँ हैं। इन भावों के प्रकाशन में प्राकृत काव्य ही हमारी सहायता करता है। आत्मा से प्राणित जो कोश त्रयात्मक सूक्ष्म शरीर है उसमें हम श्रेष्ठ काव्यों के अनुशीलन द्वारा सद्गुणों का संग्रह कर सकते हैं। काव्य लोकोत्तरानन्द का दाता है। यद्यपि हम दर्शन आदि से ज्ञानोपार्जन करके ज्ञानी हो सकते हैं; पर आनन्द और सौन्दर्य के साम्राज्य-पथ पर ले जानेवाला काव्य ही है।

दर्शन और विज्ञान साहित्य के अन्तर्गत हैं अवश्य; पर वे हमारे प्राकृत साहित्य नहीं कहे जा सकते। क्योंकि, ज्ञान की अपेक्षा आनन्दजनक भाव ही प्रधानता रखता है। सत्य ही भाव-रूप से हृदय में प्रस्फुटित होता है, जो कुछ सत्य, शिव और सुन्दर है, उसका अनुभव भाव-मुग्ध मनुष्य अपने अन्त:हृदय से करता है। जिसकी प्राप्ति का उपाय ज्ञान बतलाता है वह भाव ही से प्राप्त होता है। भाव भीतर ही भीतर हमें लोकोत्तर ज्ञान की प्राप्ति के योग्य बना देता है; पर ज्ञान नहीं। वेद भी यह कहता है—'आनन्द ही ज्ञान का सार है।' क्योंकि विज्ञानमय कोष के भीतर ही आनन्दमय

कोष है। उस आनन्द का मूल कारण भाव है। भावव्यंजक होने के कारण हमारे काव्य को प्रधान और प्रथम स्थान मिला है। आधुनिक दर्शन, विज्ञान, इतिहास आदि का स्थान उसके पीछे है। श्रेष्ठ भाव ही हमारे शरीर का पोषक है। भाव ही द्वारा ज्ञान उत्पन्न होता है और भाव ही द्वारा वह ज्ञान में परिणत होता है। भाव प्राप्ति के लिए भावना की आवश्यकता होती है। फिर ''यादृशी भावना यस्य सिद्धिर्भवति तादृशी।''

मतलब यह कि श्रेष्ठ भाव ही हमारा सहगामी और सदा का साथी है। सुन्दर भावों का जहाँ संग्रह है वही काव्य और वही हमारा प्रधान साहित्य है। सभी भाव हमारे लिए हितकर नहीं। जो भाव हमारे प्रकृत सहायक और प्रकृत हितकर हैं, उन्हीं का संग्रह साहित्य है। अच्छे कवियों और ग्रन्थकारों के ग्रन्थों में श्रेष्ठ भाव-रत्न भरे रहते हैं। उनसे उपादेय आध्यात्मिक भावों का संग्रह करके हम अपने सूक्ष्म शरीर को पुष्ट कर सकते हैं। अतएव, ऐसे ही ग्रन्थ प्राकृत साहित्य के पोषक हैं।

जिन-जिन भावों का संग्रह कर हम अपने को उत्तम और उन्नत बना सकते हैं; जिनका अवलम्बन करके हम अपने परम पुरुषार्थ के लिए गन्तव्य पथ पर अग्रसर हो सकते हैं; तथा जिनके ऊपर हमारा मनुष्यत्व अवलम्बित है, उन्हीं का संग्रह साहित्य है। जिनसे चित्त सानन्द स्वच्छ और निर्मल होकर क्रमश: परम लाभ का अधिकारी हो सके वही हमारा साहित्य है। आजकल ऐसे ही साहित्य की अत्यन्त आवश्यकता है।

एक जाति के साहित्य के साथ दूसरी जाति के साहित्य का कुछ सम्बन्ध नहीं रहता है। रहता भी है तो नाममात्र के लिए ही। प्रत्येक जाति और प्रत्येक समाज का ज्ञान और भाव-भंडार भिन्न-भिन्न प्रकार का होता है, जो जाति जैसी होती है, उसका साहित्य भी वैसा ही संगठित होता है। किसी जाति-विशेष की गति और उन्नति जानने के लिए उसका साहित्य पढ़ना पड़ता है। उस साहित्य के साथ उस जाति का घनिष्ट सम्बन्ध रहता है। साहित्य में उस जाति की भलाई-बुराई, उन्नति-अवनति, अच्छी तरह प्रतिबिम्बित रहती है। यदि हम लोग अपना जातीय भाव नष्ट नहीं करना चाहते तो हमें उचित है कि हम अपने जातीय साहित्य की रक्षा करें। जातीय जीवन के संगठन के लिए जातीय साहित्य की रक्षा की बड़ी आवश्यकता है।

❑

रामनाथ सुमन

वर्धा आश्रम

वर्धा आश्रम से किसी एक आश्रम का बोध नहीं होता, बल्कि उन रचनात्मक प्रवृत्तियों का मतलब निकलता है, जो गाँधीजी की देख-रेख में या उनकी प्रेरणा से वर्धा क़स्बे में या उसके आस-पास चल रही हैं। मान लीजिए आप वर्धा स्टेशन पर उतरते हैं। यहाँ से थोड़ी दूर पर 'मगन बाड़ी' है, जहाँ आप दस मिनट पैदल चलकर पहुँच सकते हैं—हरा-भरा सुन्दर फलों का बाग़, उसमें बनी चन्द इमारतें। गाँधीजी सेवाश्रम जाने के पहले तक यहीं रहते थे। वह जो बड़ी इमारत है, उसमें ग्रामोद्योग संघ का दफ़्तर है। इस संघ का काम कई सूबों में फैला हुआ है। हिन्दुस्तान के देहातों में ज़िन्दगी की नयी लहर फैलाना, मरते हुए उद्योग-धन्धों को जिलाना और गाँव की संस्कृति को बचाना, इस संघ का काम है। इसके मन्त्री एक हिन्दुस्तानी ईसाई जे.सी. कुमारप्पा हैं। अँग्रेज़ी के अच्छे लेखक और अर्थशास्त्र के विद्वान हैं। यहाँ हाथ का काग़ज़ बनाना, हाथ-कुटा चावल तैयार करना, घानी से तेल निकालना, मधु-मक्खियाँ पालना, रेह से साबुन बनाना वगैरा। गाँव की मिटती हुई दस्तकारियों का काम वैज्ञानिक ढंग पर होता है। उनके बारे में बराबर खोज भी होती रहती है। यहाँ 'मगन म्यूजियम' भी है, जिसमें खादी, ग्रामोद्योग के बारे में सब तरह की ज़रूरी चीज़ें संग्रह पर की गयी हैं। 'मगन बाड़ी' से लगा हुआ उसके सामने वह ट्रेनिंग स्कूल है, जहाँ इन सब बातों की तालीम दी जाती है। दूर-दूर के सूबों से यहाँ विद्यार्थी आते हैं। समय-समय पर यहाँ दूसरे मुल्कों से भी कितने ही प्रोफेसर आकर रह चुके हैं।

अब मेरे साथ शहर से क़रीब डेढ़ मील दूर दूसरी तरफ़ चलिए। यह बालवाड़ी गाँव है। ज़्यादातर हरिजनों की बस्ती है। वह देखिए, लँगोटी लगाए एक पतला-दुबला आदमी तकली चला रहा है। उसके इर्द-गिर्द कुछ कार्यकर्ता खड़े बातें कर रहे हैं। यही रात-दिन सेवा में लगे, कीर्ति से दूर भागनेवाले आचार्य विनोबा हैं। आजन्म ब्रह्मचारी, चित्रकला, संगीत, संस्कृत, फ्रेंच, अरबी बग़ैरा के पंडित, सदा मौलिक ढंग से सोचने और करनेवाले, पर इन्होंने खादी और हरिजनों के काम में

अपने को भुला दिया है। गाँधीजी की बहुतेरी कल्पनाओं के पीछे इनकी सूझ है।

इस तरफ़ आइए, वह देखिए चमड़े की रंगाई हो रही है। उधर चप्पल, जूते, चमरखे, बगैरा चमड़े की बहुतेरी चीज़ें बन रही हैं। यह ग्रामसेवा चर्मालय है। चमड़े के काम में यहाँ ख़ास बात यह है कि सिर्फ़ मरे हुए जानवरों के चमड़े का इस्तेमाल होता है। इसके पीछे दो-तरह की भावना है। एक तो यह कि खाने के लिए जितनी गायें हिन्दुस्तान में कटती हैं, उससे बहुत ज़्यादा गायें और दूध देने वाले जानवर, जूते, चप्पल, सूटकेस और चमड़े की दूसरी चीज़ें बनाने के लिए काटे जाते हैं। दूसरी तरफ़ मरे हुए जानवरों का बहुत-सा चमड़ा यों ही बेकार चला जाता है, देश का नुकसान होता है। इस प्रकार अगर मरे जानवरों का चमड़ा निकालकर उसका इस्तेमाल चमड़े की चीज़ें बनाने में किया जाए तो दुधारू पशुओं का कटना कम हो सकता है। यहाँ कारखाना और सिखाने का स्कूल दोनों चल रहे हैं और वह सामने जो दुबले-पतले सज्जन बैठे हैं, वही इसके मुख्य कार्यकर्ता हैं। वह ऊँची शिक्षा पाए हुए हैं और उनका नाम श्रीगोपाल राय कालूँजकर है। चर्मालय के क़रीब ही खादी सरंजाम कार्यालय है, जहाँ चर्खे, तकली, कताई, बुनाई सम्बन्धी हर तरह की चीज़ें तैयार की जाती हैं। नज़दीक ही गोसेवा संघ का दफ़्तर है। यहाँ एक डेयरी भी है।

अब आपको शहर की दूसरी तरफ़ यहाँ से लगभग दो मील के फासले पर नवभारत विद्यालय यानी पुराने मारवाड़ी हाई स्कूल के पास ले चलूँगा जहाँ कई एकड़ ज़मीन में बहुत-सी अच्छी इमारतें बनी हैं। यह आजकल का महिलाश्रम है। बीच की बड़ी इमारत में पढ़ाई-लिखाई होती है। जब गाँधीजी वर्धा आए, तब पहले यहीं रहते थे। एक तरफ़ भोजनालय, शिक्षकों का मकान और लड़कियों और स्त्रियों के लिए छात्रावास वग़ैरा बने हैं। बड़ी खुली जगह है लगभग 76 बहनों को 10-12 अध्यापकों द्वारा शिक्षा दी जाती है। ये बहनें सभी धर्मों, जातियों और प्रान्तों की हैं। उनमें किसी तरह का भेद-भाव नहीं किया जाता। रसोई से लेकर पाखाने तक की सारी सफ़ाई का काम ड्यूटी के बँटवारे के मुताबिक ये बहनें ख़ुद करती हैं। यहाँ कताई, जिल्दसाजी, ड्राइंग, संगीत वग़ैरा कलाओं की भी शिक्षा दी जाती है। इसका उद्देश्य औरतों को ऐसी तालीम देना है, जिससे वे अपना घर-बार सँभालते हुए भी ज़रूरत पड़ने पर अपने पैरों पर खड़ी हो सकें और देश की सेवा का भी कोई-न-कोई काम करती रहें। सबसे बड़ी बात यहाँ की सादगी का वातावरण और अपना काम खुद अपने हाथ से करने में हरेक की दिलचस्पी है। इस संस्था का कोष कई लाख रुपयों का है, जिसे बम्बई की शान्ताबाई ने इस काम के लिए दे दिया है। इसे चलानेवालों में स्वर्गीय जमनालाल बजाज, शान्तादेवी रानीवाला, दामोदरदास और कमलाबाई मुख्य हैं।

अब हमें महिलाश्रम से फिर शहर की ओर लौटना चाहिए। दो-ढाई फर्लांग चलने पर हमें सड़क के दाहिने किनारे जो बंगला मिलता है, वह जमनालाल जी का है। इसके पीछे की तरफ़ कई मकान बने हुए हैं, जिनमें से एक में 'गाँधी सेवा संघ' का दफ़्तर है। यह पहले गाँधीजी के परखे हुए कार्यकर्ताओं का एक बड़ा संघ था, पर बाद में जब उन्होंने देखा कि इसमें भी दलबन्दी और होड़ की भावना आ रही है, तब इसे तोड़कर बहुत छोटा कर दिया। अब इसका मुख्य काम अहिंसा के बारे में वैज्ञानिक खोज और प्रयोग करना है। गाँधीजी की जीवन प्रणाली में विश्वास रखनेवालों की यह सबसे महत्त्वपूर्ण संस्था है। दफ़्तर का काम रघुनाथ धोत्रे करते हैं।

दूसरी बड़ी और फैलाव के ख्याल से सबसे बड़ी संस्था, जिसका मुख्य दफ़्तर अब अहमदाबाद से यहाँ आ गया है। भारतीय चरखा संघ (ऑल इंडिया स्पिनर्स एसोसिएशन) है इसके बारे में आप सब जानते होंगे। हिन्दुस्तान के सैकड़ों शहरों और हज़ारों गाँवों में इसका काम फैला हुआ है और गाँव का सबसे बड़ा मरता हुआ धन्धा इसकी वजह से जी उठा है और दिन-ब-दिन बढ़ रहा है। आजकल श्रीकृष्ण दास जाजू इसका काम देखते हैं। इसके अलावा सूबे के हरिजन सेवक संघ के दफ़्तर भी वर्धा में ही हैं। राष्ट्र-भाषा प्रचार समिति का भी प्रधान दफ़्तर वर्धा में ही है।

अब हम वर्धा की काफ़ी सैर कर चुके हैं। बहुत कुछ देखा-भाला और बहुतों से मिल चुके। अब हमें सेगाम या सेवाग्राम चलना चाहिए, जहाँ ख़ुद गाँधीजी रहते हैं। साढ़े-चार मील पूर्व की ओर चलने पर हमसे गाँव आश्रम पहुँचते हैं, जो करीब 400 आदमियों की बस्ती है। पहले यह गाँव जमनालाल जी की मालगुजारी में था, पर आश्रम को दे दिया गया है। वह देखिए गाँव से एक तरफ़ डेढ़ फर्लांग पर साफ़-सुथरी कुछ झोपड़ियाँ दिखाई दे रही हैं। यही आश्रम है। शुरू-शुरू में यहाँ सिर्फ़ एक झोपडी थी, जिसमें गाँधीजी मीरा बहन वग़ैरा रहते थे और सब काम होता था। पर अब कई झोंपड़ियाँ बन गयी हैं। आप देख रहे हैं कि अब तो गाँव तक पक्की सड़क बन गयी है, डाकखाना खुल गया है, टेलीफोन लग गया है। पर पहले यह सब कुछ न था और उसी झोपड़ी में स्व. लार्ड लोथियन और सर स्टाफर्ड क्रिप्स जैसे अति-आधुनिक लोग आकर रह चुके हैं।

यह महात्मा गाँधी की कुटिया है। मिट्टी, बाँस और घास-फूस से बनी हुई। चारों तरफ़ बाँस की बाड़ लगाकर एक मैदान घेर लिया गया है। गाँधीजी का कमरा कुछ बड़ा है। 10×12 फुट का होगा। यहीं उनके दफ़्तर का सब काम होता है और मिलनेवाले भी सब यहीं आते हैं। इस कमरे के एक ओर बरामदा है और एक ओर चन्द कोठरियाँ, जिनमें अतुल बहन और राजकुमारी अमृतकौर रहती हैं और गाँधीजी के ख़ास मेहमान भी यहीं आकर ठहरते हैं। गाँधीजी के कमरे के पीछे अलग एक

कमरा है, जिसमें टेलीफोन लगा है—वर्धा नं. 41। उसमें सहायकों का दफ़्तर है। उधर वह रसोईघर है। आश्रम के सब लोग यहीं खाना खाते हैं। लोग बिना किसी भेद-भाव के यहाँ रहते हैं। उस तरफ़ बकरियाँ बँधती हैं, जिनको कभी-कभी गाँधीजी मज़ाक में माँएँ कहते हैं। बकरी के अपने बच्चों को भर-पेट पिला लेने के बाद जो थोड़ा दूध बच जाता है वही गाँधीजी लेते हैं, इसलिए कई बकरियाँ रखनी पड़ती हैं। 50 फुट की दूरी पर वह जो झोपड़ी दिखाई दे रही है, उसमें परचुरे शास्त्री रहते हैं जो कई सालों से कोढ़ से पीड़ित हैं। बड़े ज़बरदस्त विद्वान हैं। डॉक्टरों ने जवाब दे दिया था, तब गाँधीजी ने अपने पास रख लिया। ख़ुद उनका कमरा साफ़ करते, घाव धोते, मवाद निकालते और दवा लगाते। कैसा ही ज़रूरी काम हो पर शास्त्रीजी की सेवा में गफ़लत नहीं होती।

गाँधीजी हमेशा खुली जगह में सोते हैं। 4 बजे सुबह उठ जाते हैं। 4:20 तक शौचादि से निबटते हैं। फिर 4:50 तक आधे घंटा प्रार्थना और गीता का पाठ। इसके बाद एक घंटा आराम करते हैं। ज़्यादा ज़रूरी काम हो तो प्रार्थना के बाद ही उसे शुरू कर देते हैं। साढ़े छ: बजे नाश्ता होता है जिसमें वह बकरी का दूध और फलों का रस लेते हैं। और लोग सुविधानुसार गाय का दूध, दलिया बगैरा लेते हैं। 7:30 बजे घूमने निकलते हैं। गाँधीजी का घूमना किसी भी हालत में बन्द नहीं होता। लन्दन में राउंड टेबिल कान्फ्रेंस के वक़्त जब समय नहीं मिलता था, तो ढाई बजे रात को कान्फ्रेंस से लौटने पर घूमते थे। आजकल घूमते वक़्त अकसर आँखें बन्द रहती हैं और लड़कों या आश्रम की बहनों का सहारा लेकर चलते हैं। कोई न हुआ तो छड़ी के सहारे चलते हैं। पौन मील तक जाते और लौट आते हैं। लौटते वक़्त बीमारों को देखते हैं। फिर एक घंटे सरसों के तेल की मालिस होती है, उस वक़्त भी आँखें बन्द किये रहते हैं। थके हों तो सो भी लेते हैं और ज़रूरी काम आ पड़े तो मालिश कराते वक़्त लिखते भी हैं। फिर आध घंटा गरम पानी के टब में स्नान करते हैं। ज़रूरत हो तो कभी-कभी टब में बैठे-बैठे लेख वग़ैरा भी लिखते हैं। स्नान के बाद पत्र-व्यवहार करते हैं। 11 बजे भोजन होता है, उस वक़्त सलाह-मशविरा भी करते जाते हैं। भोजन में 10 तोले आटे में सोड़ा डालकर पापड़ की तरह किसी पतली सख्त रोटी (जिसे वहाँ खाकड़ी कहा जाता है) उबली और कच्ची सब्जी और भोजन के अन्त में कच्ची तरकारी का रस लेते हैं। दूध इस वक़्त नहीं लेते। हाँ, तोला भर ताड़ का गुड़ और तोला भर मक्खन लेते हैं। दाल तो रसोईघर में बनती ही नहीं और चावल भी उन्हीं को दिया जाता है, जिनका काम उसके बिना चलता ही नहीं। भोजन के बाद आये हुए निजी पत्रों को देखते हैं और आराम करते हैं। आँखों की रोशनी घटती जाती है, इसलिए डॉक्टरी सलाह से आराम करते वक़्त तलुए में घी की मालिश होती है। एक घंटा आराम करने के बाद

चार बजे तक पत्र-व्यवहार चलता है। 4 से 5 बजे तक भेंट मुलाकात का वक़्त है 1 से 5 तक भोजन वग़ैरा। शाम के भोजन में सिर्फ़ दूध और सब्जी या कच्ची सब्जी का रस लेते हैं। 6.10 तक घूमना। सैर से लौटने के बाद 7 बजे प्रार्थना। भोजन के बाद और घूमने जाने के बीच के वक़्त में, इसी प्रकार घूमने के बाद और प्रार्थना के पहले बचा हुआ ज़रूरी पत्र व्यवहार करते हैं। शाम की प्रार्थना के साथ रामायण भी पढ़ी जाती है। दोनों वक़्त की प्रार्थना के समय क़ुरानशरीफ़ से आयतें भी पढ़ी जाती हैं। शाम को प्रार्थना के बाद फिर एक घंटा पत्र व्यवहार होता है। 9 बजे सो जाते हैं और उस वक़्त फिर से अरंडी के तेल की मालिश होती है। गर्मी के दिनों में सिर और पेट पर मिट्टी की पट्टी रखते हैं।

आश्रम में मद्रासी, गुजराती, महाराष्ट्र, पंजाबी, बंगाली, मारवाड़ी, कुछ प्रान्तीय, हिन्दू, मुसलमान, ईसाई, देशी-विदेशी—सभी तरह के लोग बिना किसी भेदभाव के रहते हैं। अनेक ऊँची तालीम पाए हुए और बड़ी-बड़ी तनख्वाहों को ठुकराकर सीधी-सादी सेवा की ज़िन्दगी बिताने वाले आदमी यहाँ पड़े हैं।

सेवाग्राम में और भी कई तरह के काम होते हैं। यहाँ हिन्दुस्तानी तालीम संघ का सदर दफ़्तर है, जिसका काम शिक्षा के उस नये ढंग को चलाना और उसके बारे में खोज करना है जिसे वर्धा शिक्षा योजना कहा जाता है। इस संस्था के अध्यक्ष दिल्ली के जामिया मिल्लिया के प्रिंसिपल डॉक्टर जाकिर हुसैन हैं और मन्त्री सीलोन के रहनेवाले एक उच्च शिक्षा प्राप्त तामिलियन आर्य नायकम हैं जो एक अर्से तक स्व. रवीन्द्रनाथ के साथ रह चुके हैं।

वर्धा और गाँव में और भी कितने ही काम हो रहे हैं, पर यहाँ उनका परिचय देना मुश्किल है। कार्य ही यहाँ का देवता है। कोई बेकार नहीं और सब एक परिवार की तरह यहाँ रहते हैं। ज़िन्दगी के प्रवाह में यहाँ रुकावट नहीं है, इसीलिए मैल भी नहीं है। यहाँ के अजीब सनकी से दिखनेवाले लोगो से आपका मत मिले या न मिले, पर एक बात सब मानते हैं कि वे लोग अपने तरह ईमानदार हैं इसलिए दूसरों के प्रति भी ईमानदार हो सकते हैं। यह ईमानदारी का वातावरण ही वर्धा आश्रम की सबसे बड़ी विशेषता है।

❑

रायकृष्ण दास

गंगा काँठे की संस्कृति

गंगा नाम में हमारे लिए एक अजब जादू भरा है। यदि समूची भारतीय संस्कृति की एक धारा देखनी हो तो गंगा देख लीजिए।

कई बरस की बात है मेरे एक मित्र, जो दुनिया के ख़ास वैज्ञानिकों में से हैं, अपनी माता के फूल गंगा में छोड़ने हरिद्वार गये थे। उसके थोड़े ही दिनों बाद वे मुझसे कहने लगे, "भाई, उस दिन मैंने अनुभव किया कि जिस गंगा में हमारी पीढ़ियों पर पीढ़ियों के फूल पड़े हैं, वह क्यों न हमारे लिए इतनी महान हो।" इसी महान गंगा ने जिस संस्कृति को उपजाया और पालापोसा है, आइए आज उसके दर्शन किए जाएँ।

ई.पू. तीसरी शताब्दी की बात है, अपने देश में सिन्धु नदी के किनारे एक नागरिक सभ्यता फूल-फल रही थी जिसका सम्बन्ध लघु एशिया तक था। यह सभ्यता सम्भवतः अपने देश को और नदियों के कछारों में भी फैली हुई थी। जो हो ई.पू. तीसरी शताब्दी में ही इस सभ्यता की अचानक इतिश्री हो गयी और आज हम यह ठीक नहीं जान सकते कि वह थी किन की। हम केवल इतना जान पाते हैं कि वे लोहे, धनुष-बाण और घोड़े का उपयोग नहीं करते थे।

उन्हीं दिनों हिमालय में से एक जाति नीचे उतर रही थी, जिसकी सभ्यता के मुख्य आधार लोहा, धनुष-बाण और घोड़े थे। जान पड़ता है, इस गोरी, सुनहले बाल, उठी नाक वाली और लम्बे कद की आर्य जाति ने ही सिन्धु काँठे की सभ्यता का अन्त कर दिया।

गंगोत्री से चलकर गंगा कई धारों में बिखर जाती है, फिर बद्रीनाथ के पहाड़ों में इन बिखरी धारों के संगम होने लगते हैं। आर्य जाति की एक मुख्य शाखा जब हिमालय की गर्भ-शृंखला में आयी तो पहले-पहल गंगा के इसी संगम पर ठहरी। ऐसे संगम के ठिकानों को प्रयाग कहते हैं, जैसे—नन्द प्रयाग, रुद्र प्रयाग, देव प्रयाग इत्यादि। इन्हीं प्रयागों में से किसी एक में उस समय के आर्य राजा पुरूरवा ने एक बस्ती बसाई, जिसका नाम प्रतिष्ठान पड़ा। बस, यहीं से गंगा और आर्य संस्कृति का

सम्बन्ध होता है।

प्रतिष्ठान से आर्य और नीचे उतरे तथा अम्बाले के पास टिककर पंजाब और गंगा के दोआबे की ओर छिटके। गंगा तट पर उनकी सबसे पुरानी बस्ती कन्नौज प्रान्त में बसी। यज्ञ सम्प्रदाय का उस समय दौरा था। गंगा किनारे अनेक यज्ञ होने लगे। ऐसा समझा जाता है कि उस समय के जह्वु नामक राजा ने गंगा से नहर निकाली। यह नहर संसार की सबसे पुरानी नहरों में रही होगी। आज भी उन्हीं दिनों की याद में गंगा का नाम 'जाह्नवी' चला आता है।

जह्वु के सात-आठ पीढ़ी बाद विश्वामित्र हुए। उन्होंने हमारी गंगा के ही तट पर यह सत्य घोषित किया कि जाति किसी की बपौती नहीं है, वह कर्म के अनुसार होती है। घोषित ही नहीं किया, बल्कि अपनी साधना से वे स्वयं क्षत्रिय से ब्राह्मण हो गये और उन्होंने ईश्वर से वह माँगा जिससे बड़ा वरदान मनुष्य माँग ही नहीं सकता—'हे भगवान् तू मेरी बुद्धि को उचित प्रेरणा दे।' यह गायत्री आज भी करोड़ों भारतवासियों का महामन्त्र है, जिसकी जन्मभूमि गंगा का कछार है।

इसी गंगा काँठे में विश्वामित्र के नाती भरत बहुत बड़े राजा और विजेता हुए। पहले-पहल इस देश को एक इकाई का रूप उन्होंने ही दिया और इसी कारण उनके नाम पर इसका नाम 'भारत' वा 'भरतखंड' पड़ा।

अब गंगा के काँठे में आर्य मेरठ से भागलपुर तक फैल चुके थे, जहाँ उन्होंने बड़े-बड़े नगर बसाए। आर्यों ने नगर की रीति यहाँ की पूर्व सभ्यता से सीखी थी। इस प्रकार अब जो सभ्यता गंगा कछार में विकसित हो रही थी, वह वास्तविक भारतीय सभ्यता थी। इन नगरों के चारों ओर के जंगल साफ करके आर्य बस्तियाँ बसाने लगे। गंगा के तट पर उनके बड़े यज्ञ होने लगे। ऋग्वेद का बहुत बड़ा भाग इन्हीं प्रदेशों में बना। उसके अनेक मन्त्रों में इन प्रदेशों के राजाओं की दान-स्तुतियाँ भरी हैं, जिनसे उस समय की गंगा काँठे की समृद्धि का अच्छा पता चलता है।

आर्य-बस्तियों के छोर वाले जंगलों में ऋषियों के आश्रम होते थे, जहाँ की आध्यात्मिकता समूची भारतीय संस्कृति पर अपनी प्रभा डाला करती थी। इस प्रकार के हरे-भरे, शान्त, सुहावने तपोवन गंगोत्री से गंगासागर तक फैले हुए थे, जिनके कारण हमारी संस्कृति एकांगी नहीं होने पायी, अन्यथा, आज हमारी संस्कृति भी 'यूनानी मिस्र रोमां' की संस्कृतियों की भाँति केवल इतिहास के पन्नों में रह गयी होती।

ईसवी दूसरी शती में विन्ध्य की पहाड़ियों से निकलकर भारशिव राजवंश ने शकों का सैकड़ों वर्ष पुराना उपद्रव निर्मूल किया। भारतीय संस्कृति के प्रतीक गंगा को ही उन्होंने अपना राज-चिह्न बनाया।

भारशिवों का काम बराबर बढ़ता गया और चौथी शती में गंगा तट पर महान गुप्तवंश का उदय हुआ, जिसकी राजधानियाँ प्रयाग तथा पटना थीं। इस काल में

हमारी कला, साहित्य, संगीत और सामाजिक व्यवस्था की सबसे अधिक उन्नति हुई। सातवीं शती में कन्नौज के सम्राट् हर्षवर्धन के सुव्यवस्थित राज्य में ब्राह्मण और बौद्ध धर्म हाथ में हाथ डाले चल रहे थे। सम्राट प्रयाग में गंगा-यमुना संगम पर हर पाँचवें वर्ष एक बड़ा मेला करता, जिसमें सभी पन्थों के साधु-महात्माओं का धार्मिक सम्मेलन होता और सम्राट बहुत कुछ दान-पुण्य करता। आज भी यह मेला प्रयागवाले कुम्भ के रूप में चला आता है।

अब तुर्क और पठान विजेताओं का समय आया। उन्होंने अपना मुख्य केन्द्र दिल्ली बनाया जो गंगा काँठे की संस्कृति से अलग नहीं थी। वे यहीं बस गये और यही संस्कृति अपना ली।

गुप्तकाल से ही गंगा का काँठा व्यापार और विद्या का भी बड़ा केन्द्र था। काशी और मगध से कपड़े इत्यादि तैयार होकर योरप में रोम तक और दक्षिण समुद्र में बर्मा, स्याम, जावा, सुमात्रा तक पहुँचते थे तथा वहाँ के माल यहाँ आते थे। भागलपुर के पास विक्रमशिला वाले अद्वितीय विद्यापीठ के सामने गंगा लहराया करती और सर्वोपरि काशी थी जहाँ समूचे भारत और बृहत्तर भारत के लोग विद्याध्ययन तथा आध्यात्मिक साधन के लिए आया करते। पिछले मध्यकाल में यहीं से रैदास और कबीर ने अपनी सन्तवाणी देश में गुँजाई और अकबर काल में गोसाईं तुलसीदास ने रामचरितमानस आन्दोलित किया, जिससे महत्त्व की दूसरी रचना अपने देश में पिछले हज़ार वर्ष में नहीं हुई और जो तीन सौ वर्ष से भारत के एक बहुत बड़े भू-भाग के विचार और आचार को ढालती आ रही है। अठारहवीं शती में गंगा किनारे कलकत्ता महानगरी बसी और यहीं से एशियाटिक सोसाइटी द्वारा भारतीय अनुशीलन आरम्भ हुआ जिसने हमारी दृष्टि को बहुत विस्तृत कर दिया। यहीं रवीन्द्र और अवनीन्द्र ने जन्म लिया, जिनसे हमारे साहित्य और कला को नया जीवन मिला।

ई.पू. तीसरी शताब्दी से गंगा महान भारतीय संस्कृति का केन्द्र बनी हुई है। गंगा में एक आकर्षण है, जिसने बड़े-बड़े नगरों की भीड़ को ही नहीं, बड़े से बड़े व्यक्तियों की भीड़ को भी अपने किनारे खींचा है। जिस प्रकार भारत का सबसे पुराना जीवित नगर बनारस और सबसे नया नगर कानपुर इसके किनारे पर हैं, उसी प्रकार वैदिक मन्त्रों के गानेवाले ऋषियों से लेकर गीतांजलि गानेवाले रवीन्द्र तक इसके तट पर हुए हैं। भरत से लेकर समुद्रगुप्त तक सम्राटों ने इसी के काँठे में से समूचे भारत को एकता के सूत्र में बाँधा है, और बुद्ध से लेकर दयानन्द तक प्रचारकों ने इसी के तट पर से अपना सन्देश वितरित किया है। इस प्रकार गंगा हमारी लौकिक और परलौकिक संस्कृति की एकमात्र जननी है। फिर हम उसे क्यों न साक्षात् ब्रह्मद्रव मानें और कैसे न दावा करें—

'भागीरथी! हम दोसभरे, पे भरोस इतेक परोस तिहारे'

❑

राहुल सांकृत्यायन

इतिहास पुरुष

इतिहास पुरुष अनादि काल से अनन्त काल तक व्याप्त है, यद्यपि हम उसके अतीत रूप को ही इतिहास मानते हैं। काल घटनाओं से पृथक् अपना अस्तित्व नहीं रखता, वैसे ही जैसे संख्याएँ वस्तु से पृथक् नहीं होतीं। घटनाओं के क्रम को ही हम काल मानते हैं। काल-पुरुष को आज तक घटी सभी घटनाओं का प्रतीक या साक्षी मान सकते हैं। इतिहास वैसे अत्यन्त समीप मालूम होता है, पर साथ ही वह दूर से भी दूर है। बीसवीं शताब्दी के साठ साल बीत चुके। जिनकी आयु पैंसठ-छियासठ की है, वह इस शताब्दी के आरम्भिक वर्षों की वस्तुओं और घटनाओं को याद कर सकते हैं। उनके लिए वह आँखों के सामने हाल में घटित-सी मालूम होती हैं। काले और सफ़ेद नहीं, बल्कि ताज़े नाना रंगों के साथ, मृत नहीं सजीव दीखती हैं। हाँ, उनके लिए भी यह कहना मुश्किल है कि उस समय और आज की भाषा में कुछ अन्तर हुआ है। वेशभूषा का अन्तर तो अवश्य मालूम होता है। सजीव रंग-बिरंगी वस्तुएँ कितने भंगुर पटल पर अंकित हैं! दादा के लिए जो उनका रूप होता है, वह पोते के लिए सपना हो जाता है।

1900 ई. में जो दादा थे, उनके लिए 1850 की वस्तुएँ और घटनाएँ सजीव और ताजा रंगोंवाली थीं। आज के लोगो के लिए वह न सजीव हैं न सुन्दर रंगोंवाली। 1850 के दादा 1800 ई. के जगत को स्मृति द्वारा सजीव रखे हुए थे। 1800 ई. के दादा प्लासी के युद्ध एवं अँग्रेज़ों के दृढ़ शासन की स्थापना के साक्षी थे। इस प्रकार चार पुरुषों के माध्यम से हम उस समय पहुँच जाते हैं, जबकि मुगल-शासन का अन्त हुआ।

पुरानी दुनिया की जगह नयी दुनिया अस्तित्व में आयी। पर, जिन पुरुषों के स्मृति-पटल पर इतिहास अंकित हुआ, वह अत्यन्त भंगुर है। स्मृति क्षीण होते भी जीवन के अन्त तक रह सकती है, यद्यपि बुढ़ापे में उसकी प्रामाणिकता कम हो जाती है। साक्षी अपने जीवन भर ही का कोई हो सकता है। आकांक्षा सभी की होती है, कि हम अपने अतीत के बारे में कुछ जानें। वास्तविक ज्ञान के साधन का अभाव

होने पर काल्पनिक साधन या व्याख्या से काम लेते हैं। बच्चों को जहाँ बहुत-सी कोरी-काल्पनिक कथाएँ सुनने को मिलती हैं, वहाँ ऐसी कहानियाँ भी सुनाई जाती हैं, जिनमें इतिहास की पुट रहती है— हाँ, ज़्यादातर स्थानीय इतिहास की। भूमि के ऊपर पड़े ठीकरों और ईंटों के टुकड़ों को देखने से जान पड़ता है, कि यहाँ पहले आदमी बसते थे। कब बसते थे, यह ग्रामीण कहानी कहनेवाले को मालूम नहीं हो सकता। वह तो विशेषज्ञ का काम है। हरेक ईंट के टुकड़े पर इतिहास पुरुष की मोहर लगी रहती है। लम्बाई-चौड़ाई का पता न हो, तो केवल मोटाई से ही काल का पता लगता है। ढाई-दो इंच मोटी ईंट का मतलब है 23 सौ बरस पुरानी। घड़े, सकोरे, हंडिया सब अपने काल को लिये होती हैं, जिसकी छाप उनके हर टुकड़े पर होती है। हाँ, यह नमूने कभी-कभी दो-तीन सौ बरस तक एक से चलते रहते हैं। इसलिए निश्चित सन् या दशाब्दी बताना आसान नहीं है।

सभी खंड या अवशेष इतिहास पुरुष के अभिन्न अंग हैं, जो अपने भीतर इतिहास की सूचना संजोए हुए हैं। पुरातात्विक सामग्री इतिहास की सबसे अधिक प्रामाणिक वस्तु है, क्योंकि वह प्रत्यक्ष द्रष्टा है, वह कल्पना-विहीन है। कल्पना करने के लिए उसके पास वाणी नहीं है, पर मूक वाणी से भी वह अपने रहस्य को प्रकट करती है। इतिहास के प्रति प्रेम आदिम मानव के समय से ही रहा है। वह अपनी परिमित शब्दों वाली भाषा में किसी वीर या अद्‌भुत घटना के बारे में गीत बनाता था, जो बात की बात में उसके सारे जन में फैल जाती थी। ऐसे गीत मुश्किल से तीन-चार पीढ़ी तक प्रचलित रहते हैं। जब उस वीर या घटना का रूप देव-सम्बन्धी हो जाता, तभी वह बहुत कुछ चिरस्थायी बन जाते हैं। लेकिन, दिव्यता के साथ वह अपनी ऐतिहासिकता को बहुत कुछ खो बैठती है। देव-विश्वास सामन्त काल से पहले ही आरम्भ हो गया था। ऐतिहासिक कथानक के उत्पादन और संरक्षण का काम सामन्त युग से हुआ। उसका भार बहुत कुछ पुरोहितों पर रखा गया। कबीलों के सरदार धर्मों की तरफ़ विशेष रूप से आकृष्ट हुए, उसका एक कारण, उनकी यह भावना भी थी कि पुरोहित हमारी कीर्ति को स्थायी करेंगे। उन्होंने स्थायी करने की कोशिश की, इसमें सन्देह नहीं। हमारे लेखबद्ध ऐतिहासिक कथानकों का आरम्भ सामन्तवाद के आरम्भ के साथ ही हुआ।

लेखबद्ध इतिहास, ऐतिहासिक जिज्ञासा के पूरा करने का एकमात्र साधन किसी समय माना जाता था। पर, आज उसका वह स्थान नहीं रहा। क्योंकि जिस चमड़े, पत्ते, छाल या काग़ज़ को लेखबद्ध करने के लिए इस्तेमाल किया जाता, उनकी आयु ज़्यादा नहीं होती। चर्म-पत्र बहुत दृढ़ होते हैं, पर उसके खानेवाले कृमि-कीट इतने अधिक हैं, कि वह उसे सौ बरस तक भी पहुँचने नहीं देते। अतिवृष्टि या नमी रखनेवाले भारत जैसे देश में एक भी पुराने चर्म-पत्र का न मिलना

इसी को बतलाता है। अतिशीतलता या अत्यल्प वृष्टिवाले बालुकामय देशों में चर्म-पत्र मिले हैं; क्योंकि, वहाँ कृमि-कीट के उपद्रव उतने नहीं होते। पश्चिमी मध्य-एशिया के अति शुष्क मरुस्थलों में चर्म-पत्र अधिक संख्या में प्राप्त हुए हैं।

तालपत्र या भोजपत्र (भोज की छाल) की भी वही बात है। भोजपत्र को पानी से भय नहीं है, पर गर्मी में ऐंठकर वह टूट जाता है, इसीलिए भारत में उसे पढ़कर फाड़ दिए जानेवाले पुर्जे के तौर पर ही इस्तेमाल किया जाता था। उस पर लिखे ग्रन्थ गिलगित या कश्मीर जैसे बहुत ठंडे देशों में ही प्राप्त हुए हैं। तालपत्र भोज की अपेक्षा नमी और गर्मी को अधिक बर्दाश्त कर सकता है, पर अपेक्षाकृत ही। 12वीं सदी तक भारत में सारी पुस्तकें तालपत्रों पर लिखी जाती थीं। पर आज उत्तर भारत में सुरक्षित उनकी संख्या अंगुलियों पर गिनी जा सकती है। दक्षिण भारत और सिंहल द्वीप में 20वीं सदी के आरम्भ तक भी तालपत्रों का उपयोग होता था, पर पुरानी पुस्तकें वहाँ नहीं के बराबर हैं। काग़ज़ का उपयोग तो हमारे यहाँ मुसलमानों के आने पर 13वीं सदी के आरम्भ हुआ। वह पानी के लगने मात्र से गल जाता था। पत्रों की भंगुरता के कारण पुस्तकों को नये तौर पर लिखकर फिर-फिर जीवित रखा जाता था। इसके कारण क्षेपक, पाठ-परिवर्तन होता रहता था। इसीलिए इतिहास ग्रन्थ अपनी प्रामाणिकता खो बैठते हैं।

प्रत्यक्षदर्शी अभिलेख अवश्य परम प्रमाण माने जाते हैं। प्रियदर्शी अशोक ने जो धम्मा लिपियाँ पाषाण पर उत्कीर्ण करवाईं, वह इतिहास-पुरुष की परम साक्षी हैं। वे अपने समय की भाषा के रूप को बतलाती हैं, उस समय की सामाजिक और राजनैतिक रीति-रिवाज को प्रकाशित करती हैं। पर अभिलेख बहुत कम उपलब्ध हैं।

सिक्कों पर पहले तो अक्षर होते ही नहीं थे। हमारे प्राचीनतम सिक्के चौकोर थे, जिस पर कड़ी धातु पर अंकित चिह्न पीट कर बनाये जाते थे। विशेष चिह्नों का भी अपना अर्थ था। अक्षरांकित सिक्के, तथा रूप (मूर्ति) अंकित करने का रिवाज भारत में ग्रीक लोगो के सम्पर्क से ईसा पूर्व दसवीं शताब्दी में आरम्भ हुआ। इसी समय सिक्कों की आकृति गोल बनी। यवन लोग यदि अक्षर और रूप अंकित गोल सिक्के चलानेवाले थे, तो उनके उत्तराधिकारी कुषाण भारत में प्रथम सिक्के बनानेवाले थे। कुषाण शकों के उत्तराधिकारी थे। हमारे यहाँ बहुत समय तक अभिलेखों में किसी सन् का प्रयोग ही नहीं होता था। उसकी जगह प्रत्येक राजा अपने अभिषेक-संवत् को अंकित करता था। अभिलेखों और सिक्कों ने इतिहास को निश्चित और स्पष्ट करने में बड़ी सहायता की है।

इतिहास एक तरफ़ विज्ञान है अर्थात हृदय को नहीं, मस्तिष्क को तृप्त करना उसका काम है, तो दूसरी ओर वह कला का स्रष्टा है। काल्पनिक नाम और देश तथा व्यक्ति को लेकर चित्रित कथानक अपनी ऐतिहासिकता को छिपाये रहते हैं।

कालिदास के अभिज्ञान शाकुन्तल, रघुवंश या कुमारसम्भव में जिस वैयक्तिक, सामाजिक या सांस्कृतिक दृश्य का अंकन किया गया, वह गुप्तकाल में विद्यमान था। बाण ने कादम्बरी में जो विशाल चित्रपट अंकित किया है, वह कल्पित कथानक होने पर भी अपने समकालीन देश-काल-पात्र को ही लेकर किया है। शुद्ध इतिहास का मूल्य आधुनिक काल में बहुत माना जाने लगा है। पुराने समय में यह बात नहीं थी। बहुत कम देश थे, जो इस ओर ध्यान देते थे। ग्रीस में यथार्थवाद की कदर सबसे पहले हुई। मूर्तिकला, चित्रकला में भी वहाँ के लोग परम वस्तुवादी रहे। भारत ने उनकी देखादेखी मूर्तिवाले सिक्के चलाए, परन्तु उनके जैसे वस्तुवादी सौन्दर्य को वह नहीं अपना सके। गुप्त भी वह नहीं कर सके। यथार्थवाद की कमी के कारण ही भूगोल और यात्रा विवरण हमारे देश में नहीं लिखे गये। इस विषय में ग्रीस के बाद चीन और उसके बाद अरब अग्रगण्य रहे। इतिहास पुरुष चाहे काल्पनिक नाम हो, पर इतिहास का कलेवर परम वस्तुवादी होता है।

❑

लक्ष्मीनारायण गर्ग

संगीत और जीवन

सृष्टि के स्वर्णिम विहान से लेकर प्रलय की काली संध्या तक संगीत का अस्तित्व स्वीकार करना ही पड़ता है। जीवन-ग्रन्थ के पृष्ठों को कहीं से भी पलटिए, कोई भी अध्याय तो ऐसा नहीं मिलता जिसे संगीत में शून्य कह दिया जाए। युग-सृष्टा मानव ने जन्म लेते ही गीत सुने और मृत्यु होने पर भी गीत सुनते-सुनते उसने श्मशान यात्रा की। घंटे, घड़ियाल और 'राम नाम सत्य है' की ध्वनियों के साथ उसका स्थूल शरीर भी शून्य में खो गया।

अब यह प्रश्न उठता है कि जीवन से संगीत का इतना घनिष्ठ और सुदृढ़ सम्बन्ध क्यों है? तो सुनिए—

क्षिति, जल, पावक, गगन समीरा।
पंच तत्त्व यह अधम शरीरा॥

इन्हीं पाँच तत्त्वों से मिलकर जीव का निर्माण होता है और यही तत्त्व जीवन के आधार माने गये हैं। इनमें जहाँ किसी एक की भी कमी हुई कि जीवन-लीला समाप्त हुई। यही पंच तत्त्व प्रकृति के आधार माने जाते हैं। जड़ और चैतन्य की सृष्टि का अस्तित्व इन्हीं पर है। इधर वैज्ञानिकों ने सिद्ध कर दिया है कि उक्त पाँचों तत्त्वों में संगीत प्रचुर मात्रा में विद्यमान है, इधर भावुक व्यक्ति प्रकृति के कण-कण में संगीत के निहित होने का दावा करते हैं। इससे यह निष्कर्ष निकलता है कि प्राणी मात्र की उत्पत्ति संगीतमय वातावरण एवं संगीतमय तत्त्वों से परिपूर्ण होती है। स्वर आत्मा का नाद है और आत्मा परमात्मा का स्वरूप। जिस प्रकार आत्मा का सम्बन्ध परमात्मा से माना जाता है, उसी प्रकार स्वर का सम्बन्ध आत्मा से मानना पड़ेगा। इस युक्ति से संगीत और आत्मा का सम्बन्ध भी सुदृढ़ सिद्ध होता है।

भावुकता से हीन कोई कैसा भी पाषाण-हृदय क्यों न हो, किन्तु संगीत से विमुख होने का दावा उसका भी नहीं माना जा सकता, कहावत है कि गाना और रोना सभी को आता है। संगीत की भाषा में जिन व्यक्तियों ने अपने विवेक, अभ्यास और तपश्चर्या के बल से स्वर और ताल पर अपना अधिकार कर लिया है, उनका

विज्ञ समाज में आदर है, उन्हें बड़ा गवैया समझा जाता है, परन्तु अधिकांश जनसमूह ऐसा होता है जो इस ललित कला की साधना और तपस्या से सर्वथा वंचित रह जाता है। ऐसे व्यक्तियों को गायक नहीं कहा जाता और न वे गायक कहलाने के पात्र ही होते हैं। परन्तु गाना ऐसे लोग भी गाते हैं, इन लोगो के जीवन का सम्बन्ध भी संगीत से प्रचुर मात्रा में होता है। गाँवों में गाए जाने वाले लोक-गीतों के विभिन्न प्रकार—कपड़े धोते समय धोबियों का गीत, भीमकाय पाषाणों को ऊपर चढ़ाते समय श्रमिकों का गाना, खेतों में पानी देते समय किसानों द्वारा गाए जाने वाले गीत, पनघट की ग्रामीण युवतियों के गीत तथा पशु चराते समय ग्वालों का संगीत, इस कथन की पुष्टि के लिए यथेष्ट प्रमाण हैं। इस प्रकार के गीत तो दैनिक-चर्या में गाए जाते हैं। किसी विशेष अवसर पर विवाह अथवा पुत्र-जन्मोत्सव पर अथवा किसी धार्मिक या सार्वजनिक समारोहों के अवसरों पर होने वाले कार्यक्रम तो गीत और नृत्य से परिपूर्ण होते ही हैं।

संगीत में जादू जैसा असर है, इस वाक्य को चाहे जिस व्यक्ति के सम्मुख कह दीजिए, वह स्वीकृति-सूचक ही उत्तर देगा, नकारात्मक नहीं। यद्यपि उसने इस वाक्य को परीक्षा की कसौटी पर कभी नहीं कसा है, तब भी अनुभवहीन होने पर भी वह ऐसा क्यों कर जाता है? यह विचारणीय प्रश्न है। उसकी यह स्वीकृति संगीत और आत्मा के सम्बन्ध की पुष्टि करती है। आत्मा सत्य स्वरूप है, अतः वह सत्य की सत्ता को तुरन्त ही स्वीकार कर लेता है। इसका एक कारण संगीत की व्यापकता का दृश्य तथा संगीत के सम्बन्ध में कुछ सुनी हुई बातों का अनुभव भी हो सकता है।

पावस की लाजवन्ती संध्याओं को श्वेत-श्याम मेघ-मालाओं से प्रस्फुटित नन्ही-नन्ही बूँदों का रिमझिम-रिमझिम राग सुनते ही कोयल कूक उठती है, मोर नाचने लगते हैं तथा मंजीरे बोल उठते हैं। लहलहाते हरे-भरे खेतों को देखकर कृषक आनन्द-विभोर हो जाता है और वह अनायास ही अलाप उठता है किसी परिचित मल्हार के बोल। यही वह समय होता है जबकि कृषि के कण-कण में संगीत की सजीवता भासमान होती है। इन चेतनामय घड़ियों में प्रत्येक जीवधारी पर संगीत की मादकता का व्यापक प्रभाव पड़ता है। कालरूप विषधर इन्हीं दिनों में बीन की स्वर-लहरियों में खोकर बरुओं की पिटारी में बन्दी बन जाते हैं। हरियाली तीजों का लोक प्रसिद्ध त्योहार इसी ऋतु में सम्पन्न होता है। गाँव-गाँव और गली-गली में झूले के गीत, जिन्हें ग्रामीण भाषा में मल्हार भी बोलते हैं, गुंजरित होते रहते हैं। इन दिनों गरीब की कुटिया से लेकर अमीरों के गगनचुम्बी धवल प्रसादों तक लगभग इसी प्रकार का वातावरण देखने को मिलता है।

जीवन-पथ के किसी भी मोड़ पर रुककर देख लीजिए, वहीं आपको संगीत मिलेगा। दुख से सुख से, हर्ष से विषाद से, रुदन से हास से, योग से वियोग से,

मृत्यु से जीवन से, सारांश यह है कि जीवन की प्रत्येक अवस्था से येनकेन प्रकारेण संगीत की कड़ी अवश्य जुड़ी रहती है। युद्ध के मोरचों पर उत्साह-वृद्धि के लिए वर्तमान युग में भी विश्व के प्रत्येक राष्ट्र के सैनिक विभिन्न प्रकारों के संगीत का ही प्रयोग करते हैं। अट्टहास करती हुई मृत्यु के उस वीभत्स वातावरण में सैनिकों के मस्तिष्क का सन्तुलन ठीक रखने एवं गगनभेदी तोपों के भयावने गर्जन में कर्तव्य की कसौटी पर खरे उतरने की शक्ति, संगीत ही प्रदान करता है।

विभिन्न देशों के संगीत के प्रकार चाहे भिन्न हों, किन्तु प्रभाव और गुणों का रूपान्तर नहीं होता। संगीत का मौलिक रूप एवं गुणों का रूपान्तर नहीं होता। संगीत का मौलिक रूप एवं उसके सृजनात्मक तत्त्व सभी स्थानों के संगीत में समान होते हैं। संगीत के परमाणुओं में मानव की वृत्तियों को प्रशस्त करने के साथ-साथ आत्मिक शक्ति का आविर्भाव करने की शक्ति भी निहित है। चारित्रिक उत्थान एवं वासनाओं पर विजय प्राप्त करने का सर्वोत्तम साधन भी संगीत ही है। इस ललित कला की गहराई नहीं नापी जा सकती। आप इसकी गहराइयों में ज्यों-ज्यों उतरते जाएँगे त्यों-त्यों आपका पथ प्रशस्त एवं परिमार्जित होता जाएगा। परन्तु इसमें सिद्धि प्राप्त करने के लिए आपको कठिन तपस्या करनी होगी। एक योगी के समान, स्थिर हृदय से आपको संगीत के विशाल कक्ष में प्रविष्ट होना पड़ेगा, तभी आप यथार्थ शब्दों में महान बन सकेंगे।

प्रसन्नता की बात है कि आजकल विश्व के कुछ विशेषज्ञ एवं डॉक्टर संगीत के रहस्यपूर्ण तत्त्वों के अनुसन्धान में संलग्न हैं। अब तक के परीक्षणों में अनेक ऐसी चमत्कारपूर्ण बातें मिलती हैं, जिनके द्वारा अनुसन्धानकर्ताओं का उत्साह बढ़ता ही चला जा रहा है। मानसिक रोगों पर, पक्षाघात अथवा फालिज की बीमारी पर सच्चे संगीत की स्वर-लहरियों ने आशातीत लाभ किया है। आस्ट्रेलिया के 'बुम्बीज' (एक प्रकार के जंगली घोड़े) संगीत की सहायता से भारी संख्या में पालतू बन गये हैं। लन्दन के एक अस्पताल में गूँगे, बहरे तथा पागलों पर किए जाने वाले संगीत के प्रयोगों में अच्छी खासी सफलता प्राप्त हुई है। इटली की कुमारी ऐलबोल लीरा के प्रति भारतीय एवं कुछ विदेशीय समाचारपत्रों ने इस प्रकार के संगीत के चमत्कार को नमस्कार करना पड़ता है। पात्रों का कथन है कि यह कुमारी भोजन नहीं करतीं, वह केवल संगीत पर ही जीवित रहती हैं।

अनुसन्धान के वर्तमान युग में वह दिन अधिक दूर नहीं, जबकि विज्ञानवेत्ताओं द्वारा संगीत की छिपी हुई अनन्त शक्ति का भंडार सर्व-साधारण के समक्ष प्रकट हो जाएगा और मानव जीवन के सृजनात्मक कार्यों में इसके तत्त्वों का अधिकाधिक प्रयोग होगा। तब हमारा मानव-समाज जीवन और संगीत के सम्बन्धों को और भी अधिक स्पष्ट रूप में समझ सकेगा, ऐसी आशा की जाती है।

❑

वासुदेवशरण अग्रवाल

विज्ञान की आदि उपलब्धि—अग्नि

(वैदिक विज्ञान की साक्षी)

तात्त्विक दृष्टि से जितने प्रकार की शक्तियाँ विश्व में हैं, सबका मूल स्रोत एक है। भौतिकशक्ति, प्राणशक्ति और मानस-शक्ति, शक्तियों के ये ही तीन विभाग हैं। इन्हें ही क्रमशः भूतमात्रा, प्राणमात्रा और प्रज्ञामात्रा भी कहा जाता है। इन तीन मात्राओं की समष्टि मानव है। अर्थात मानव के निर्माण में भौतिक शरीर, उसके भीतर की प्राणशक्ति और चिन्तनशक्ति, इन तीनों का योग हुआ है। मन, प्राण और भूत-भौतिक इन त्रिविध शक्तियों में विज्ञान की दृष्टि से भले ही अभी तक भेद माना जाता रहा हो, किन्तु वैदिक दृष्टि से और विश्व की तत्त्वामात्मक दृष्टि से ये तीनों एक ही हैं। आज तो अर्वाचीन विज्ञान भी उस स्थिति में पहुँच गया है, जहाँ भौतिक शक्ति के विषय में उसकी अब तक की एकान्तिक विचारधारा डावाँडोल हो गयी है। एडिटन और जेम्स दोनों का कथन है कि विश्व के जिस स्वरूप का ज्ञान हमें हो रहा है, वह हमारे मन का ही परिणाम है।

वस्तुतः भूतमात्रा, प्राणमात्रा और प्रज्ञामात्रा को ही हम अग्नि, वायु और सूर्य कहते हैं। तीनों एक ही हैं। केवल उनमें तारतम्य का भेद है। एक स्थूल है, दूसरा सूक्ष्म है और तीसरा उससे भी सूक्ष्मतर है। एक धन, दूसरी तरल और तीसरी विरल शक्तियों को ही क्रमशः अग्नि, वायु और आदित्य कहा जाता है। अपने शरीर की प्रक्रिया पर ही हम विचार करके देखें तो, इन तीनों का तारतम्य और आपेक्षिक सम्बन्ध स्पष्ट समझा जा सकता है। हम शरीर के पोषण के लिए स्थूल अन्न ग्रहण करते हैं। वह शक्ति का धन रूप है। शरीर के भीतर पहुँचकर वह कुछ काल तक अपने धन रूप में रहता है। अन्न से रस, रस से असृक्, मांस, भेद आदि यह सब शक्ति का घन रूप ही है। इसके आधार पर और इसी के मन्थन से प्राणशक्ति उत्पन्न होती है। वह शक्ति का तरल रूप है। उसके पुनः मन्थन से मानस-शक्ति उत्पन्न होती है, जिससे हम विचार करते हैं। तीनों एक दूसरे से अविनाभूत हैं। यदि इनमें से एक का भी उच्छेद हो जाए तो शेष दो का ही उच्छेद हुए बिना न रहेगा। यदि

शरीर को अन्न मिलना बन्द हो जाए तो प्राण की विधारणा और मन की संस्थिति, दोनों ही टूट जाएँगे। अतएव मानव का शरीर मन, प्राण, वाक् इन तीनों की समन्वित प्रक्रिया पर भी निर्भर है। जिस शक्ति प्रक्रिया में ये तीनों मात्राएँ सम्मिलित रहती हैं, उसे ही वैश्वानर अग्नि कहा जाता है। पृथ्वी, अन्तरिक्ष और द्युलोक ये तीन भी क्रमश: धन, तरल और विरल हैं। भूतमात्रा, प्राणमात्रा, प्रज्ञामात्रा इनकी ही संज्ञा हैं। ये शक्ति के तीन रूप हैं। जहाँ शक्ति होती है वहाँ उसके नियन्ता का भी होना आवश्यक है। यदि नियन्ता (कंट्रोल) न हो, तो शक्ति का उपयोग सम्भव नहीं। जो शक्ति हमारे उपयोग से बाहर है वह अयज्ञिय है। जो नियमित है अर्थात् किसी नियामक तत्त्व या नियन्ता के अधीन है, वही यज्ञिय है अर्थात रचनात्मक प्रक्रिया के अन्तर्गत है। नियन्ता या संचालन को ही वैदिक परिभाषा में नर कहा जाता है। पृथ्वी, अन्तरिक्ष और द्यौ: ये तीन लोक हैं। इन तीन लोकों में भरी हुई जो धन, तरल, विरल विविध शक्ति है, उसके तीन नर हैं, जिन्हें अग्नि, वायु और आदित्य कहा जाता है। ये तीन ही विश्व हैं और उनके तीन ही विश्वनर है। विश्वनरों से नियन्त्रित जो शक्ति है वही वैश्वानर अग्नि है। मानव के शरीर में जो अग्नि रहस्यमय शक्ति है, वही वैश्वानर अग्नि है। शतपथ ब्राह्मण में स्पष्ट कहा है :

अयमग्निर्वैश्वानरों योऽयं अन्तः पुरुषे, येनेदमन्नम् पच्यते।

(शतपथ 14.8.10.1)

अर्थात पुरुष में जो शक्ति है, वही वैश्वानर अग्नि है। इसकी सत्ता की मोटी पहचान यह है कि यह खाये हुए अन्न को पचा देती है। और भी नाना प्रकार के कार्य इसी से सम्पन्न होते हैं। पर जब तक यह बाहर से आनेवाली अन्नाहुति को यथावत् भस्म करती रहती है तब तक शरीर-यज्ञ सकुशल रहता है। बाहर से आने वाले अन्न को सोम कहते हैं। 'अग्नि में सोम की आहुति' यही यज्ञ है। अग्नि अन्नाद है। सोम अन्न है। अन्नाद और अग्नि का समागम यही विश्वयज्ञ की प्रक्रिया की सन्तत कोटि है। अन्न अग्नि में पड़कर अपनी सत्ता खो देता है। वह अन्नाद के स्वरूप में मिल जाता है। अतएव अन्नाद ही शेष रहता है। अन्न केवल अन्नाद के सम्वर्द्धन का कार्य करता है।

अर्वाचीन विज्ञान की दृष्टि से जितने भी स्थूल दृश्य पदार्थ हैं, उनकी त्रैकालिक कोई सत्ता नहीं। उनके नाम और रूप दोनों ही मिथ्या हैं। सत्य केवल वह शक्ति है, जो परमाणुओं का रूप धारण कर इन भौतिक पदार्थों के रूप में प्रकट हो रही है। विश्व के बाह्य रूप में सर्वत्र भेद है। किन्तु आन्तरिक रूप में सर्वथा अभेद है। विज्ञान के मूलभूत 92 तत्त्वों के अभ्यन्तर में परमाणुओं का संस्थान है। जिसे परमाणु कहते हैं वह भी घन-विद्युत और ऋण-विद्युत की तरंगों की समष्टि है। इनमें पारस्परिक कोई ऐसा अवश्यम्भावी भेद नहीं है जो एक तत्त्व के प्रभाव से बचा

रह सके। परमाणुओं को ऋण, धन, ऋणाणु और धनाणु इनकी संख्या के भेदों से जो भौतिक जगत में तत्त्वों के भेद उत्पन्न हुए हैं, उन्हें केवल गणितसिद्ध मानना पड़ेगा। इस प्रकार मूलभूत शक्ति तत्त्व एक और सर्वथा एक है।

वैज्ञानिक शक्ति के प्राय: 7 विभाग मानते हैं— ताप या ऊष्णता, प्रकाश, विद्युत, चुम्बकधर्मिता, रासायनिक शक्ति, शब्द और यान्त्रिक शक्ति (जैसे स्प्रिंग आदि)। सप्तधा विभिन्न होते हुए भी मूल में ये शक्ति एक ही है। अतएव विज्ञान का यह ध्रुव सिद्धान्त माना जाता है कि एक प्रकार की शक्ति को दूसरे प्रकार की शक्ति में बदला जा सकता है। शक्तियों में इन नाना रूपों का विज्ञान ने एक प्रकार से वर्गीकरण और नामकरण किया है। वैदिक विज्ञान की दृष्टि से इनके वर्गीकरण और नामकरण की परिभाषाएँ भिन्न हैं। यह स्वाभाविक है, क्योंकि प्रत्येक संस्कृति अपने मूल विचारों की अभिव्यक्ति के लिए स्वतन्त्र शब्दावली और परिभाषाओं का निर्माण करती है। विज्ञान ने भी आज जिस भाषा में शक्ति के नाना रूपों का नामकरण किया है, यदि फिर से अनुसन्धान की यह प्रक्रिया पूरी की जाए तो वे नाम और परिभाषाएँ भिन्न हो सकती हैं।

वैदिक विज्ञान ने शक्ति तत्त्व को अभिन्नता की ओर दृष्टिपात करते हुए नि:संशय होकर कहा है— इन्द्र, मित्र, वरुण, अग्नि, गरूत्मा, सुपर्ण, यम, मातरिश्वा, ये सब भिन्न होते हुए भी मूलत एक ही सत् तत्त्व के अनेक रूप हैं :

इन्द्रम्मित्रम्वरुणमग्निमाहुरथो दिव्य :
स सुपर्णो गरुत्मान्
एकं सद्विप्रा बहुधावदन्त्यग्निं
यमम्मातरिश्वानमाहु : (ऋ.1.164.146.)

इसी भाव की पुष्टि मनु के इस श्लोक में पायी जाती है—

एतमेके वदन्त्यग्निं मनुमन्ये प्रजापतिम्।
इन्द्रमेके परे प्राणं अपरे ब्रह्म शाश्वतम्॥

कोई इसे अग्नि कहते हैं, दूसरे उसे ही प्रजापति मनु की संज्ञा देते हैं, कोई उसे ही इन्द्र कहते हैं और कोई उसे प्राण मानते हैं, किसी के मत में वही शाश्वत ब्रह्म है।

'एकं वा इदमबभूव सर्वम्' यही इस सृष्टि का मूल रहस्य है। एक ही शक्ति-तत्त्व अनेक रूपों में अभिव्यक्त हुआ है। अन्ततोगत्वा इस महान विश्व की मूलशक्ति वैदिक भाषा में सच्चिदानन्द ब्रह्म है। वैज्ञानिक भाषा अभी अपनी अन्तिम समीक्षा का निर्माण ही कर रही है। अविचाली ध्रुव तत्त्व के विषय में उसके अनुभव अभी सापेक्ष हैं। आइंस्टाइन के सापेक्षतावाद सिद्धान्त ने विज्ञान के प्रांगण में शताब्दियों से जमे हुए कूड़े-करकट बहुत कुछ हटा दिए हैं। शक्ति और भूत-

भौतिक पदार्थ का कल्पित भेद मिट गया है। जो दृश्य भूत पदार्थ है, वह छन्द विशेष में सिमटी हुई शक्ति का ही रूप है। इसे ही अँगरेज़ी में यों कहेंगे, ''मैटर इज़ बॉटिल्ड एनर्जी''। वैज्ञानिक चिन्तन को एक और क्रान्ति की आवश्यकता है। निश्चय रूप से उसका मुहूर्त निकट आ रहा है। वैज्ञानिक भी ऋषि हैं और वे विश्व के नाना स्थानों में शक्ति के मूल स्वरूपं के समाधान खोजने में लगे हैं। जिसे हम अग्नि कहते हैं, उसका मूल स्वरूप क्या था, इस पर विचार करते हुए ऋषियों का कथन है कि आरम्भ में शक्ति का एक समुद्र था। वह सर्वत्र व्यापक था। इसीलिए उसे 'आप:' कहा गया :

यदाप्नोत् तस्मादाय : (शतपथ, 6.1.1.9.)

आरम्भ में केवल एक प्रजापति था। उसने अपनी ही शक्ति से अपने को अभिव्यक्त किया। वह निर्विशेष और निर्धर्मक स्थिति से सविशेष और सर्वधर्मात्मक स्थिति के रूप में आया। वही उसका व्यापक स्वरूप शक्ति का समुद्र था, जिसे वैदिक विज्ञान की भाषा में आप: या जल कहा जाता है। 'आप एव ससर्जादौ' का यही अभिप्राय है। वहाँ सृष्टि के आरम्भ में 'समुद्र' या 'आप:' से भौतिक जलों का ग्रहण नहीं किया जा सकता, क्योंकि भौतिक जलों की सत्ता तब वहाँ थी ही नहीं। जिसे विज्ञान की भाषा में शक्ति का सर्वत्र समवितरण कहते हैं (एनर्जी इन ए स्टेट ऑफ इक्विलिब्रियम) वही यह अनन्त जल-समुद्र था। जल उसका प्रतीक है जो अभी रचना संस्थान में परिगृहीत न हुआ हो। समत्व का सर्वोत्तम प्रतीक जल माना जाता है। उस प्रकार के शक्तिसमुद्र में सृष्टि प्रक्रिया का उन्मुख भाव उत्पन्न हुआ। उसमें कहीं एक केन्द्र का आविर्भाव हुआ। केन्द्रविहीन अवस्था, सम-वितरण की अवस्था थी। 'शक्ति का किसी एक केन्द्र पर प्रकट होना' यही सृष्टि के आरम्भ में आवश्यक हुआ होगा। वह अभिव्यक्ति शक्ति अग्नि थी। 'यह अभिव्यक्ति किस कारण से सम्भव हुई' इसका उत्तर है— गति-तत्त्व। शक्ति के समवितरणात्मक धरातल पर गतितत्त्व का प्रादुर्भाव हुआ। उसी की संज्ञा अग्नि थी। बस्तुत: गति-तत्त्व और अग्नि-तत्त्व एक दूसरे के पर्याय हैं। स्थिति-तत्त्व शक्ति का प्रषुप्त भाव है। वही जब अभिव्यक्त होती है, तब उसे ही 'गति' रूप में हम देखते हैं। गति ही प्रकम्प या कम्पन है। केन्द्र से परिधि या परिधि से केन्द्र तक गति और आगति का द्रन्द्व यही गति का स्वरूप है। केन्द्र से परिधि की ओर शक्ति या विद्युत की गति 'गति' है। उसे 'इन्द्र' कहा जाता है। वही जब परिधि से अपने छन्द से छन्दित होकर केन्द्र की ओर लौटती है तो उसी आगति-तत्त्व का नाम विष्णु है। गति और आगति अथवा इन्द्र और विष्णु इन दोनों का द्रन्द्व या संघर्ष प्रत्येक पदार्थ में या प्रत्येक परमाणु के अभ्यन्तर में अहर्निश जारी है। इसे ही एक शब्द में 'बलतत्त्व' कहते हैं। स्थितिभाव रस है, गतिभाव बल है। बल-तत्त्व ही अग्नि है। यही सृष्टि के आरम्भ

में सबसे पहले जिसे वैदिक भाषा में 'अग्रे' कहते हैं, प्रादुर्भूत हुआ था। संकेत से इसे 'अग्नि' कहा गया। वह अग्रि ही 'अग्नि है—'

स यदस्य सर्वस्य अग्रम् अस्टज्यत तस्मात् अग्रि :।
अग्रिर्ह वै तम् अग्नमित्याचक्षते परोक्षम्॥ (शतपथ, 6.1.1.11.)
तद्वा एनम् एतदग्रे देवानाम् प्रजापतिः अजनयत्।
तस्मादग्रिः अग्रि ई वै नाम एतत् यदग्निरिति। (शतपथ, 2.2.4.2.)

यहाँ स्पष्ट कहा है कि—जो शक्ति सृष्टि के आरम्भ में प्रजापति ने देवों से पूर्व अवस्था में उत्पन्न की वही अग्र स्थानीय होने से 'अग्रि' कही गयी और ऋषि लोग उसे ही संकेत से 'अग्नि' कहते हैं। यह अग्नि क्या है? इसका स्वरूप केवल एक 'कम्पन' है। स्पन्दन की शक्ति का नाम ही अग्नि है। सूर्य की रश्मियों में, मनुष्य हृदय में, लोहे के अग्नियन्त्र में, जहाँ-जहाँ स्पन्दन है वहीं-वहीं अग्नि है। स्पन्दन ही सृष्टि की मूल शक्ति है। स्पन्दन का नाम ही गतितत्त्व है। स्पन्दन को ही प्राण कहते हैं। 'फैलना और सिकुड़ना' इस प्रक्रिया की संज्ञा 'स्पन्दन' है। अतएव प्राण की सर्वोत्तम परिभाषा जो वैज्ञानिक-तत्त्व कथन के समकक्ष है, ऋषियों ने इस प्रकार की है—

प्राणो वै समञ्चन प्रसारणम्। (शतपथ, 8.1.4.10.)

फैलना, सिकुड़ना (कंट्रैक्शन, एक्सपेंशन) यही सब शक्तियों का स्वरूप है। यही अग्नि शक्ति है। हृदय की धड़कन में प्राण में समंचन प्रसारण का रूप हमें साक्षात् दिखाई देता है। इसी का परिणाम जीवन है। यही छन्द है। अहोरात्र, पूर्वपक्ष, उत्तरपक्ष, या दर्श, पौर्णमास, उत्तरायण, दक्षिणायन, ये सब काल के छोटे बड़े छन्द हैं। जिनके द्वारा सूर्य का संचरणशील रथ महाकाल को सापेक्ष काल के रूप में परिणत कर रहा है। यह छन्द ही जीवन का हेतु है। संवत्सर में ऋतुओं का छन्द न हो तो कोई भी सृष्टि कार्य सम्भव नहीं। अग्नि का नाम ही संवत्सर है। अग्नि ने संवत्सर के रूप में अपना द्वि-विरुद्ध-भाव प्रकट किया है या काव्य की भाषा में कहें तो कह सकते हैं कि—अग्नि रूपी गरुड़ ने उड़ने के लिए अपने दो पंख फैलाये हैं।

संवत्सर दो प्रकार का है—

एक चक्रात्मक, दूसरा यज्ञात्मक। दिन, पक्ष, मास, ऋतु, अयन ये कालात्मक संवत्सर के रूप हैं। इन रूपों में गरूत्मा सुपर्ण अपने पंख फड़फड़ाता हुआ सृष्टि के आरम्भ में सृष्टि के अन्त तक उड़ता रहेगा। इन कालखंडों की कोई सत्ता नहीं। ये केवल भातिसिद्ध हैं। प्रतीतिमात्र हैं। जैस कवि ने कहा है—सृष्टि का कोई विधाता काल रूपी धनुष हाथ में लेकर लव, निमेष, वर्ष, युग, कल्प आदि के प्रचंड वाण वर्षा कर विश्व के प्रत्येक पदार्थ को बींध रहा है। जितना भी परिवर्तनशील जगत है,

वह सब उससे बिंध रहा है। एकमात्र केन्द्र या स्थिति तत्त्व को काल के ये वाण नहीं छू पाते—

लव निमेष परवानु जुग, वरष कलप सर चंड।
भजसि न मन तेहि राम कहुँ, कालु जासु कोदंड॥

कालात्मक या चक्रात्मक संवत्सर उस अवधि की संज्ञा है जिसमें पृथ्वी एक बिन्दु से चलकर फिर उसी बिन्दु पर लौट आती है। इतनी अवधि में सूर्य की अग्नि अर्थात उसकी ताप प्रकाश वाली रश्मियाँ अपने आपको जितने भूत भाग में परिवर्तित कर देती हैं, वही यज्ञात्मक संवत्सर का स्वरूप है। इसी प्रक्रिया से तृण वनस्पति उग रहे हैं और इसी में पशु, पक्षी, मनुष्य वर्ष प्रतिवर्ष बढ़ रहे हैं।

शीत और उष्ण दोनों में ऊष्मा का तारतम्य है। दोनों एक ही अग्नि के दो रूप हैं। इन्हीं की संज्ञा ऋण और धन है। इन्हें ही हम विराट सृष्टि में सूर्य और चन्द्र के रूप में देखते हैं। सूर्य और चन्द्र को आग या मिट्टी-पानी के जड़ गोले न समझना चाहिए। वे तो भुवन में प्रतीक बनकर प्रकट हुए हैं। उस उष्ण धारा या शीतधारा के, जो अग्नि की सृजन शक्ति का अनिवार्य परिणाम है, सूर्य और चन्द्र के प्रतीक, विश्व के किस पदार्थ में नहीं है ? यह जो आकाश में सामने सूर्य दीखता है, यह तो अपनी शृंखला में एक अन्तिम कड़ी है। इसके पीछे न जाने कितने सूर्यों की परम्परा जुड़ी है, जिन सबका पर्यवसान उस महान ऊष्मा में या उस महान आदित्य में ढूँढ़ना चाहिए, जहाँ से ये ब्रह्मांडनिकाय निरन्तर जन्म ले रहे हैं। दूरतम नक्षत्रों में और उद्यम करते हुए धूमकेतुओं में, तरल नीहारिकाओं में और उनके महाभयंकर अलातचक्रों में एक ही अग्नि है। उसके बहुधा समृद्धि रूप को चकित मानव का प्रणामभाव अर्पित है। अग्नि के पुष्कल-कण आदि और अन्तहीन हैं। मानवीय आयुष्य उस महाकाल का एक पल मात्र है, उस महान अग्नि की एक चिनगारी मात्र है, उस महान यज्ञ की एक आहुति मात्र है, उस महान साम का एक स्तोत्र मात्र है। इसका छन्द और विराट छन्द दोनों सर्वथा एक हैं।

❑

विद्यानिवास मिश्र

मैंने सिल पहुँचाई

घटना बहुत छोटी है। इधर इलाहाबाद जाने का सुयोग कई बार हुआ और होता ही जा रहा है। मेरे एक मित्र ने काम सौंपा— इलाहाबाद में बुआजी ने शंकरगढ़ी सिल रख छोड़ी है, इसके अलावा उनका ट्रंक है, कुछ और छिटपुट सामान है, लेते आइएगा! मित्र ऐसे हैं कि उनकी बात टाल नहीं सकता, सो हामी भर दी। पर एक बार तो ऐसा हुआ कि मुझे लखनऊ जाना था, और समय न मिल सका कि सिल लेता स्टेशन जाऊँ और लम्बे रास्ते से सिल गोरखपुर पहुँचाऊँ। मित्र को निराशा हुई, सिल गृहस्थी की नम्बर एक की ज़रूरतों में आती है। गोरखपुर में सिल मनमाफ़िक मिलती नहीं। सो बुआजी आस लगाये बैठी थीं और मुझे बड़ा अफ़सोस हुआ कि मैं इस ज़रूरत की अहमियत नहीं समझ सका। फिर दस-बारह दिनों बाद जाना हुआ तो मैं संकल्प करके गया कि सिल लाकर रहूँगा और मैं इस खेप में सिल लाकर ही रहा। स्टेशन से सीधे सिल पहुँचाने गया, सिल मुलायम तोशक में लपेटी हुई थी, लोढ़ा अटैची में विराजमान था—तो पता चला मैंने देर कर दी, सिल ख़रीदी जा चुकी है, तो भी धन्यवाद, बड़ा कष्ट किया आदि-आदि। घर आया तो सोचा कि सिल पहुँचाने का यह अद्वितीय अनुभव भी व्यर्थता की चुभन दिए बिना न रहा। मैं कई सालों से क़िस्म-क़िस्म के पार्सल ढो रहा हूँ, किसी की तस्वीर, किसी की वाणी का टेप, किसी की किताबें, किसी के कपड़े, किसी का डिशरैक, किसी का चूल्हा, किसी का केशर, किसी की क़लम और किसी की छुरी पहुँचाता रहा हूँ। हर बार पहुँचाने में देर हुई है, कुछ प्रमाद से और कुछ विवशता से। एकाध सामान तो मेरे सामानों के साथ ग़ायब हुआ। पहुँचा भी नहीं पाया। पर उस वाहक-व्यापार की चरम परिणति होने को थी इस सिल पहुँचाने में, और यह भी देर से हुआ। हाय री क़िस्मत!

सोचता हूँ तो लगता है कि जाने कितनी शंकरगढ़ी सिलें रखी हैं, पहुँचाने को। जाने कितनी बूढ़ी गृहिणियाँ अपने मैके की सिल पहुँचवाने की आस लगाये हुए हैं। जाने कितनी यात्राएँ हो चुकीं और कितनी बार होने को हैं, मैं सिल ठीक

तरह से पहुँचा नहीं पा रहा हूँ। भर्तृहरि वाली सिल की बात छोड़ दीजिए, उसे तो गले में बाँध ही रखी है (मुझे भवसागर में डूबने-उतराने की कोई ख़ास परेशानी नहीं है), पर देखता हूँ, सरकारी नौकरी दो-दो बार की, तब भी यही सिल सिर पर सवार थी। सरकारी छिनहरों (पत्थर छिलनेवालों) की छेनी से छिन-छिनकर योजना की सिल तैयार होती थी, मेरा काम था उसे पहुँचाना अधबूढ़ी जनता के पास। मैं जानता था कि यह सिल शंकरगढ़ की नहीं है, लाल क़िले की है, पर लोकगीतों की हलकी कोटिंग करके और शंकरगढ़ नाम खुदवाकर मैंने इसे शंकरगढ़ी बना लिया था, मुझे विश्वास दिलाना था कि इस सिल पर ही हल्दी पिसेगी, इस सिल पर ही नमक पिसेगा, इस सिल पर ही पीठी पिसेगी (कचौड़ी के लिए या इडली के लिए) और इस सिल की ही पूजा करके नयी बहू घर में प्रवेश पाएगी; यह सिल आर्थिक, सामाजिक और सांस्कृतिक सुखसमृद्धि की आधार-शिला है। इसकी छिनावट पाँच वर्ष तक बनी रहती है, छिनाने में पैसा कुछ ज़्यादा ज़रूर लगता है, पर लाल क़िले के छिनहर और छिनहरिनों के हाथ बड़े सधे हैं, छेनियाँ बड़ी पोख्ता है, उनका काम बड़ा पक्का होता है। सिल पहुँचाने के लिए बड़ा भारी महक़मा मुझे मिला था और गाते-बजाते, हँसते-खेलते यह काम करना था। बड़ी रेशमी और मुलायम गुलगुली तोश की पर्त्तों में सिल लपेटी जाती थी, एक-से-एक मांगलिक कल्पनाओं से, एक-से-एक मनहर रंगों से और एक-से-एक चहकदार धुनों से उसका आवरण-संस्कार सम्पन्न होता था। पर हर बार लोढ़ा बड़े जतन से पैडों में सुरक्षित करके अटैची में रखने का निर्देश था। लोढ़ा शासन का प्रतीक है, बिना लोढ़े के (परिछन) स्पर्श के कोई गृहिणी नामक शक्ति (या सरकार) नहीं पाता। लोढ़ा का फूटना घर के मालिक के लिए अशुभ है। इसलिए लोढ़ा बड़े जतन से रखने का विधान है, विशेष करके यह देव-दुर्लभ लोढ़ा, जो विन्ध्यपर्वत की नहीं, धौलागिरि की उस चट्टान के खंड से बना है जिस पर प्रियदर्शी देवानामप्रिय अशोक की चौदहों धर्मलिपियाँ खुदी हैं, जिस पर नये युगसत्य की छेनी तौल-तौल कर पड़ी है। यह लोढ़ा प्रतीक है नयी शक्ति का, जिसके रक्षक हैं सत्यनारायण (सत्यनारायण व्रत कथावाले)। इसलिए बड़ी वज़नी है, हर आदमी इससे कुछ पीसना चाहे तो नहीं पीस सकता, उसकी उँगलियाँ ही चाहे पिस जाएँ। इसके पीसने की बाक़ायदा ट्रेनिंग लेनी होती है। पर मैं अनाड़ी आदमी सिल-लोढ़ों का नया दर्शन क्या समझूँ, मुझे यह दर्शन बड़ा थोथा जान पड़ा, और इस दर्शन के बोझ से ही इस सिल-लोढ़े को ढोना दूभर हो गया। आधे रास्ते ही छोड़कर भाग आया, या ठीक कहूँ तो मेरी सर्वनाशिनी चित्तवृत्ति भाग आयी।

मृच्छकटिक नाटक में राजा का साला शकार वसन्तसेना का पीछा करता है, अँधेरी रात, पियक्कड़ों की भीड़, हाथ को हाथ नहीं सूझता, कीचड़ और रपटनवाली

राह, वसन्तसेना निकल नहीं पाती। यकायक बिजली चमकती है, एक दरवाज़ा खुला दिखता है, उधर जाने के लिए भागती है, पर चमेली के फूलों के जूड़े की गन्ध और मणिनूपुरों की आवाज़ उसके जान की ग़ाहक बन जाती है, तब वह विट के संकेत से नूपुर उतारती है, जूड़ा खोलकर चमेली के फूल मसलकर फेंक देती है और उसके प्राण बचते हैं। कुछ-कुछ लगता है कि मेरी वसन्तसेना ने भी राजश्यालक से जो छुटकारा पाया वह चमेली की गन्ध और नूपुरों की क़ीमत अदा करके ही। जो हो, मादक गन्ध गयी तो क्या, नूपुरों के साथ अपनी लय भी गयी तो क्या, मेरी वसन्त की प्रत्यग्रता बची रही, अपने को धन्य मानता था। मैं दाखिल हुआ एक नये द्वार के भीतर, वस्तुतः द्वारहीन द्वार के भीतर। थोड़े ही दिनों में फिर वह सिल माथे आ पड़ी। पता चला कि परीक्षा नाम की एक निस्सन्तान बुढ़िया है, बड़ी मालदार पर बड़ी तेज़ मिज़ाज। हर साल वही सिल माँगती है, फिर उसे जहाँ की तहाँ रख जाती है, कभी-कभी एकाध नयी छिनाई का निशान भी डाल देती है। हर साल बिचारे अध्यापक को वह सिल अपने शिष्यों के सिर पर लादकर पहुँचानी होती है, लोढ़ा तो स्वयं ही ढोना होता है। बुढ़िया कुछ बूढ़े-अधबूढ़े लोढ़ेबाज ठेके पर रखती है, जो ठोंक-बजाकर बता देते हैं कि सिल वही है या नहीं। पढ़ानेवाले मेरे जैसे तरुण अध्यापक पुरानी फूटी सिल की जगह नयी सिल यदि ढोवाते हैं तो बुढ़िया तो कम, ये लोढ़ेबाज, लोढ़ा लेकर उसका परिछन करने दौड़ते हैं—तुमने परीक्षा की दृष्टि से पढ़ाया नहीं, परीक्षा पढ़ाई का चरम सत्य है, तुम अभी सीखो सिल की पहचान, सिल जो हमारी बुढ़िया मालकिन की है। तब लगा कि सिल पहुँचाना कितना मुश्किल काम है। मैं तो समझता था कि ज्ञान प्रकाश की भाँति व्यापक है, आकाश की भाँति अनन्त है, पवन की भाँति सदागति है, नदी की तरह प्रवाहमान है, धरती की तरह नित नये अंकुरों से अंकुरित, पर वह भी सिल बन सकता है, तब तो अब कोई गति नहीं। मैंने सोचा—विश्वविद्यालयों में मुख्य कार्य अध्ययन नहीं, मुख्य कार्य अनुसन्धान है, ज्ञान का अन्वेषण है। लगा कि इसमें ज़रूर चमत्कार होगा या कम-से-कम मन पर सिल का बोझ तो आठों पहर न रहेगा।

पर सिल ने नया अवतार लिया और पहले से अधिक दुर्वह साबित हुई। रिसर्च की बुढ़िया मालकिन तो इतनी कठकरेजी है कि वह सिल रोज़ धुलवाती है, हल्दी-मसाला अपने घर खर्च तक के लिए पिसवाती है, फिर उसे ताख पर रखवाती है और रोज़-रोज़ सामने उठवाती है और बेगार कराती है। इतना सब करने के बाद भी वह मौक़ा आ पड़ने पर कह सकती है कि यह तो जाने किसकी सिल है। यह तो प्रेतशिला की जोगायी हुई मेरी सिल नहीं। बुढ़िया इतनी शातिर है कि ख़ुद नहीं कहती, दूसरे की साखी देती है। इस प्रकार रिसर्च की सिल पहुँचाने का काम बड़े ही धीरज का काम है, इसे करना तभी सही है, जब आप अपनी कुल विरासत

फूँककर दूसरे के दत्तकपुत्र बनें, जब आप सेवाधर्म से दीक्षित हों, विशेषकर यौवन लोभी वृद्ध संस्कारों के तेलमर्दन की शिक्षा प्राप्त करके आप इस धर्म में दीक्षित हों, जब आप ज्ञान को निरन्तर बाँटते-बाँटते ऐसा बना दें कि लोढ़े के साथ उठ जाए, जब आप अपना अशेष पानी, अशेष धीरज, अशेष प्रतिभा चुका देने के लिए कटिबद्ध हों, और जब आप निखिल अहन्ता समर्पित करने के लिए आतुर हो जाएँ। कुछ हँसी-ठट्ठा नहीं है 'सर्वधर्मा परितज्य मोमेकं शरणं व्रज।' रिसर्च की अधिष्ठात्री कंकालिनी महाश्मशान की साधिका है, वह पुरानी खोपड़ियों में भूली-भटकी मज्जामैरेय बिन्दुओं की तलाश करवाती है, जिससे उसका यौवन वापस आ जाए, वह नये रक्त का कटोरा भरकर उष:पान करती है कि उसको नया अनुराग मिल जाए, वह प्रतिभा के शव पर बैठकर साधना करना चाहती है कि उसको परमेश्वरी का (आजकल की भाषा में बड़े मठ की प्रोफेसरी का) परमपद मिल जाए। इस कंकालिनी के चौंसठ जोगिनी मन्दिर में आकर ही सिल-बट्टे का मोलभाव कुछ पता लगता है। कौन कहता है ? यह चैतन्य रूप शिव की साधना है, यह साधना है माया रूपिणी शक्ति की, जिसे पाने का मतलब है, तुम भी माया बनो, दूसरों को फाँसो। यहाँ सिल पहुँचाने का अर्थ है, तुम ख़ुद दूसरे से सिल पहुँचवाने का रोज़गार सँभालो। यहाँ आकर अपने को ही नहीं, अपने में अमरत्व का जो अंश है, उसे भी शव बनाना ही सिल साधना का प्रथम चरण है। सो यह सिल ढो रहा हूँ।

यही क्यों, लगता है, यह पूरी जीवन-यात्रा (सैंतीस वर्षों की) ही सिल ढोनेवाली यात्रा है। गहन अन्धकारमय गह्वर में बैठी पुरानी नियति देवता जाने इस दुर्वह यात्रा के बाद सिल स्वीकार करेगी भी या नहीं। मेरी ही क्यों, लगता है, प्रत्येक चैतन्य से अभिशप्त प्राणी की यही स्थिति है, कम-से-कम मेरी पीढ़ी के मेरे सहधर्मी साहित्यकार की स्थिति यही है। मैं तो शायद उतना मौलिक भी नहीं जितना कि मेरे दूसरे बहुश्रुत मित्र हैं, पर जो सुकृती हैं, उनकी बात करता हूँ। हम लोग यदि भारतीय उपलब्धि को विश्व-उपलब्धि से मिलाकर देखना चाहते हैं तो हमें पश्चिम का क्रीतदास कहा जाता है, और यदि हम पश्चिम के जीवन-दर्शन को जनपदी रंग देकर प्रस्तुत करते हैं, तो कितनी विडम्बना है कि लोग हमें धरती का गीतकार कहने लगते हैं। जो लोग परम्परा की सही दृष्टि रखते हैं, वे विद्रोही हैं। और जो परम्परा को अपनी वासना की तहों में लपेटकर उससे केवड़े की गन्ध का काम लेते हैं, वे परम्परा के धनीधोरी माने जाते हैं। हमसे आशा की जाती है कि हम अपने शरीर और अपने संसार के ऊपर अपना कुल हक छोड़ दें। हमको विवश किया जाता है कि 'हम अपने सपनों के दाने उस बड़ी चक्की में डाल दें' ताकि वह महीन आटा निकाल दें; दानों का अलग-अलग रहना यान्त्रिक सभ्यता को मंजूर नहीं है। हमें साँझ के 'धुँधलके में कोनों-अन्तरों में वह चीज़ तलाशने के लिए हुक्म मिलता है', जो दिन में हमसे छिपा ली जाती है। हमारे जिम्मे बस एक काम है, इस

समूहित सम्पिडित जड़ता की सिल संवत्सर के चर्खे पर बैठी हुई समयमातृका तक पहुँचाना। इस यात्रा में हमारा मस्तक गल जाए तो गल जाए पर हमारी सहज गति हमसे छीन ली गयी है, हमारा बाल-सुलभ विश्वास हमसे ज़मानत की रक़म के रूप में रखवा लिया गया है, हमारी हर एक मोंजर मसलकर धूलि में मिला दी गयी है (ताकि फल न आने पायें) और हमारे प्राण धुएँ में घोंट दिए गये हैं। और हम हैं कि अपने को अभी तक 'हम' माने चले जा रहे हैं, सिल नहीं मान रहे हैं, सुन्न हो गये हैं पर 'दुखती रग की तरह यात्रा की चरम परिणति के पार तक धड़कना चाहते हैं, 'पिछली बेंच पर बैठे बच्चों की तरह कुछ समझ में आये न आये, चीखना-चिल्लाना चाहते हैं।' हम जानते हैं, यह धड़कना ही हमारे लिए एकमात्र आश्वासन है, यह आक्रोश एकमात्र सुख। सिल तो सिल, यह लोढ़ा—यह नयी प्रभुता तो और दुर्वह है। वर्णाश्रम धर्म उलट गया है, बचपन में वैराग्य, गृहस्थाश्रम में वानप्रस्थ (सोशल सर्विस) की दीक्षा, वानप्रस्थ में गृहस्थी का मोह और वृद्धावस्था में बचपन, बौद्धिक व्यक्ति के हाथ में तेल की शीशी, शक्तिशाली के हाथ में तराजू, रोज़गारी के हाथ में खंड और दूसरे की बुद्धि पर चलनेवाले के हाथ में शासन का विधान, इस विपर्यय के कारण यह लोढ़ा दुर्वह हो गया है।

लोग मुझसे पूछते हैं कि तुमें उत्साह नहीं लगता, बलिदान का अरमान नहीं लगता। संकटकाल में तुम में भावनात्मक एकता नहीं पाते। मैं उन्हें कैसे समझाऊँ कि बारहवीं सदी के हमवतनों, मैं युद्ध को रंगीनी के रूप में नहीं देख सकता, देश की रक्षा को पिकनिक की तैयारी नहीं मान सकता, झाग में उत्साह नहीं पा सकता, झूठी शेखी को वीरता का पर्याय नहीं कह सकता, छिछली भावुकता को संकल्प की संज्ञा नहीं दे सकता। मैं पराजय की लज्जा जानता हूँ, जयी की विनय जानता हूँ, पर सामन्तयुगीन चारण की तरह झूठे प्रोत्साहन, झूठी शपथें, झूठी आशाएँ दिलाना मैंने नहीं सीखा। झूठ का साझीदार मैं इसलिए बनूँ कि यह झूठ मेरे सिर पर बोझ न बने, इतना कायर नहीं हूँ। मैं इस सिल के साथ झूठ, अपमान और लज्जा भी ढोऊँगा। जगन्नियन्ता ने मेरे लिए अगर ढोने का ही स्वधर्म निर्धारित किया है, तो ढोऊँगा, ढोकर यथास्थान पहुँचाऊँगा। समय-देवता धन्यवाद न दे, कोई चिन्ता नहीं, पर लोढ़े की ताल पर नाचने के लिए प्रस्तुत नहीं हो सकता, लोढ़ा कितना भी भारी क्यों न हो मैं कैसे सिल इसलिए छोड़ दूँ, कि लोढ़ा कहता है कि सिर्फ़ मुझे ढोओ। मुझे ढोना दोनों को है, क्योंकि जानता हूँ कि सिल की तरह जड़ नहीं बन सकता, लोढ़े की तरह निर्मम नहीं बन सकता। कौन जाने ढोने का यह ताप ही सिल-लोढ़े को चिटका दे, शायद तब उस आग को ढोकर मुझे ढोने का परम फल मिल जाए। पर जब तक आग नहीं चिटकती, साहित्यकार के रूप में इसी बोझ का स्मरण मेरे लिए सबसे बड़ा संस्मरण है कि मैं सिल ढो रहा हूँ।

❑

विनयमोहन शर्मा

साहित्य कला

साहित्य को जो कौशल (Graht) से सर्वदा भिन्न वस्तु मानते हैं, वे उसके साथ कला शब्द जुड़ा देखकर सम्भवत: चौंक सकते हैं। साहित्य क्या कला नहीं है, क्या उसमें कौशल का तत्त्व बिलकुल नहीं है, कला और साहित्य कहाँ तक साथ चलते हैं, आदि विवेचक के मस्तिष्क सहज ही उदित हो सकते हैं।

साहित्य जब तक मूर्त्तरूप (Form) धारण नहीं करता तब तक वह कौशल की संज्ञा प्राप्त नहीं कर पाता। चराचर की अन्तरात्मा में बहकर जब भाव-सौरभ साहित्यकार को अपने भीने झोंके से छू देता है और जब वह उस स्पर्श को अपने में सम्हाल न सकने के कारण उसे व्यक्त कर देता है, तभी साहित्य की सृष्टि होती है। यही अभिव्यंजना साहित्य का मूर्त्त-रूप कहलाती है। जिस आकृति (Form) में साहित्य हमारे सामने प्रस्तुत होता है, वह साहित्यकार का कौशल कहलाता है। कौशल का ही दूसरा नाम कला है। यदि कला सुन्दर शरीर है तो साहित्य उसमें धड़कने वाला हृदय है। साहित्य, कलाकारों को जन्म देता है और कला, साहित्य को। मूर्त्त-रूप धारण करने के पूर्व दोनों, भाव की अपेक्षा रखते हैं। भाव से कल्पना का उदय होता है। वही कल्पना कविता, आख्यायिका आदि बनकर साहित्य कहलाती है और चित्र, मूर्ति, इमारत आदि का रूप धारण कर कला। आकृति की सूक्ष्मता अथवा स्थूलता में ही भेद दीखता है। अन्तर-धारा दोनों की एक ही है। आगरे का ताज विश्व की सुन्दर कला का आदर्श कहा जाता है। उसका सौन्दर्य सर्वथा स्थूल है, पर क्या हम यह नहीं जानते कि उसकी वर्तमान आकृति के पूर्व वह शाहजहाँ के मस्तिष्क में अपनी कल्पना की तसवीर खींच चुका था और कल्पना को प्रेरित करने में उसकी प्रेयसी मुमताज बेगम के शृंगार-रूप ने उसमें कितने मादक भावों की हिलोर नहीं उठाई थी? शाहजहाँ के विरह और प्रेम के भाव ताज की कल्पना कर सकते थे, विरह गीत की भी। एक ही भौतिक उपकरण साहित्य और कला दोनों की रचना कर सकते हैं। सुकुमार कला साहित्य उपकरणों से बनी होने के कारण साहित्य को सतत प्रेरित करती रहती है। इसी से ऊपर कहा है कि साहित्य

कला को जन्म देता है और कला साहित्य को।

कला का उद्‌भव मानव प्रकृति की अनुकरण प्रवृत्ति से कहा जाता है। यदि अनुकरण से वस्तु की स्थूलता का ही बोध हो तो वह कला के साथ अत्याचार है। वस्तु की आकृति के साथ उसकी आत्मा (Spirit) का भी आरोप कला के साथ करना होगा। कला जितनी ही सूक्ष्म होती जाती है, जितनी ही वह 'अन्तर' को प्रतिबिम्बित करती है, उतनी ही वह साहित्य के निकट आती जाती है। क्या कई बार हमने किसी कलाकृति को देखकर यह अनुभव नहीं किया "काश! यह चित्राकृति मुस्कराकर न रह जाती, बोलती भी।" यह चित्रकला की कविता कितनी मधुर है! यदि कलाकार ने आकृति के भौतिक अंगों को रंग कर ही अपनी तूलिका को अलग रख दिया होता तो क्या हमारा हृदय चित्रित आकृति के ओठों से न स्फुट होनेवाली बोली सुन लेता? एक भावमय चित्र कई कविताओं को जन्म दे सकता है। इसी तरह एक भावमय चित्र कई भाव-चित्रों को और एक भावमय कविता कई भाव कविताओं को जन्म दे सकती है। मानव-प्रकृति भाव सौन्दर्य पर रीझती है और जब तक उसमें संवेदनशीलता है, तब तक वह उस पर अपना सर्वस्व चढ़ाती ही रहेगी। हाँ तो साहित्य और कला में भेद की गहरी लाइन खींचना असम्भव है। साहित्य आविर्भूत होते ही कला का कोई न कोई रूप धारण कर ही लेता है। अत: कला को हम साहित्य की भौतिक अभिव्यक्ति कह सकते हैं।

सौन्दर्य-प्रेरणा (Aesthetic Impulse) काल में मादकता भरती है। रससिद्धि से सौन्दर्य-प्रेरणा का उदय होता है। भाव की विकसित अवस्था (परिपाकावस्था) का नाम रस है। भाव जगत् में पहुँचकर कलाकार शिवमय हो जाता है, उसके सम्मुख विश्व का शरीर और उसकी आत्मा दो नहीं रह जातीं। एक भयानक आकृतिधारी आततायी किसी अनाथ अबला पर अकारण आक्रमण कर रहा है। कलाकार अपने चित्र में आततायी की काली भयोत्पादक आकृति खींचता है, साथ ही साथ उस सताई हुई स्त्री की मनुहारमयी मुद्रा को भी चित्रित करता है। चित्र में दोनों की मनोवस्था उतर आती है। कलाकार को अपनी कृति पर गर्व है। दर्शक उस चित्र को देखकर मुग्ध हो जाता है क्योंकि उसमें भावों का पूर्ण विकास उसे दीखता है। यद्यपि आततायी का बाह्य तथा अभ्यन्तर भोंड़ा है, अप्रिय है, फिर भी दर्शक कहता है, चित्र सुन्दर है। क्योंकि वह उसे अपनी ओर खींचता है—आकर्षित करता है।

सौन्दर्य का प्रधान गुण आकर्षित करना है। कला में आकर्षण है इसलिए वह सुन्दर है—चित्र सुन्दर है। विश्व की सारी कुरूपता उसकी दुनिया में आकर सुन्दर बन जाती है। दुनिया के समस्त व्यापार उसे भाते हैं। उसके लिए मन्द मुस्कराहट भी मधुर है। उसके आँगन में पूनम की रात भी अमृत बरसाती है, कुहू की निशा की मधु की अजस्र झड़ी लगाती है।

साहित्य और कला में व्यक्ति की भावना ही मूर्त्तरूप धारण नहीं करती समाज, देश और विश्व भी उसमें झाँकता है। समय की भावना का प्रस्फुटित होना ही युग-धर्म कहलाता है। प्रगतिशील साहित्य-कला में युग-धर्म का ही प्राधान्य होता है। युग की पुकार सुनकर कलाकार कल्पना के स्वर्गलोक से उतर कर यथार्थ के भूलोक पर आकर खड़ा हो जाता है और भौतिक संघर्षों में अपने को तन्मय बनाने का प्रयत्न करता है। यदि युग की आत्मा उसकी कृति में बोलती है तो वह सामयिक रंग के साथ भी स्थायी कला बन जाती है। केवल युग-विचारों का संवेदनहीन चित्रण प्रगतिशील साहित्य और कला का उपहास मात्र है। कला आज की ही वस्तु नहीं है वह सदा आने वाले कल की भी वस्तु है और होनी चाहिए तभी युग-धर्म की रक्षा हो सकेगी और प्रगतिशील कृति पर विस्मृति की धूल न जम पाएगी।

❑

विनोबा भावे

खादी और गादी की लड़ाई

सोने गाँव की खादी-यात्रा में शिष्ट के लिए गादी (गद्दी) बिछाई गयी थी। 'शिष्ट' की जगह चाहे 'विशिष्ट' कह लीजिए, क्योंकि वहाँ जो दूसरे लोग आये थे वे भी शिष्ट तो थे ही। उस मौके पर मुझे कहना पड़ा था कि खादी और गादी की अनबन है, दोनों की लड़ाई है और अगर इस लड़ाई में गादी की ही जीत होनेवाली हो तो हम गादी को छोड़ दें।

लोग कहते हैं, 'खादी की भी तो गादी बन सकती है?' हाँ बन क्यों नहीं सकती? अंगूर से भी शराब बन सकती है। लेकिन बननी नहीं चाहिए और बनाने पर उसे अंगूर में शुमार न करना ही उचित है।

हमें ध्यान देना चाहिए भावार्थ की तरफ । बीमार, कमजोर, और बूढ़ों के लिए गादी का इन्तजाम किया जाए तो बात और है। लेकिन जो शिष्ट समझे जाते हैं, उनमें और दूसरों में फर्क करके उनके लिए भेद दर्शक गद्दी-तकिए का आसन लगाना बिलकुल दूसरी चीज़ है। इस दूसरी तरह की गादी और खादी में विरोध है।

वास्तव में तो जो गादी हमेशा आलसी लोगो और खटमलों की सोहबत करती है, उसे शिष्ट जनों के लिए बिछाना उनका आदर नहीं, बल्कि अनादर करना है। लेकिन दुर्भाग्यवश शिष्ट लोग भी इसमें अपना अपमान नहीं समझते। हमने तो यहाँ तक कमाल कर दिया कि शंकाराचार्य की भी गद्दी बनाने से बाज नहीं आये! शंकराचार्य तो कह गये—''कौपीनवन्तः खलु भाग्यवन्तः''—लँगोटिये ही सबसे बड़भागी हैं। और किसी को यह बात जाँचे या न जाँचे, कम-से-कम आचार्य के भक्तों को तो जाँचनी ही चाहिए।

राष्ट्र ऊपर उठते हैं और गिरते हैं। लेकिन आलस्य, विलासिता और जड़ता कभी ऊपर ही नहीं। शिवाजी महाराज कहा करते थे कि ''हम तो धर्म के लिए फ़कीर बने हैं। लेकिन पेशवा तो पानीपत की लड़ाई के लिए भी सकुटुम्ब सपरिवार गये, मानो किसी बारात में जा रहे हों और वहाँ से कार्यसिद्धि से हाथ धोकर अपना-सा मुँह लेकर लौटे। गिबन ने कहा है—''रोम चढ़ा कैसे?'' ''सादगी से'', ''रोम

गिरा कैसे?", "भोग-विलास से।"

कुछ साल पहले, असहयोग से आरम्भ काल में, देश के युवकों और बूढ़ों में, पुरुषों और स्त्रियों में, त्यागवृत्ति और वीरता का संचार होने लगा था। सत्रह-सत्रह आने गज वाली खादी—टाट-जैसी मोटी—लोग बड़े अभिमान से बेचते थे और खरीदनेवाले भी अभिमान से खरीदते थे। आगे चलकर धीरे-धीरे हम खादी का कुछ और ही ढंग से गुणगान करने लगे। खादी बेचने वाले गर्व से कहने लगे, "देखिए, अब खादी में कितनी तरक्की हो गयी है। बिलकुल अप-टू-डेट—अद्यतन—पोशाक, विलासी, भड़कीली, महीन, जैसी आप चाहें खादी की बनवा लीजिए। और सो भी पहले की अपेक्षा कितने सस्ते दामों में!" खरीददार भी कहने लगे, "खादी की प्रतिष्ठा इसी तरह दिन-दूनी रात-चौगुनी बढ़े और एक दिन वह मिल के कपड़े की पूरी-पूरी बराबरी करे।" लेकिन उनकी समझ में यह मोटी-सी बात न आती थी कि यदि खादी को मिल के कपड़े की ही बराबरी करनी है तो फिर खादी की जरूरत ही किसलिए है? मिल ही क्या बुरी है? वैद्य अपनी दवाई की तारीफ करने लगा, "बिलकुल सस्ती दवाई है, न परहेज की जरूरत न पथ्य की।" मरीज आ गया चकमे में। लेकिन बेचारा यह भूल गया कि 'पथ्य-परहेज नहीं तो फायदा भी नहीं।'

कोई गलत अर्थ न समझे। कहने का यह मतलब कतई नहीं है कि मजदूरों को पूरी-पूरी मजदूरी देकर खादी सस्ती करना हमारा कर्तव्य नहीं है। यह भी कोई नहीं कहता कि खादी सब लोगो की सब तरह की जरूरतें पूरी न करे। प्रश्न केवल इतना ही है कि खादी का गौरव किस बात में है। किसी की आँखें बिगड़ गयी हों तो उसे ऐनक जरूर देनी चाहिए। लेकिन ऐनकधारी को देख उसे 'पद्म-लोचन' कहकर उसकी बड़ाई तो नहीं की जा सकती।

यहाँ एक प्रसंग सहज ही याद आ रहा है। एक रसिक दृष्टिवाला कलाधर एक बार पंढरपुर जाकर विठोबा के दर्शन कर आया। मुझसे कहने लगा, "विठोबा के सारे भक्त उनके रूप की प्रशंसा करते नहीं अघाते; उनके उद्घोष (स्लोगंस) सुन-सुनकर तो जी ऊब गया। लेकिन मुझे तो उस मूर्ति को देखकर कहीं भी सुन्दरता का ख्याल नहीं आया। एक निरा बेडौल पत्थर नजर आया। मूर्तिकार और भक्तगण दोनों, मुझे तो ऐसा लगता है कि, यदृच्छा लाभ से ही सन्तुष्ट हो गये। पंचतन्त्र वाले किस्से में जिस तरह उन तीन धूर्तों ने सिर्फ बार-बार कह-कहकर बकरे को कुत्ता बना दिया, ठीक उसी तरह इन लोगो ने चिल्ला-चिल्लाकर एक बेडौल पत्थर से सुन्दरता निर्माण करने की ठान ली है।" मैंने जवाब दिया, "हाँ, यही बात है। इस संसार की भीमा नदी में गोते खानेवालों को उबारने का जिसने प्रण किया है, उसे तो मजबूत, दृढ़, ठोस और हट्टा-कट्टा ही होना चाहिए। वह यदि

शेषशय्या पर लेटनेवाले या पंचायतन का ठाट जमाकर तस्वीर खींचनेवाले के लिए आसन लगानेवाले देवता की सुन्दरता का अनुकरण करे, तो क्या यह उसे शोभा देगी? रामदास ने सिखाया है—"मनुष्य के अन्तरंग का श्रृंगार है चातुर्य, वस्त्र तो केवल बाहरी सजावट है। दोनों में कौन-सा श्रेष्ठ है, इसका विचार करो।" इसीलिए शिवाजी को हट्टे-कट्टे मावलों-जैसे साथी मिले।

मेरा समाजवादी दोस्त कहेगा, "तुम तो बस वही अपना पुराना राग अलापने लगे। बस, फिर उसी दरिद्रनारायण की पूजा में मगन हो गये! यहाँ दरिद्रता के पुजारी नहीं हैं। अपने राम तो वैभव के आराधक हैं।" मैं उनसे कहना चाहता हूँ, "मेरे दोस्त, इस तरह अक्ल के पीछे लट्ठ लेकर मत पड़ो। हम कब दारिद्र्य को नारायण कहते हैं? हम तो 'दरिद्र' को नारायण के नाम से पुकारते हैं। और 'दरिद्र' को नारायण नाम दिया, इसका यह मतलब थोड़े ही है कि धनिक 'नारायण' नहीं हो सकता? यदि मैं कहूँ कि 'ब्रह्म हूँ' तो इसका यह अर्थ थोड़े ही है कि 'तुम ब्रह्म नहीं हो?' बस, अब तो सन्तोष हुआ? दरिद्र भी नारायण है और श्रीमान् भी। दरिद्रनारायण की पूजा उसकी दरिद्रता दूर करने से पूरी होती है और श्रीमन्नारायण की पूजा उसे सच्चे ऐश्वर्य का अर्थ समझाकर उसका त्याग करनेवाले से होती है और जब किसी मूर्ख-नारायण से पाला पड़े तो उसकी पूजा इस प्रकार विश्लेषण करके समझाने से होती है! क्यों ठीक है न?"

लेकिन, इस यथार्थ विनोद को जाने दीजिए। अब समाजवादी दोस्त को वैराग्य नहीं सुहाता तो वैभव ही सही। वैभव किसे कहना चाहिए और वह कैसे प्राप्त किया जाता है, इन बातों को भी रहने दीजिए। लेकिन समाजवादी कम-से-कम साम्यवादी तो है न? इन दो-चार आदमियों को नरम-नरम गादी मिले और बाकी सबको टाट के चीथड़े या धूल नसीब हो, वह तो उसे नहीं भाता न? जब मैंने खादी और गादी की लड़ाई की बात छेड़ी तो मेरे मन में यह अर्थ भी तो था ही। सब लोगो के लिए गादी लगाई गयी होती तो दूसरा ही सवाल खड़ा होता। लेकिन यह मुमकिन नहीं था। और मुमकिन नहीं था इसलिए मुनासिब भी नहीं था, यह ध्यान में आना जरूरी था।

आजकल हमारे कुछ दोस्तों में एक ओर साम्यवाद और दूसरी ओर विषम व्यवहार का बड़ा जोर है। साम्यवाद और विषम व्यवहार बड़े आनन्द से साथ-साथ चल रहे हैं। फैजपुर के बाद हरिपुरा की काँग्रेस ने विषमता की दिशा में एक कदम और आगे बढ़ाया। अध्यक्ष, विशिष्ट पुरुष, बड़े नेता, छोटे नेता, प्रतिनिधि माननीय दर्शकगण और देहाती जनता—इन सबके लिए वहाँ दर्जेदार प्रबन्ध किया गया था। गाँधीजी के लिए यह दारुण दुख का विषय था, यह बात जाहिर हो चुकी है। यह विषय व्यवहार खास मौके पर ही होता हो, सो बात भी नहीं। हमारे जीवन और मन

में उसने घर कर लिया है। ''मजदूरों को पूरा-पूरा वेतन दिया जाना चाहिए या नहीं।'', इस विषय पर बहस हो सकती है; पर, ''व्यवस्थापकों को पूरा वेतन दिया जाए या नहीं'', इसकी बहस कोई नहीं छेड़ता। जिन्हें हम देहात की सेवा के लिए भेजते हैं उन्हें अपना रहन-सहन ग्राम-जीवन के अनुकूल बनाने की हिदायत देते हैं। उन्हें देहात में भेजने और हिदायत देने को तो हम तैयार रहते हैं, लेकिन हमें इस बात की क्या तनिक भी अनुभूति नहीं होती कि स्वयं हमको भी अपनी हिदायतों के अनुसार चलने की कोशिश करनी चाहिए। साम्य की भेद से दुश्मनी है, लेकिन विवेक से तो नहीं है? इसीलिए बूढ़ों के लिए गादी हमने मंजूर कर ली है। इसी तरह देहात की सेवा के लिए जानेवाले युवक कार्यकर्ता और उन्हें वहाँ भेजनेवाले बुजुर्ग नेताओं के जीवन में थोड़ा-बहुत फर्क होना न्याय-संगत है और विवेक उसे मंजूर करेगा। इसीलिए साम्य-सिद्धान्तों की भी उसके खिलाफ कोई शिकायत नहीं रहेगी। लेकिन आज जो फर्क पाया जाता है वह थोड़ा-बहुत नहीं है। अकसर वह बहुत मोटा, नजर में सहज ही आनेवाला ही नहीं, बल्कि चुभनेवाला होता है। इस विषय वैभव का नाम गादी है और इस गादी से खादी की दुश्मनी और लड़ाई है।

हाल ही में आश्रम में एक बात की चर्चा हो रही थी। आश्रम की आबादी बढ़ रही है, इसीलिए अब नयी जगह मोल लेकर ग्राम-शास्त्र के अनुसार व्यवस्थित नक्शा बनाना चाहिए। बुनकर, कातनेवाले, बढ़ई आदि मजदूर और व्यवस्थापक-वर्ग, परिवार दफ्तर के कार्यकर्ता, आश्रमवासी, मेहमान आदि के लिए किस प्रकार के मकान बनवाने चाहिए, यह मुझसे पूछा गया। पूछनेवाला खुद साम्यपूजक तो था ही और मैं साम्यवादी नहीं हूँ, यह भी जानता था। मैंने कुछ मन-ही-मन और कुछ प्रकट रूप से कहा, ''मैं दाल हजम नहीं कर सकता, इसलिए दही खाता हूँ। मजदूर को दही का शौक तो है, लेकिन वह दाल हजम कर सकता है। इसलिए दाल से काम चला लेता है। इतनी विषमता तो हम विवेक की दुहाई देकर हजम कर गये। लेकिन क्या हमारे लिए मकान भी भिन्न-भिन्न प्रकार का होना जरूरी है? जिस तरह मकान में मजदूर अपनी जिन्दगी बसर करता है, उसी तरह का मकान मेरे लिए भी काफी क्यों नहीं हो सकता? या फिर, उसका भी मकान मेरे मकान के समान क्यों न हो?''

आप चाहें वैराग्य का नाम लें चाहे वैभव का, विषमता को बर्दाश्त हरगिज न कीजिए। इसी का नाम है 'आत्मौपम्य' सच्चा साम्यवाद यही है। उस पर तुरन्त अमल किया जाना चाहिए। साम्यवाद का कोई महत्त्व नहीं है। महत्त्व है 'तत्काल साम्यवाद' का। साम्यवाद को तुरन्त कार्यान्वित करने की सिफ्त का नाम अहिंसा है। अहिंसा हरेक से कहती है कि ''तू अपने-आप से प्रारम्भ कर दे तो तेरे लिए तो आज

ही साम्यवाद है।'' अहिंसा का चिह्न है खादी। खुद खादी ही अगर भेदभाव सहे, तब तो यही कहना होगा कि उसने अपने हाथों अपना गला घोंट लिया।

इस सारे अर्थ का संग्राहक सूत्र-वाक्य है—खादी और गादी में लड़ाई है।

❑

वियोगी हरि

साहित्य माधुरी

न ब्रह्म-विद्या न च राजलक्ष्मी।
तथा यथेयं कविता कवीनाम्॥

वैसे तो सर्वत्र ही विधाता की सृष्टि में माधुरी भरी है, किन्तु जो माधुरी साहित्य-सौन्दर्य में है, जो माधुरी इस रत्नाकर में है, जो माधुरी मार्मिक जनों की मानस-मंजरी में है, वह किशोर लावण्य में, लक्ष्मीलहरी में, तथा योगियों की समाधि में कहाँ? जो माधुरी कविकल्पना एवं कविता कादम्बिनी में पायी जाती है, वह माधवी-मल्लिका के मकरन्द में धरी है? मेरी राय में जो माधुरी 'कवित्त रस' में है वह 'तन्त्रीनाद' अथवा 'सरस राग', रतिरंग में नहीं है। माधुरी मर्माहत रसिकजन ही 'धीर समीरे यमुना तीरे वसति वने वनमाली' तथा 'आत्मा वा अरे द्रष्टव्य: श्रोतव्यो मन्तव्य:' के बीच का रस-रहस्य समझ सकते हैं। जो साहित्य माधुरी में मतवाले हैं, उन्हें कोई भी मतवाले अपने मत में नहीं मिला सकते। व्याकरण और न्याय में दाँत खटाखट करने वाले, मीमांसा और दर्शन में पचने वाले जब इस माधुरी का रसासव पान करते हैं, तब उनके भी हृदय से हठात् यह निकल पड़ता है—

पठन्तु कतिचित् हठात् ख फ छ ठेति वर्णच्छटान्
घटा: पट इतीतरे पटु रटन्तु वाग्पाटवात्।।
वयं तु कल-मंजरी-गलदलीन-माध्वी-झरी
धुरीण-पद-रीतिभि: भातिभि: प्रमोदामहे।।

वे लोग भी अपनी नीरस रसना से कहने लगते हैं कि-

जीभ निबौरी क्यों लगै, बौरी चाखि अंगूर।

सचमुच ही इस माधुरी में अलौकिक द्राक्षारस का स्वाद मिलता है, हृदय में अनूठी गुदगुदी पैदा होती है। सूर के पद, तुलसी की चौपाइयाँ, देव के कवित्त और बिहारी के दोहे क्या हैं? इसी अमीरस से भरे लबालब कटोरे, साहित्य माधुरी के छलकते हुए प्याले। जो इस रस में नख से शिख तक डूब गये हैं, वे संसार-सागर पार कर चुके और जो इसमें गोते लगाने से अलग रहे, समझ लो, वे भव-पारावार

में ऐसे डूबे कि कुछ ठिकाना!

अनबूड़े बूड़े तिरे जे बूड़े सब अंग। —बिहारी

इसमें डूबनेवाले प्रकृति और काल से सदा निर्लेप रहते हैं। उनका संसार कुछ निराला ही होता है। वे ग्रीष्म में वर्षा की, हेमन्त में वसन्त की तथा शिशिर में ग्रीष्म की छटा देखते हैं। उनके लिए दुख, दुख नहीं, सुख, सुख नहीं। जिस अवस्था को ज्ञानी और योगी कठिन से कठिन तप और अनुभव से प्राप्त कर पाते हैं, उसे वे अनायास ही प्रत्यक्ष कर लेते हैं, इतना ही नहीं, मेरी तो यह धारणा है कि योगियों को आत्मानुभूति से, विज्ञानी को नूतन आविष्कार से, रणधीर को वीर विजय से, और रंक का राज्य-प्राप्ति से जितना सुख जितना आनन्द मिलता है, उससे अनन्त-गुणाधिक आनन्द साहित्य रस पान करने वाले को उपलब्ध होता है। इसी माधुरी के कारण स्यात् इस असार संसार को सहृदयजनों ने 'जगतसच्चाई सार' कहकर पुकारा है, अन्यथा मायावादियों का ही सिद्धान्त सत्य है। इस अवसर पर एक बड़े ही विरोध की बात स्मरण आ गयी है। वह यह कि संसार-रूपी विष-वृक्ष में दो अमृत फल फले हैं—एक 'काव्यामृतरसास्वादन' और दूसरा 'सत्संग'।

संसारविषवृक्षस्थ द्वे फले अमृतोपमे।
कव्यामृतरसास्वादः संगतिः सज्जनैः सह।।

सिर्फ इसी नींव पर रसज्ञ जनों ने मिथ्या जगत को सच्चा साबित कर दिखाया है। ठीक भी है। यदि काव्य-माधुरी न होती, तो उस लापता का पता, उस 'बेचगून' और 'बेनमून' का साक्षात्कार कैसे हो सकता था?

संसार परिवर्तनशील है अवश्य, पर 'साहित्य माधुरी' का भी परिवर्तन हुआ है या हो सकता है। यह उस नियम का सदा अपवाद स्वरूप ही रहेगा। आज तक कितने परिवर्तन हुए, कितने आन्दोलन हुए, कितनी हलचल हुई; पर पूछो तो इस रस-माधुरी को भी कोई धक्का पहुँचा, इसका भी कभी कोई रूपान्तर हुआ? ज्ञानियों और दार्शनिकों में वाद-विवाद खड़े हुए, सम्प्रदायों में दलदली हुई, राजनीतिज्ञों ने जमाने को पलटा खाया, विज्ञानियों ने विद्युत और वाष्प में नित नये आविष्कार किये; किन्तु यह माधुरी सदा-सर्वदा अक्षुण्ण रही, एक रस रही, नित्य और अखंड रही। सब कुछ झूठा हो गया, पर यह अनूठी ही बनी रही। क्यों? इसलिए कि यह इस लोक की सम्पत्ति नहीं है। नाशवान जगत की धरोहर नहीं है। किसी के मत में साहित्य माधुरी कोरी कल्पना है और किसी की राय में केवल मनोरंजन है। कभी-कभी चाटने के लिए चटपटी चटनी है, पर वास्तव में ऐसा कहने वाले साहित्य-जौहरी नहीं हैं; सहृदय रसिक नहीं हैं, ऐसा वे ही कहेंगे जिन्हें नीरस काम-धन्धों के मारे इसे पान करने की छुट्टी नहीं, जिनकी आँखें ऐश्वर्य और भोग-विलासों में चौधियाँ गयी हैं, जिनके पास वह दिल नहीं है जिसमें कि कोई कसक

हो, कोई जख्म हो। साहित्य माधुरी रसज्ञों के लिए कोटि-कल्पना नहीं है, किन्तु उतनी सच्ची है जितनी कि आस्तिक के लिए ईश्वर की अस्ति। इसी प्रकार वह केवल चटपटी चटनी ही नहीं है, वरन्! सदा के लिए तृप्त कर देने वाली सुधा अथवा जीवन की अत्यावश्यक कोई अदृष्ट वस्तु। सब कुछ है, पर इस माधुरी का रहस्य, इस रत्न का जौहर, केवल काँच के टुकड़े परखने वाले नीरस तुकबन्द क्या समझ सकते हैं?

मत्वा पदग्रन्थनमेव काव्यं
मन्दाः स्वयं तावति चेष्यटमानाः।
मज्जन्ति बाला इव पाणिपाद-
प्रस्थन्दमात्रं पल्वनं विदन्तः। —श्री नीलकण्ठ दीक्षित

अर्थात कविता के रहस्य को न समझने वाले केवल तुकबन्दी को ही काव्य मानकर काव्य रचने का प्रयत्न करते हुए उन बालकों की भाँति डूबते हैं, जो हाथ-पैर फट-फटाने को ही तैरता समझकर पानी में कूदने का साहस करते हैं। अस्तु।

मैं इन विद्वच्चक्रचूड़ामणियों को दूर से ही नमस्कार करता हूँ। ये भले मानस साहित्य माधुरी को न तो नष्ट ही कर सकते हैं और न उसमें किसी भाँति कलंक-कालिमा ही लगा सकते हैं। मैं उन रसिक भ्रमरों का उपासक हूँ, जो इस माधुरी मकरन्द के पीछे पागल हो रहे हैं, जो इस शुष्क समय में भी सदा यही सुना करते हैं कि—

'ऐंहें बहुरि वसन्त रितु इन डारनि वे फूल' —बिहारी

सच्चे आशावादी साहित्य-रसिक ही हैं। महाकवि हाली ने एक बड़ा ही निराशाजनक शेर लिखा है—

शायरी मर चुकी अब जिन्दा न होगी यारो।
याद कर-करके उसे जी न कुढ़ाना हर्गिज।

जनाब हाली के राय में शायरी अब कभी जिन्दा न होगी, वह सदा के लिए मर चुकी! ठीक, पर आपको यह भी साफ-साफ खोल देना चाहिए था कि शायरी किनके लिए मर चुकी! जिन्हें शायरी में कुछ लुत्फ नहीं आता, जिनके लिए साहित्य केवल कोरी कल्पना है, उनके लिए तो वह पहले से ही मुर्दा थी, जिन्दा ही कब थी? पर उस पर जो सौ जान से फिदा हो रहे हैं, पागल होकर अलख जगा रहे हैं, उनके लिए भला शायरी कभी मर सकती है, साहित्य माधुरी लोप हो सकती है? कभी नहीं, हर्गिज नहीं। अजी, उनके लिए बारह मास वसन्त है, दिन दूनी रात-चौगुनी चैन है।

भले ही कोई नीरस बाँस को चूसे, पानी से घी निकाले या आकाश-वाटिका से पुष्प चुने; पर हम लोग अपनी सीधी-सादी बुद्धि को इन उच्च सिद्धान्तों में प्रवृत्त न करके, साहित्य माधुरी में ही मस्त रहना चाहते हैं। भले ही कोई हमें 'ओल्ड

फूल' या खूसट की उपाधि से भूषित करे, निरुद्योगी और अकर्मण्य कहे; हम अपने सिद्धान्त से टस से मस भी होने वाले नहीं। किससे कहें और क्या कहें? हम लोगों को जितना मज़ा इस साहित्य माधुरी से मिलता है, उतना इस लोक में तो है ही क्या, उस लोक का आनन्द इसी माधुरी द्वारा प्रत्यक्ष हो सकता है। उस पार की छटा इसी माधुरी-नौका पर आरूढ़ होने से दृष्टिगोचर हो सकती है।

❑

विष्णुकान्त शास्त्री

कवि निराला की वेदना

निराला! यह नाम सुनते ही आँखों के सामने पौरुष, विद्रोह और अपराजेयता की साकार मूर्ति प्रतिभासित हो उठती है, और कानों में स्वर गूँज उठता है, 'तुम हो महान, तुम सदा हो महान, है नश्वर यह दीन भाव, कायरता, कामपरता, ब्रह्म हो तुम, पदरज भर भी है नहीं, पूरा यह विश्वभार।' सामान्यतः हम निराला को अप्रतिहत यौवननद के रूप में ही स्मरण करते हैं—जो किसी बाधा, विरोध या अवरोध को नहीं मानता, अपनी उच्छल तरंगों से उन्हें पार करता हुआ, अपने गन्तव्य की ओर बढ़ता जाता है। हम भूल ही गये थे कि इस वज्र कठोर रूप का अन्तरंग कुसुम-कोमल है। निरन्तर अभाव, अभियोग, वियोग, अन्याय, अत्याचार से जूझते रहने के कारण उस सिंह-गर्जना में वेदना का करुण स्वर भी उभरता चला गया है। आज जब इसी स्वर की प्रधानता हो गयी है, तब निराला-काव्य के विकास क्रम को सूक्ष्मता से न देखनेवाले पाठक उनकी इस दीनता पर विस्मित हो सकते हैं और उसके मर्म को न समझकर निराला को पराजित या टूटा और झुका हुआ मान सकते हैं। किन्तु क्या यह उचित होगा? निराला की वेदना की अभिव्यक्ति का आद्यन्त अनुशीलन करने के बाद ही किसी निर्णय पर पहुँचा जा सकता है।

निराला-काव्य के सुधी पाठकों को यह ज्ञात है कि वेदना की मर्मानुभूति उनके काव्य में आरम्भ से ही अभिव्यक्ति पाती आयी है। हाँ, वह उत्तरोत्तर घनीभूत और मेरी दृष्टि में उदात्त भी हो जी गयी है। 'परिमल' की 'खेवा' कविता में ही, 'डोलती नाव, प्रखर है धार, सँभालो जीवन-खेवनहार' का जो विकल स्वर गूँजा था वही 'गीतांगुंज' तक पहुँचते-पहुँचते इस मर्मभेदी व्यथा में परिवर्तित हो गया है—

बादल रे, जी तड़पे।
अब अँधियाली ही बढ़ती है,
छाया, छाया पर चढ़ती है,
प्राणों के घन श्याम गगन से
बूँदों कभी न बरसे।

प्रश्न है, इस जीवन-व्यापी वेदना के कारण क्या रहे हैं, इसका स्वरूप क्या रहा है, इसे झेलने की दृष्टि कौन-सी रही है, इसके स्तर कैसे रहे हैं। ये सभी सार्थक प्रश्न हैं, किन्तु इन पर विचार करने के पहले यह समझ लेना चाहिए कि यह वेदना है किसकी।

निराला की वेदना उस योद्धा की वेदना है जो विकराल प्रतिकूल परिस्थितियों से जूझा है; उस कलाकार की वेदना है, जो अपने काव्य-कानन के सुमनों के मृदुगन्ध पराग से इस द्वेष-विष-जर्जर संसार को सुरभित, प्रेम-हरित, स्वच्छन्द करने का संकल्प लेकर ही आया था; उस भक्त की वेदना है जो आजीवन स्वधर्माचरण करता रहा है और अब सब कुछ प्रभु के पादपद्मों में समर्पित कर, मुक्त हो जाना चाहता है। यह कुंठित, आत्मसीमित पथ पर चलने के पहले ही बैठकर चीत्कार करनेवाले नपुंसकों की शौकीन वेदना नहीं है। इसीलिए निरन्तर ज्वालाओं से जलते रहने पर भी, संसार से प्रवंचना, अरमान, उपहास, लांछना पाने पर भी, वे शिव की परम्परा से च्युत नहीं हुए हैं; उन्होंने स्वयं गरल पान कर जगत् को अमृतदान ही दिया है। उनके व्यक्तित्व और आदर्श को समझने के लिए परिमल की 'कवि' तथा गीतिका की 'गर्जित जीवन-झरना' शीर्षक कविताओं पर विचार करना आवश्यक है। प्रथम कविता में कवि के रूप में मानो अपना ही चित्र उपस्थित करते हुए वे लिखते हैं—

...कवि, तुम एक तुम्हीं
बारबार, झेलते सहस्रों वार
निर्मम संसार के,
दूसरों के अर्थ ही लेते दान,
महाप्राण! जीवों में देते हो
जीवन ही जीवन जोड़
मोड़ निज सुख से मुख।

विश्व के दैन्य से जब कवि का हृदय दीन हो उठता है, जब उसे सदयता कहीं भी नहीं मिलती, संसार में स्वार्थ का तार ही दीखता है, जब उसे लगता है कि संसृति का सुष्ठु रूप मृत्यु की श्रृंखला ही है और इसकी चरम परिणति है धीर पद अवनति मात्र, तब वायु से आन्दोलित पत्र के समान उसके प्राण काँप उठते हैं और वह दुख से मुक्ति का, नवजीवन की शक्ति का सन्धान देने को चिन्तारत हो जाता है। उस अनल कुंड की नित्य नव उमड़ने वाली ज्वालाओं में बाह्य रस, रूप, राग की आहुति देकर, हृदय सुखाकर, कवि अपने शत-सहस्र वर्षों के अभिधान, प्राणों के प्राण, नवजीवन के मूर्त्तरूप निकालता है और उसके हार्दिक आह्वान पर शोकातुर लोक आकार, जीवन-विधान पाकर धन्य हो जाता है; किन्तु कवि अपने नवशून्य

हृदय में केवल आस, प्यास और अभिलाष ही भरता है। उस कवि को सम्बोधित करते हुए निराला ने कहा है—

“झोली में दैन्य की
प्रकृति का दान बहु
रिक्त तत्काल कर
रहते हो रिक्त ही
चिर प्रसन्न। चिरकालिक पतझड़ बने हुए।”

अत: स्मरण रखना चाहिए कि निराला की वेदना स्वेच्छया सर्वस्व दान करनेवाले 'चिर प्रसन्न, चिरकालिक पतझड़' की वेदना है। अपने जीवन के उद्देश्य को और भी मर्मस्पर्शी ढंग से उन्होंने झरने के रूपक से यों कहा है—

गर्जित जीवन-झरना
उद्देश्य पार पथ करना।
ऊँचा रे नीचे आता,
जीवन-भर-भर दे जाता,
गाता वह केवल गाता
'बन्धु, तारना, तरना।'
बंकिम से बंकिम पथ पर,
बढ़ता उद्दाम प्रखरतर,
बाधाएँ अपसारित कर,
कहता—'वर यों वरना।'
सूखते हुए निर्जीवन
होने से पहले तक, मन
बढ़ना, मरकर बनना धन,
धारा नूतन झरना।

निराला का जीवन-झरना स्वत: ऊँचे होते हुए भी जनगण की प्यास बुझाने के लिए नीचे आता है, निष्प्राण होती हुई मानवता को 'जीवन' भर-भर कर दे जाता है और यही गाता जाता है कि तरो और दूसरों को तारो। बंकिम-से-बंकिम, दुर्गम-से-दुर्गम पथ पर वह प्रखरतर उद्दाम वेग से बढ़ता है, बाधाओं को अपसारित करता है और पर-सेवा का वर ही वरता है। उसकी एक ही कामना है कि वह सूखते हुए निर्जीवन होने से पहले तक भी बढ़ता ही रहे और मर कर भी घन बने एवं नूतन धारा के रूप में पुन: झरे। स्पष्ट है कि निराला की वेदना उसकी इसी मंगलमयी असीम करुणा से उद्भूत हुई है, कुंठा और अनास्था से नहीं।

स्थूल दृष्टि से देखनेवाले कह सकते हैं कि निराला की वेदना का कारण

भौतिक अभाव है। यह सच है कि निराला जीवन भर दरिद्रता के नागपाश से बँधे रहे और उसने उनका बहुत-सा जीवन-रस चूस लिया। अर्थभाव की मर्मन्तुद व्यथा 'गीतिका' की भूमिका की इन पंक्तियों में व्यक्त हो उठी है, 'पर कुछ ऐसी परिस्थिति मेरी रही कि सब तरफ से अभाव-ही-अभाव का सामना मुझे करना पड़ा। एक अच्छे हारमोनियम की गुंजाइश भी मेरे लिए नहीं हुई। मेरी सरस्वती संगीत में भी मुक्त रहना चाहती है, सोच कर मैं चुप हो गया।' इन सहज सरल पंक्तियों के पीछे अभाव का जो ज्वालामुखी धधक रहा है, उसका अनुभव सहृदय ही कर सकते हैं। यह भी सच है कि निराला को प्रियवियोग के रूप में अनेकानेक रूढ़ आघात सहने पड़े हैं। भरे यौवन में उनकी प्रियतमा, उनकी पत्नी परलोक सिधारी, प्रौढ़ पिता के वात्सल्य को आन्दोलित कर उनकी आँखों की पुतली, उनकी पत्नी सरोज ने दम तोड़ा, उनके अनेक मित्र एक-एक कर उन्हें छोड़ गये। साहित्यिक क्षेत्र में भी उन्हें प्रबल विरोध, उपहास और लांछना का सामना करना पड़ा। इन सबने निश्चय ही उनके 'कोमल कुसुमहु चाहि' चित्त को निष्ठुरतापूर्वक झकझोरा है और उसकी वेदना कविता के रूप में बह निकली है। किन्तु यही सब कुछ नहीं है, व्यक्तिगत सुख-दुखों का अतिक्रमण कर उनकी करुणा के घन उन पर भी बरसे हैं, जिन्हें क्रूर समाज ने शोषित और पीड़ित कर रखा है। सामाजिक अन्याय के अभागे शिकारों की सोचनीय अवस्था ने उनकी करुणा को सहज ही सम-वेदना का रूप दे दिया है। वे यहाँ भी नहीं रुके हैं। उनकी मूलग्राही दृष्टि ने यह भी देख लिया है कि मानव की दुरव्यवस्था का कारण केवल आर्थिक, सामाजिक या राजनीतिक ही नहीं है। मूल कारण तो आध्यात्मिक ही है। भव-बन्धन में छटपटाने वाले जीव-मात्र की वेदना से समरस होकर ही उनकी करुणा भक्ति-साधना में प्रवृत्त हो गयी है। इसीलिए उनकी वेदना के तीन स्तर स्पष्ट दीख पड़ते हैं—(1) वैयक्तिक, (2) सामाजिक और (3) आध्यात्मिक।

निराला की वेदना के इन विभिन्न स्तरों पर विचार करने के पूर्व वेदना झेलने की उनकी दृष्टि को समझ लेना आवश्यक है। वेदना से ग्रस्त होने पर भी वे उससे अस्त नहीं हुए; क्योंकि उन्होंने उसे तपस्वी की तटस्थ दृष्टि से देखा है और उसमें छिपे मर्म को, प्रभु के गान को पहचाना है। 'परिमल' की 'नयन' शीर्षक कविता के नयन के रूप में उन्होंने मानो अपनी ही बात कही है—

"हम तपस्वी हैं, सभी दुख सह रहे
गिन रहे दिन ग्रीष्म, वर्षा, शीत के
काल ताल तरंग में हम बह रहे
मौन हैं, पर पतन में उत्थान में
वेणु-वर वादन-निरत विभु गान में

है छिपा जो मर्म उसका समझते
किन्तु फिर भी हैं, उसी के ध्यान में।''

इसी निर्लिप्तता और प्रभु-निर्भरता की वृत्ति के कारण वे वेदना हँसते-हँसते झेल सके हैं, दुखों से संघर्ष करते हुए भी अपराजेय रहे हैं, पथ के तीक्ष्ण प्रस्तर खंड भी उन्हें कमलवत् लगे हैं और चुभते हुए काँटे जागरण की प्रेरणा बनते रहे हैं, माता की स्मृति में तल्लीन रहकर ही उन्होंने रात पार की है, तभी तो अवसन्न होने पर भी वे प्रसन्न हैं—

प्रात: तब द्वार पर
आया जननि, नैश अन्धपथ पार कर।
लगे जो उपलपद, हुए उत्पल ज्ञात,
कंटक चुभे, जागरण बने अवदात,
स्मृति में रहा पार करता हुआ रात
अवसन्न भी हूँ, प्रसन्न मैं प्राप्तवर।
प्रात: तव द्वार पर। (गीतिका, गीत-95)

जब-जब वेदना का तीव्र आघात निर्लिप्तता की वृत्ति को विचलित कर देता है और कवि की आँखों में आँसू आ जाते हैं, तब-तब प्रभु-निर्भरता ही आड़े आती है। वे बार-बार करुणा की किरणों से उसके क्षुब्ध हृदय को भरकर पुलकित कर देते हैं, व्यथाभार को लघु कर जाते हैं और किरण-करों से अश्रु पोंछ लेते हैं—

भर देते हो
बार-बार प्रिय, करुणा की किरणों से
क्षुब्ध हृदय को पुलकित कर देते हो।
मेरे अन्तर में आते हो देव, निरन्तर
कर जाते हो व्यथा-भार लघु
बार-बार कर-कंज बढ़ाकर
अन्धकार में मेरा रोदन
सिक्त धरा के अंचल को
करता है क्षण-क्षण
कुसुम-कपोलों पर वे लोल शिशिरकण
तुम किरणों से अश्रु पोंछ लेते हो,
नव प्रभात जीवन में भर देते हो। (परिमल—'भर देते हो')

दुख की अनुभूति के साथ-साथ दुख से मुक्ति की अनुभूति भी निराला को होती रहती है; क्योंकि प्रेरणा और शक्ति के अक्षय कोष से वे निरन्तर सम्बल प्राप्त करते रहते हैं। निराला की अपराजेयता का यही सत्य है। यह भी समझ लिया जाए

कि निराला की वेदना के प्रति निर्लिप्तता, उक्त हृदयहीन शुष्क ज्ञानी की निर्लिप्तता नहीं है जो जगत के सुख-दुख से अप्रभावित रहता है; उस भावुक भक्त की निर्लिप्तता है जो जगत् के सुख-दुख को अपना ही सुख-दुख समझकर भी उससे बद्ध नहीं होता, सब कुछ प्रभु-चरणों में अर्पित कर देता है।

स्वाभिमानी निराला के लिए व्यवहार में व्यक्तिगत वेदना का प्रकाशन उस वेदना से भी अधिक वेदना प्रदान करनेवाला रहा है। किन्तु काव्य की प्रक्रिया भी प्रेम की ही तरह सूक्ष्म और रहस्यमयी है और प्रेम को चंडीदास ने 'विषे, अमृते मिलन एकत्रे'—विष और अमृत का एकत्र मिलन कहा है, इसी तरह काव्य में वेदना की अभिव्यंजना भी एक ही साथ कवि के लिए वेदनाप्रद और वेदना-हर हो उठती है। निराला की कविता इस सत्य की साक्षी है। निराला का अलझनभरा हृदय समझ नहीं पाता कि वह अपनी दुख-गाथा कैसे गाये, अपने प्रिय को कैसे बतलाये कि वह कितना दुख भोग रहा है। जो पुष्प प्रकृति के निर्दय आघातों से छिन्न हो जाते हैं, वे तो कुछ नहीं कहते, वे अपना यौवन, पराग, मधु खोकर केवल रो उठते हैं और अन्तिम श्वास छोड़कर पृथ्वी पर सो जाते है, मैंने भी तो उसी तरह रूप और यौवन की चिन्ता में अपना सर्वस्व गँवाया है, आशा का स्वप्न, प्रेम भी कहाँ पा सका, आज मेरा विफल हृदय तो दुख-ही-दुख देखता है...मैं उसे कैसे गाऊँ।

तुम्हें कैसे प्रिय बतलाऊँ मैं ?
कैसे दुखगाथा गाऊँ मैं ?
छिन्न प्रकृति के निर्दय आघातों से हो जाते हैं
जो पुष्प, नहीं कहते कुछ, केवल रो जाते हैं,
वे अपना यौवन, पराग-मधु खो जाते हैं,
अन्तिम श्वास छोड़ पृथ्वी पर सो जाते हैं
वैसे ही मैंने अपना सर्वस्व गँवाया
रूप और यौवन चिन्ता में, पर क्या पाया ?
प्रेम ? हाय आशा का वह भी स्वप्न एक था
विफल हृदय तो आज दुख-ही-दुख देखता।

(परिमल : विफल वासना)

किन्तु वेदना-निवृत्ति के लिए भी तो वेदना के गीत गाने ही पड़ेंगे। बुद्धि तो कहती है—

दुख ही जीवन की कथा रही,
क्या कहूँ आज, जो नहीं कही।

किन्तु मन नहीं मानता, वह सिसक उठता है—

गीत गाने दो मुझे तो

वेदना को रोकने को।
चोट खाकर राह चलते
होश के भी होश छूटे
हाथ जो पाथेय थे, ठग-
ठाकुरों ने रात लूटे,
कंठ रुकता जा रहा है
आ रहा है काल देखो। (अर्चना : गीत—59)

अपनी और परायी वेदना को रोकने के लिए, उसे आनन्द में परिवर्तित कर देने के लिए कवि के पास गीत का ही सम्बल तो है, वह कैसे उसे छोड़ दे?

प्रारम्भिक जीवन में साहित्य-जगत में नवीनता का द्वार खोलने के लिए कवि को पर्याप्त लांछना सहनी पड़ी थी। वह उससे विचलित नहीं हुआ। यथास्थान उसने यथोचित उत्तर दिए। किन्तु अपनी परमाराध्या भगवती सरस्वती के चरणों में अपने काव्य-सुमनों को अर्पित करते समय उसके हृदय का बाँध टूट गया। अपनी वेदना-कातर वाणी में उसने भगवती से पूछा—

देवि, तुम्हें मैं क्या दूँ?
क्या है, कुछ भी नहीं, ढो रहा व्यर्थ साधना-भार
एक विफल रोदन का है यह हार—एक उपहार।
भरे आँसुओं में हैं असफल कितने विकल प्रयास,
झलक रही है मनोवेदना, करुणा, पर-उपहास।
क्या चरणों पर ला दूँ?
और तुम्हें मैं क्या दूँ?

निश्चय ही भगवती ने उसका यह विनम्र उपहार सप्रेम स्वीकार कर लिया, उसकी वाणी हिन्दी की शोभा बन गयी।

अपने दुख-भरे दीर्घ जीवन-काल में निराला जिस व्यक्तिगत आघात से सर्वाधिक विचलित हुए हैं, वह उनकी प्रिय कन्या 'सरोज' का देहावसान है। पत्नी की मृत्यु के आघात को भी सह लेनेवाला 'वज्र कठोर अन्तर' पुत्री की मृत्यु पर चूर-चूर हो गया। उनके सम्पूर्ण जीवन के अभाव की विकरालता मानो उसी दिन उनके सामने मूर्तिमती हो उठी। उस करुण हृदय-मन्थन ने ही 'सरोज स्मृति' का रूप ग्रहण किया, जिसमें निःस्व पिता की असफल वत्सलता की हृदय-भेदी टीस ही निहित है। उनका पिता चीख उठा है—

'धन्ये, मैं पिता निरर्थक था
कुछ भी तेरे हित न कर सका'

इस महान करुण कविता पर सम्यक् विचार के लिए स्वतन्त्र लेख अपेक्षित

है, किन्तु फिर भी यह स्पष्ट कर दिया जाए कि दुख की इस घनघोर घटा के आवरण के पीछे चन्द्र के समान चमकता हुआ उनका अपराजित योद्धा इस महामोह की बेला में भी अपने गत आचरण को गलत नहीं मानता। स्वार्थी दुनिया से पायी हुई स्वार्थ-समर की हार को वह हिन्दी का स्नेहोपहार, भास्वर, लोकोत्तरवर, रत्नहार के रूप में ही मानता है।

जाना तो अर्थागमोपाय
पर रहा सदा संकुचितकाय
लखकर अनर्थ आर्थिक पथ पर
हारता रहा मैं स्वार्थ-समर।
शुचिते! पहनाकर चीनांकुश
रख सका न तुझे अतः दधिमुख।
क्षीण का न छीना कभी अन्न
मैं लख न सका वे दृग विपन्न
अपने आँसुओं अतः विम्बित
देते हैं अपने ही मुखचित
सोचा है नत ओ बार-बार
''यह हिन्दी का स्नेहोपहार
यह रत्नहार-लोकोत्तर-वर।''

कितने बड़े कलेजे से ये पंक्तियाँ निकली होंगी, इसका हम ठीक-ठीक अनुमान भी नहीं लगा सकते!

इसी काल की कुछ रचनाओं में निविड़ हताशा और पराजय की भावना के स्वर भी उभरे हैं, किन्तु वह मनःस्थिति क्षणिक रही है, अपने को बार-बार उन्होंने समेटा है। 'वनबेला' में ज्यों ही उन्होंने यह सोचा—

हो गया व्यर्थ जीवन,
मैं रण में गया हार।
सोचा न कभी
अपने भविष्य की रचना पर चल रहे सभी।

त्यों ही वनबेला ने उन्हें सचेत किया है कि अपनी स्थिति की अवहेलना करने के कारण वे अपावन हो रहे हैं,

...विकल बोली बेला
मैं देती हूँ सर्वस्व, छुआ मत अवहैला
की अपनी स्थिति की जो तुमने, अपवित्र स्पर्श
हो गया तुम्हारा, रुको, दूर से करो दर्श।

निराला ने बेला की यह आज्ञा मान ली, बेला ने उन्हें तब जीवन की चरितार्थता का सिद्धान्त ही नहीं समझाया, आचरण में दिखा भी दिया। दूसरे दिन प्रात:काल ब्राह्मण द्वारा तोड़े जाते समय उसने कहा—

जाती हूँ मैं, बोली बेला,
जीवन प्रिय के चरणों पर करने को अर्पण।

इस प्राकृतिक शिक्षा से हताश निराला की आस्था सुदृढ़ हो गयी। यह सच है कि अपनी 'हताश' कविता में उन्होंने दुख की ही कामना की है और कहा है कि मेरी प्रार्थना विफल हो, हृदय के कमल-दल मुरझा जाएँ, जीवन म्लान हो, मेरे प्राण-शून्य सृष्टि की शून्यता प्राप्त करें, मेरा जग अन्तर्धान हो जाए; इतनी उज्ज्वलता, इतना वन्दना-अभिनन्दन क्या होगा?

जीवन तो चिरकालिक क्रन्दन ही है, किन्तु यह आत्मघाती निराशावादी जीवन-दर्शन उनके काव्य का मूल स्वर नहीं है। यह और ऐसी अन्य कविताएँ हमें लक्ष्मण के आहत होने पर विलाप-रत प्रभु राम की कातरता का स्मरण कराती हैं, जिसके कारण ही वचे 'मानवीय' बन सके थे। निराला अपनी इस दुर्बलता के कारण अधिक मानवीय हो उठे हैं। निराला अपनी 'प्रेरणा और शक्ति के अक्षय कोष' से पुन: शक्ति ग्रहण कर सकते हैं—

कुछ न हुआ, न हो।
मुझे विश्व का सुख, श्री यदि केवल
पास तुम रहो।
मेरे नभ के बादल यदि न कटे,
चन्द्र रह गया ढका,
तिमिर रात को तिरकर यदि न अटे
लेश गगन भास का
रहेंगे अधर हँसते, पथ पर तुम
हाथ यदि गहो। (अनामिका : उक्ति)

मृत्युंजयी निराला के गहन कालरात्रि में भी हँसते हुए ये अधर हमें और आपको भी वेदना में डूबने पर हँसने की प्रेरणा दें और यदि 'वह' हाथ न गहै, यदि अकेले ही रहना पड़े तो भी हँसते रहने का निराला का निश्चय अटल है—

मैं अकेला,
देखता हूँ आ रही मेरे दिवस की सान्ध्य बेला।
पके आधे बाल मेरे,
हुए निष्प्रभ गाल मेरे
चाल मेरी मन्द होती आ रही

हट रहा मेला।
जानता हूँ नदी, झरने,
जो मुझे थे पार करने
कर चुका हूँ, हँस रहा यह देख
कोई नहीं मेला।

चढ़ती जवानी में ही नहीं, दिवस की सन्ध्या बेला को आते देखकर भी, आधे बाल पक जाने पर और गाल निष्प्रभ हो जाने पर भी, चाल मन्द हो जाने पर एवं मेले को हटते देखकर भी, पार जाने के लिए किसी तरणी के न रहने पर भी निराला हँस सकता है, इसीलिए वह निराला है और इसीलिए उसकी वेदना भी बहुत से गर्जन-तर्जनवादी नारेबाजी कवियों के साहस के प्रदर्शन से अधिक प्रेरणाप्रद है।

जगत की निरन्तर उपेक्षा के कारण कवि को लगता है कि—

स्नेह निर्झर बह गया है
रेत ज्यों तन रह गया है।

आखिर विषपान करने के बाद भगवान शिव का कंठ भी गीला पड़ गया था। उस विष की ज्वाला से निराला कैसे अछूते रह जाते। 'आराधना' में उनकी करुण स्वीकृति है—

नील-नील पड़ गये प्राण वे
जहाँ उठे थे शुभ्र गान वे।

किन्तु उनके गानों की शुभ्रता आज भी अमलिन है और वह शत-शत कलुषों को शुभ्र बनाती रहेगी।

आज निराला वृद्ध हो गये हैं। यौवन का दृप्तस्वर चला गया है, लेकिन आज भी उनकी निश्छल, कुंठारहित वाणी अपनी स्थिति को काल्पनिक महत्ता के आवरण में व्यक्त करना नहीं जानती। अपनी वर्तमान अशक्तता को वे उसी सहज भाव से स्वीकार करते हैं, जिस सहज भाव से उन्होंने अपनी शक्तिमत्ता का उद्घोष किया था। न उसमें अहंकार या आडम्बर का बोध था, न इसमें हीनता या लज्जा का बोध है। डेढ़-दो बरस पहले 'साप्ताहिक हिन्दुस्तान' में प्रकाशित उनका यह गीत उनकी निर्लिप्तता, वर्तमान अशक्तता और अतीत की हृदय-वेधी स्मृति से ओतप्रोत है—

जय तुम्हारी देख भी ली,
रूप की गुण की सुरीली।
वृद्ध मैं अब ऋद्धि की क्या,
साधना की सिद्धि की क्या,
फूल मेरा खिल चुका है
पंखुरियाँ हो गयीं ढीली।

जो चढ़ी थी आँख मेरी
बज रही थी जहाँ भेरी
वहाँ सिकुड़न पड़ चुकी है
जीर्ण है वह आज तीली।
आग सारी ढँक चुकी है,
रागिनी वह रुक चुकी है,
स्मरण में है आज जीवन
बढ़ रही है रेख नीली।

करुण रस की हिन्दी की सर्वश्रेष्ठ कविताओं में इसे अनायास रखा जा सकता है। अन्तिम पद तो वृद्धावस्था की परिभाषा ही है। यह लक्षणीय है कि इस स्थिति में भी निराला को ऋषि-सिद्ध अपने मायाजाल में नहीं फँसा सकीं। इस निष्काम स्थिति में वेदना भी अवेदना बन जाती है।

व्यक्ति वेदना के प्रकाशन में निराला की वाणी को जितना संकोच बोध हुआ है, दूसरों की पीड़ा देखकर उतना ही कभी तो काल सर्पिणी की तरह फुंकार उठी है और कभी सावन-भादों की घनघटा की तरह करुणा की वर्षा कर उठी है। छायावादी कवियों में निराला की सामाजिक चेतना निस्सन्देह सर्वाधिक व्यापक रही है। अत: पीड़ित और शोषित मानवता के प्रति संवेदना भी उन्हीं की सबसे अधिक गम्भीर रही है। अपना दुख भूल कर वे अपने पीड़ित भाई के आँसू पोंछने के लिए दौड़ गये, इसके लिए भले ही उनका 'अधिवास' उनसे छूट जाए, उन्हें उसका कुछ भी त्रास नहीं है। 'परिमल' की 'अधिवास' कविता में उन्होंने कहा है—

मैंने 'मैं' शैली अपनाई
देखा दुखी एक निज भाई
दुख की छाया पड़ी हृदय में मेरे
झट उमड़ वेदना आई
उसके निकट गया मैं धाय
लगाया उसे गले से हाय।

निराला का व्यक्तिवाद (मैं शैली) भी समग्र मानवता के दुखों को अपने में समेट लेनेवाला है। अब यदि आत्मिक उन्नति इस करुणा के, ममता के बोध के कारण रुक जाए तो भी निराला को कोई खेद नहीं।

जब साहित्य के राजपथ में भिक्षुकों, दीनों, किसानों, मजदूरों का प्रवेश निषिद्ध-सा था उस समय निराला की वाणी ने ही उनकी वेदना को ध्वनित किया था। पथ पर पछताते हुए आनेवाले भिक्षुक को देखकर हमारा कलेजा सम्भवत: दो टूक ही होता किन्तु निराला की कविता उसके शत-शत टूक कर देती है। निराला

की दृष्टि मतवाली 'जुही की कली' की सुन्दरता से ही नहीं अटकी रही, 'इलाहाबाद के पथ पर' गर्मियों के तमतमाते दिन में पत्थर तोड़नेवाली की व्यथा को भी उसके नयनों में झाँककर आँक गयी है—

देखते देखा मुझे तो एक बार
उस भवन की ओर देखा छिन्नतार
देखकर कोई नहीं
देखा मुझे उस दृष्टि से जो मार खा रोई नहीं।
सजा सहज सितार
सुनी मैंने वह, नहीं जो थी सुनी झंकार।
एक छन के बाद वह काँपी सुघर
ढुलक नयनों से गिरे सीकर
लीन होते कर्म में फिर यों कहा,
मैं तोड़ती पत्थर।

मार खाकर भी न रो पाने वाली दृष्टिवाले नेत्रों से ढलकते उन अश्रु-बिन्दुओं को इस कविता में अंकित कर निराला ने समाज के पत्थर-हृदय की तोड़ने की महती चेष्टा की है।

और विधवा पर लिखित उनकी कविता तो पवित्रता एवं करुणा की प्रतिच्छवि ही है—

वह इष्टदेव के मन्दिर की पूजा-सी,
वह दीपशिखा-सी शान्त, भाव में लीन
वह क्रूर काल-तांडव की स्मृति रेखा सी,
टूटे तरु की छुटी लता-सी दीन
दलित भारत की ही विधवा है।

पहली दो पंक्तियों में वैधव्य की पवित्रता और पिछली तीन पंक्तियों में उसकी करुण निस्सहायता चित्र-विधान करनेवाली उपमाओं के कारण मर्मस्पर्शी रूप में अभिव्यक्त हुई है। परदुखकातर निराला विधवा के क्रन्दन का हृदय-द्रावक चित्रण करने के पश्चात विधाता से क्षुब्ध होकर कह उठते हैं—

यह दुख वह जिसका नहीं कुछ छोर है,
दैव-अत्याचार कैसा घोर और कठोर है।
क्या कभी पोंछे किसी के अश्रुजल
या किया करते रहे सबको विकल।

समाज-सुधारकों की सौ-सौ वक्तृताओं का भी वैसा हृदय परिवर्तनकारी प्रभाव नहीं पड़ सकता जैसा निराला की इस एक कविता का पड़ता है।

इस परिवर्तनशील जगत् में निरन्तर होनेवाले परिवर्तन कब किसके सुख-दुख का ध्यान करते हैं? कितने सुनहरे सपने धूल में मिल जाते हैं, कितनी कलित कल्पनाएँ आहों में बदल जाती हैं, अतीत का स्वर्णिम सुख स्मृति में कंटक बनकर चुभता रहता है, किन्तु परिवर्तन नहीं थमता। प्रकृति के प्रतीकों के माध्यम से जगत की नश्वरता और दुखमयता का प्रभविष्णु संकेत निराला ने दिया है 'यमुना के प्रति' और 'तरंगों के प्रति' नामक कविताओं में। इतिहास की पट-भूमिका पर लिखित 'यमुना के प्रति' में कवि ने विगत विभूतियों की स्मृति में श्रद्धा के फूल चढ़ाए हैं। स्वर्णिम अतीत की मोहक स्मृति के परिवेश में वर्तमान की दयनीयता और भी मर्मन्तुद हो उठी है।

'राम की शक्तिपूजा' में रावण की जय के भय की आशंका से विचलित राम के रूप में आधुनिक युग में 'रावणत्व' की विजय सम्भावना से आशंकित 'रामत्व' पर विश्वास रखनेवाली मानवता का ही चित्रण किया गया है। उस भयंकर आशंका से भी राम के मन में पराजय की भावना का ही नहीं, साधना की भावना का भी उदय होता है। श्रीदुर्गा द्वारा परीक्षा के लिए पूजन का अन्तिम इन्दीवर अपहृत किये जाने पर साधना के खंडित होने के भय से राम के मन में उठी प्रतिक्रिया का चित्रण निराला ने मानो अपनी जीवन-साधना में बार-बार पड़ने वाले विघ्नों की अनुभूति के अधार पर ही किया है—

"धिक् जीवन को जो पाता ही आया विरोध,
धिक् साधन जिसके लिये सदा ही किया शोध।
जानकी! आह उद्धार, दुख, जो न हो सका।"

किन्तु राम...आस्थाशील मानवता के प्रतीक...हार मानकर नहीं बैठ सकते। इस धिक्कृति की परिणति कर्माभाव, व्यक्तित्व के विघटन और कुंठाग्रस्त क्षयिष्णु दर्शन बघारने में नहीं हुई वरन् वज्र की प्रबलता के साथ-साथ विश्वास की अडिगता और बलिदानी भावना बढ़ती गयी। राम का कभी न थकनेवाला, कभी न झुकनेवाला मन जागा और उसने उपाय खोज ही निकाला—

"वह एक और मन रहा राम का जो न थका,
जो नहीं जानता दैन्य, नहीं जानता विनय,
कर गया भेद वह मायावरण, प्राप्त कर जय,
बुद्धि के दुर्ग पहुँचा, विद्युत गति हतचेत।
राम में जगी स्मृति, हुए सजब पा भाव प्रमन।"

समग्र मानवता के प्रति निराला की संवेदना उसके दुख पर अकर्मण्य आँसू ही नहीं बहाती, उसकी असहायता के खोखले दर्द-भरे गीत गाकर उसे पंगु नहीं बनाती, उसे अपनी दुर्दशा में ही रस लेते रहने का 'आत्मपीड़क' पाठ नहीं पढ़ाती,

वरन् करुणा से आर्द्र होकर कष्टों के निवारण का पथ सुझाती है और उसे झकझोर कर उस पर प्रवृत्त भी करती है। तभी उसकी शक्तिपूजा का पर्यवसन प्रचंड, दुर्निग्रह रावणत्व के समक्ष दीन पराभव में नहीं होता, अप्रतिहत मंगलमयी संघशक्ति के संचय में होता है, जिसकी प्रतीक श्रीदुर्गा स्वत: प्रकट हो उसकी अवश्यम्भावी विजय का आश्वासन देती है—

"होगी जय, होगी जय, है पुरुषोत्तम नवीन,
कह महाशक्ति राम के वदन में हुई लीन।"

निराला की संवेदना में ओजस्विता, दृढ़ता और कर्म-प्रेरकता तो है किन्तु कठोरता और रुक्षता नहीं है। इस कथन की प्रतीति 'अनामिका' की ही 'सेवा-प्रारम्भ', 'प्रकाश' आदि कविताएँ पढ़ने पर अनायास हो सकती है। स्वामी अखंडानन्द जी की सेवा के आदर्श उदाहरण पर रचित दीर्घ कविता 'सेवा प्रारम्भ' में पर-दुख-कातरता और मानवता के प्रति प्रगाढ़ प्रेम-बोध की विवृति हुई है। 'प्रकाश' में उनकी आत्मीयता भरी सहानुभूति उन सबके प्रति व्यक्त हुई है, जिन्हें समाज ने अस्पृश्य, दास घोषित कर रखा है। निराला के लिए तो वे अनुरागमूर्ति किसी कृष्ण के उर की अनुपम गीता से कम नहीं है, उन धूलधूसरितों को गले लगाना भ्रम नहीं है, दुई...द्वैत में हुई पहचान में रस कहाँ, जिसे चेतन का आभास है वह किसी को किसी का दास नहीं मानता, जिससे यह ज्ञान नहीं, वह 'प्रकाश' को कैसे समझ सकता है—

रोक रहे हो जिन्हें
नहीं अनुराग-मूर्ति वे
किसी कृष्ण के उर की गीता अनुपम?
और लगाना गले उन्हें
जो धूलि-धूसरित खड़े हुए हैं
कब से प्रियतम, है भ्रम?
हुई दुई में अगर कहीं पहचान
तो रस भी क्या
अपने ही हित का गया न जब अनुमान?
है चेतन का आभास
जिसे, देखा भी उसने किसी-किसी को दास?
नहीं चाहिए ज्ञान
जिसे, वह समझा कभी प्रकाश? (अनामिका : 'प्रकाश')

यह भगवान एकत्व का बोध संसार के दुख-कष्ट से निराला को उदासीन कैसे रहने दे सकता है? इसीलिए जब वे देखते हैं कि संसार ज़हर से भर गया है

और लोग जैसे हार खाकर एक-दूसरे का सही परिचय न पाकर, एक-दूसरे को अपरिचित या शत्रु मान बैठे हैं, और इस तरह पृथा की लौ बुझ गयी है तो उसे सींचने के लिए, ज्योतित करने के लिए वे स्वयं जल उठना चाहते हैं, मानवता की वेदना को रोकने के लिए ही गीत गाना चाहते हैं—

भर गया है जहर से
संसार, जैसे हार खाकर,
देखते हैं लोग, लोगो को
सही परिचय न पाकर
बुझ गई है लौ पृथा की,
जल उठो फिर सींचने को,
गीत गाने दो मुझे तो
वेदना को रोकने को। (अर्चना : गीत-59)

निराला की सामाजिक संवेदना ने करुणा-वर्षण का ऋतुपथ छोड़कर कभी-कभी व्यंग्य-बाण-वर्षण का बंकिम पथ भी ग्रहण किया है, 'कुकुरमुत्ता' तथा 'बेला', 'नये पत्ते' आदि की बहुत-सी कविताएँ इस कथन के प्रमाण में दी जा सकती हैं, किन्तु उनका विवेचन फिर कभी किया जाएगा।

जन-कल्याण के लिए कर्मठ प्रयास के विश्वासी और क्रियाशील रहने पर भी निराला यह जानते हैं कि अन्ततः यह भी प्रभु-कृपा पर ही निर्भर है, अतः सब कुछ उसी के चरणों में अर्पित करते हुए उनकी यही प्रार्थना है—

दलित जन पर करो करुणा
दीनता पर उतर आये
प्रभु, तुम्हारी शक्ति अरुणा।

अपने यौवन काल में ही निराला श्री रामकृष्ण-संघ के घनिष्ठ सम्पर्क में आ गये थे। उन्होंने श्री रामकृष्ण-वचनामृत तथा संघ के कुछ अन्य आध्यात्मिक ग्रन्थों का हिन्दी रूपान्तर भी किया, संघ के मासिक पत्र 'समन्वय' का सम्पादन भी किया, विवेकानन्द की कविताओं के अनुवाद भी किये। इसी घनिष्ठ सम्पर्क के फलस्वरूप उनके हृदय में आध्यात्मिकता की ज्योति जग उठी। परमहंस देव ज्ञान, भक्ति, योग और कर्म को परस्पर पूरक एवं अन्योन्याश्रित मानते थे, फिर भी काल की दृष्टि से भक्ति-साधना को सुलभ एवं प्रशस्त कहा करते थे। यह उन्हीं का पुण्य प्रसाद है कि निराला के काव्य में ज्ञान, भक्ति और कर्म की त्रिवेणी प्रवाहित हुई है। निराला काव्य का अनुशीलन करने पर यह स्पष्ट हो जाता है कि आरम्भ में ज्ञान और कर्म की भावना ही प्रधान रही है, भक्ति अपेक्षाकृत रूप में क्षीण और किंचित् आवृत-सी रही है, किन्तु उत्तरोत्तर वह सान्द्र होती गयी है और सम्प्रति वही उनका जीवनाधार

बन गयी है। अपनी आरम्भिक रचनाओं में निराला ने भक्ति की अभिव्यंजना करते समय लोक-रुचि का ध्यान रखा है। उस समय के साहित्यिक परिवेश-विशेषत: रवीन्द्र के प्रभाव के कारण अँग्रेजी शिक्षित समाज में यह समझा जाने लगा था कि सगुण लीला के पद पुराने पड़ गये, सगुण भक्ति का दर्जा नीचा है और निर्गुण भक्ति या आधुनिक भाषा में कहें तो रहस्यवाद का दर्जा ऊँचा है। निराला संस्कार से राम और कृष्ण को परमेश्वर मानते थे, फिर भी समझते थे कि उनकी ईश्वरी लीला का गान या उनके प्रति दैन्य भाव का निवेदन आधुनिकता से परे की चीज़ है; राम, कृष्ण के चरित्र पर आधुनिक दृष्टि से काव्य लिखा जा सकता है, यह मानते हुए भी उनके प्रति दैन्य-निवेदन करने में उन्हें संकोच-सा था। गीतिका की भूमिका से यही बात झलकती है। उसमें उन्होंने लिखा है, "सूर, तुलसी आदि भाषा-संस्कार रखते हुए भी कृष्ण और राम की सगुण उपासना के कारण आधुनिकों की रुचि के अनुकूल नहीं रहे।" निराला के अनुसार जो आधुनिक राम और कृष्ण को ब्रह्मरूप समझते हैं उन्हें भी इनकी लीलाओं के पुनः-पुनः मनन, कीर्तन और उल्लेख से तृप्ति नहीं होती। इसीलिए उन्होंने अपनी आरम्भिक रचनाओं से भक्ति-भावना को रहस्यवादी रूप में उपस्थित किया है। स्पष्टत: लोक-रुचि का अंकुश उस समय उनकी भावनाओं को प्रकृत रूप में व्यक्त नहीं होने दे रहा था। यह कवि की भूमिका हो सकती है, भक्त की नहीं। 'भक्तन को कहा सीकरी सों काम' भक्त तो 'लोकलाज, कुल की मर्यादा' से ऊपर उठकर मुक्त रूप से अपनी भावना अपने उपास्य के चरणों में अर्पित करता है। इसी के अभाव के कारण हमारी मान्यता है कि उनके आरम्भिक काव्य में भक्ति का रूप अपेक्षया क्षीण और रहस्यवाद से आवृत-सा है। 'अर्चना' तक पहुँचते-पहुँचते निराला इस बाह्य अंकुश से मुक्त हो जाते हैं और लोक-सम्मति-निरपेक्ष हो अपने हृदय की भक्ति की व्यंजना करने लगते हैं। आराधना में राम, कृष्ण, गंगा आदि के प्रति अनेकानेक भक्ति पूरित पद हैं। भक्ति में निर्गुण-सगुण दोनों स्वीकृत हो सकते हैं, किन्तु बड़ी शर्त निष्कामता, अनन्यता और 'लोक वेद व्यापार न्यास' की है। लोक-रुचि से ऊपर निराला किस तरह उठे हैं, इसे अर्चना की भूमिका की ये पंक्तियाँ स्पष्ट करेंगी, "(अर्चना का) अन्तरंग यौवन से अतिक्रान्त कवि के परलोक से सम्बद्ध है, इसलिए यहाँ सम्मति का फल निष्काम में ही होगा, रस-सिद्धि की परताल कीजिएगा तो कहना होगा कि हिन्दी के भाषा-साहित्य में ज्ञानी और भक्त कवियों की पंक्ति-की-पंक्ति बैठी हुई है, जिनकी रचनाएँ साधारण जनों के जिह्वाग्र से अमृत की धारा बहा चुकी हैं, ऐसी अवस्था में लोकप्रियता की सफलता इशारा मात्र है। अत: यहाँ प्राचीन परम्परा से इतना ही कहना पर्याप्त होगा कि—

"भाव, कुभाव, अनख आलस हूँ,
राम जपत मंगल दिसि दस हूँ।"

यही भक्त की भूमिका है, लोक-सम्मति और लोकप्रियता से निरपेक्ष होकर भक्त निराला ने अर्चना, आराधना, गीतगूंज के गीतों में अपना हृदय उड़ेल दिया है। इसीलिए सान्द्रता और तन्मयता की दृष्टि से ये गीत उनके आरम्भिक भक्ति-गीतों से कहीं ऊँचे उठ गये हैं।

ईश्वर के प्रति परा अनुरक्ति को ही भक्ति कहते हैं। ईश्वर कहने मात्र से उसके माहात्म्य का बोध जाग उठता है, इसीलिए भक्ति को श्रद्धा और प्रेम का योग भी कहा गया है। भक्त में जब श्रद्धा-तत्त्व की प्रधानता होती है, तो वह ईश्वर को पिता, माता, स्वामी के रूप में देखता है, जब प्रेम-तत्त्व की प्रधानता होने लगती है तब वह क्रमशः उसे सखा, पुत्र या प्रियतम के रूप में देखता है। एक ही भक्त मन:स्थिति के भेद के कारण ईश्वर को कभी माता, पिता, स्वामी और कभी प्रियतम आदि के रूप में भी देख सकता है। निराला ने ईश्वर को मुख्यतः माता, प्रभु और प्रियतम में देखा है। अतः उनकी कविताओं में दास्य और माधुर्य भाव ही प्रधान हैं। चूँकि हम यहाँ निराला की वेदना का ही विचार कर रहे हैं, अतः दास्यभाव के अन्तर्गत विनय-मूलक दैन्य निवेदन एवं माधुर्य के अन्तर्गत वियोगात्मक कविताओं पर ही अपना ध्यान केन्द्रित करेंगे।

निराला की उत्तरकालीन भक्ति-रचनाओं में माधुर्य भाव की कविताएँ अपेक्षाकृत रूप से बहुत न्यून हैं। कवि के 'भग्न तन, रुग्ण मन, विषण्ण जीवन' बार-बार उसे अपनी लघुता का स्मरण कराते हैं और अपने को वह और छोटा, दीन बनाना चाहता है; क्योंकि यदि वह सचमुच अपने को छोटा बना सका तो जिस तरह आँखों के तिल में समस्त गगन प्रतिबिम्ब हो जाता है, उसी तरह उसकी गागर में सागर समा जाएगा। फिर भी कभी-कभी मधुर भावना का उद्रेक होने पर वह प्रियतम के वियोग में रो उठता है—

> "प्राणधन को स्मरण करते
> नयन झरते, नयन झरते।"

निष्ठुर प्रियतम उसे छोड़कर चले ही गये, वह हृदय में प्रिय-छवि भी नहीं ले सका; जो करुणा के धन बरसने को गरजते थे, वे न जाने किस हवा से उड़ गये, उसके नयन तो प्यासे ही रह गये, अब क्या धरा में धूल ही उड़ती रहेगी, क्या वह स्नेह-धारा से गीली न होगी?

> तुम चले ही गये प्रियतम, हृदय में प्रिय छवि नहीं ली,
> व्यर्थ ॠतु के दृश्य दर्शन, व्यर्थ यह रचना रसीली।
> बरसने को गरजते थे वे न जाने किस हवा से,
> उड़ गये हैं गगन में घन, रह गये हैं नयन प्यासे,
> उड़ रही है धूल धारा, धरा होगी न गीली।

जीवन के पथ पर चलते-चलते दुख का भार जब झुकने लगता है, तो सहारे के लिए मन कातर हो उठता है और बढ़ता हुआ चरण रुकने लगता है, यही दशा निराला की भी हो रही है—ओ करुणाकर! क्या तेरा स्पर्श, क्या तेरा स्नेह इस अभागे को नहीं ही मिलेगा? क्या मरु का यह स्तब्ध-दग्ध-तरु कभी नहीं खिल सकेगा? निराला की कातर जिज्ञासा है—

मुझे स्नेह क्या मिल न सकेगा?
स्तब्ध, दग्ध मेरे मरु का तरु
क्या करुणाकर खिल न सकेगा?
मेरे दुख का भार झुक रहा,
इसीलिए प्रति चरण रुक रहा
स्पर्श तुम्हारा मिलने पर क्या
महाभार यह झिल न सकेगा?

सब सहारों के टूट जाने पर, अपनी शक्ति के थक जाने पर जीव सर्व शक्तिमान का सहारा पाना चाहता है। निविड़ वेदना के ऐसे ही क्षणों में अपनी हार मानकर अशरणशरण की करुणा की याचना करते हुए निराला ने कहा है—

दुरित दूर करो नाथ,
अशरण हूँ गहो हाथ।
हार गया जीवन रण
छोड़ गये साथी जन
एकाकी नैश क्षण
कंटक पथ विगत पाथ।

अन्ततः निराला ने "भक्ति आँसुओं पद पखार कर, नयन ज्योति आरति उतार कर, तन मन धन सर्वस्व वार कर, प्रभु के चरणों में आश्रय" ले ही लिया। शबरी, गज गधिकादि में ही अपनी गणना करते हुए प्रभु से 'काम' हरण करने की निराला की प्रार्थना है; क्योंकि वे चाहते हैं "जपूँ नाम, राम राम।" उनका लक्ष्य सामान्य भौतिक दुख-कष्टों, आधि-व्याधियों से ही छुटकारा पाने का नहीं है, उनकी तो विनती है,

"भवसागर से पार करो है,
गह्वर से उद्धार करो है।"

कभी-कभी भक्त को लगता है कि प्रभु मानो उसे भूल ही गये हैं, तभी तो उसकी सुधि तक नहीं लेते और इस अवस्था में वह अपने प्रेम-लिपटे अटपटे शब्दों में उन्हें उपालम्भ भी देता है और शीघ्र ही अनुग्रह करने का निवेदन भी करता है। निराला को भी लगता है कि प्रभु उसे भूल ही नहीं गये बल्कि उसी डाल नहीं, मूल

को ही काट गये हैं; जब रचि की तीव्र किरण से विश्व जल रहा था उस समय वे उसके छाया-तरु पर पवन से उत्तप्त धूल ही डाल गये। तभी उसने मान भरे स्वर में पूछा है—

क्यों मुझको तुम भूल गये हो?
काट डाल क्या, मूल गये हो।
रवि की तीव्र किरण से पीकर
जलता था जब विश्व प्रखरतर,
तुम मेरे छाया के तरु पर
डाल पवन से धूल गये हो। (अर्चना गीत 54)

पहले निराला को लगा था कि नाथ ने उसका हाथ पकड़ लिया है, आनन्द की वीणा बज उठी है, द्विविधा लजा गयी है और विश्व साथ हो गया है। उस समय तक जैसे उसकी यह कामना थी कि विश्व साथ रहे, अब इसकी यह कामना भी नहीं रही। प्रभु से मन की लाग लग जाने पर ज़ग की वासना बासी पड़ गयी, अब तो भक्ति-गंगा की निर्मल धारा की मानस की काशी में उसे मुक्ति ही मिल गयी है।

तुम से लाग लगी जो मन की
जग की हुई वासना बासी
गंगा की निर्मल धारा की
मिली मुक्ति मानस की काशी।

अब उसकी एक ही कामना है कि प्रभु से लगा हुआ उसका सहज मन न ऊब जाए, भले ही सुख का दिन डूब जाए, भले ही सारा जग रूठ जाए, किन्तु मन की मिली हुई यह गाँठ न खुले, यह धन की राशि न लुटे, शुभानन की यह आन न धुले—

सुख का दिन डूबे डूब जाए,
तुमसे न सहज मन ऊब जाए।
खुल जाए न मिली गाँठ मन की
लुट जाए न उठी राशि धन की
धुल जाए न आन शुभानन की
सारा जग रूठे रूठ जाए।

इसी स्थिति पर पहुँचकर उसे लगता है कि पहले रचना ही बदल गयी है, अब तो दुख भी सुख का बन्धु बन गया है—

दुख भी सुख का बन्धु बना
पहले की बदली रचना।

अब उन्हें इसकी प्रतीति भी हो गयी है कि जिसे साधारणत: मुख का अनुरंजन माना जाता है, वही महादुख है और यह सत्य ही कहा गया है कि जगत् जिसे दुख कहता है उसी से वास्तविक सुख की प्राप्ति हाती है। उन्हीं के शब्दों में—

सुख के अनुरंजन दुख महा,
दुख से सुख है, यह सत्य कहा।

प्रभु से नाता जुड़ जाने के कारण निराला को लगता है कि अब यह सारा भुवन ही उनका भवन हो गया है और समस्त दुख-ताप खो गया है—

भवन भुवन हो गया
दुख ताप खो गया।

यह सच है कि अब भी उनकी अनेक कविताओं में वेदना का क्रन्दन मिलता है किन्तु उन सबके बीच भी उनका स्वर मूलत: इसी अनुभूति को वाणी दे रहा है कि—

'हार तुम से बनी है जय।'

निराला की अन्त:स्थ वेदनानुभूति व्यक्तिगत वेदना से उठकर सामाजिक संवेदना में और उससे भी निखरकर अध्यात्म वेदना में एवं वेदनाजयी होकर भक्त में परिणत हो गयी है। क्या इसे निराला का टूटना या झुकना कहा जा सकता है? टूटा हुआ व्यक्ति 'दुख भी सुख का बन्धु बना' नहीं कहा करता और यदि यह झुकना है तो उस क्षितिज का-सा झुकना है जिसका चरण-चुम्बन करने के लिए आकाश भी झुक जाता है।

हृदय की वृत्तियों का विस्तार, परिष्कार और संस्कार करनेवाली निराला की इन वेदनामयी कविताओं को पढ़कर हम समझ सकते हैं कि आहद-कवि का सात्त्विक शोक श्लोकत्व प्राप्त कर जगत का उद्धार करनेवाली रामकथा कैसे दे सका था, भवभूति यह कैसे कह सके थे, 'एको रस: करुण एव निमित्त भेदात्' अरस्तू ने यह क्यों माना था कि चित्त के शोधन के लिए करुणा का उद्रेक अनिवार्य है।

❑

श्यामसुन्दर दास

साहित्य और जातीयता

किसी साहित्य का अध्ययन करते-करते हमें इस बात की आवश्यकता प्रतीत होने लगती है कि यदि हमें उस साहित्य का इतिहास क्रम से प्राप्त इतिहास अवगत हो जाता तो बड़ी बात होती है तो हम उसका और भी अधिक गहरा अध्ययन कर सकते। बात यह है कि साहित्य और उसके इतिहास में अन्योन्याश्रय सम्बन्ध है। एक के ज्ञान के लिए दूसरे का ज्ञान भी आवश्यक है। किसी प्रतिभाशाली ग्रन्थकार की स्थिति अपने ही काल और अपने ही व्यक्तित्व से सीमाबद्ध नहीं होती। वह उनसे भी आगे बढ़ जाती है; यहाँ तक कि वह पीछे की भी खबर लेती है। उसका सम्बन्ध भूत और भविष्य से भी होता है। समय की शृंखला में कवि या ग्रन्थकार बीच की कड़ी के समान होता है। जिस प्रकार शृंखला में आगे और पीछे की कड़ियाँ बीचवाली कड़ियों से संलग्न रहकर उस शृंखला का अस्तित्व बनाये रहती हैं, उसी प्रकार प्रतिभाशाली ग्रन्थकार अपने पूर्ववर्ती ग्रन्थकारों का फलस्वरूप और उत्तरवर्ती ग्रन्थकारों का फूल-रूप होता है। जैसे फूल के अनन्तर फल का आगमन होता है, वैसे ही ग्रन्थकार भी एक का फल और दूसरे का फूल होता है। भूत और भविष्य के इस सम्बन्ध-ज्ञान की कृपा से हम वर्तमान ग्रन्थकारों की कृतियों के द्वारा उनके समकालीन तथा पूर्ववर्ती ग्रन्थकारों तक भी पहुँच जाते हैं। अन्त में इस प्रकार चलते-चलते हम उनके जातीय साहित्य तक पहुँच सकते हैं। वहाँ तक पहुँचने पर हम इस बात का अनुभव करने लगते हैं कि वह जातीय साहित्य भी कुछ सत्ता रखता है और वह सत्ता सजीव-सी है; क्योंकि जैसे जीता-जागता मनुष्य या प्राणी प्राकृतिक नियमों के वशीभूत होकर विकास की भिन्न-भिन्न अवस्थाओं को पार करता हुआ उन्नति के मार्ग पर आगे बढ़ता जाता है, वैसे ही जातीय साहित्य भी उन्नति करता जाता है। अतएव, किसी साहित्य के अध्ययन में ऐतिहासिक दृष्टि से हमें दो बातों पर विचार करना पड़ता है एक तो उसके परम्परागत जीवन पर, अर्थात उसके जातीय भाग पर; और दूसरे जीवन के परिवर्तनशील रूप पर, अर्थात इस बात पर कि वह जातीय जीवन किस प्रकार भिन्न-भिन्न समयों के भावों को अपने में

अन्तर्हित करके उन्हें व्यंजित करता है। अतएव, किसी जाति के काव्य-समूह या साहित्य के अध्ययन से हम यह जान सकते हैं कि उस जाति या देश का मानसिक जीवन कैसा था और वह क्रमशः किस प्रकार विकसित हुआ।

जातीय साहित्य—पहले हमें यह जानना चाहिए कि जब हम किसी देश के जातीय साहित्य के इतिहास का उल्लेख करते हैं, तब उससे हमारा तात्पर्य क्या होता है। अर्थात जब हम भारतीय आर्य-जाति का साहित्य, यूनानी साहित्य, फ्रांसीसी साहित्य या अँग्रेज़ी साहित्य आदि वाक्यांशों का प्रयोग करते हैं तब हम किस बात को व्यंजित करना चाहते हैं। कुछ लोग कहेंगे कि इन वाक्यांशों का तात्पर्य यही है कि उन-उन भाषाओं में कौन-कौन से लेखक हुए, वे कब-कब हुए, उन्होंने कौन-कौन से ग्रन्थ लिखे, उन ग्रन्थों के गुण-दोष क्या हैं और उनके साहित्यिक भावों में क्या-क्या परिवर्तन हुए। यह ठीक है; पर जातीय साहित्य में उन बातों के अतिरिक्त और भी कुछ होता है। जातीय साहित्य केवल उन पुस्तकों का समूह नहीं कहलाता जो किसी भाषा या किसी देश में विद्यमान हों। जातीय साहित्य जाति-विशेष के मस्तिष्क की उपज और उसकी प्रकृति के उन्नतिशील तथा क्रमागत अभिव्यंजन का फल है। सम्भव है कि कोई लेखक जातीय आदर्श से दूर जा पड़ा हो और उसकी यह विभिन्नता उसकी प्रकृति की विशेषता से उत्पन्न हुई हो; परन्तु फिर भी उसकी प्रतिभा में स्वाभाविक जातीय भाव का कुछ-न-कुछ अंश वर्तमान रहेगा ही, उसे वह सर्वथा छोड़ नहीं सकता। यदि स्वाभाविक जातीय भाव किसी काल में वर्तमान कुछ ही चुने हुए स्वनामधन्य लेखकों में पाया जाएगा, तो हम कह सकेंगे कि उस काल के जातीय साहित्य की वही विशेषता थी। जब हम कहते हैं कि अमुक काल के भारतीय आर्यों, यूनानियों या फ्रांसीसियों का जातीय भाव ऐसा था, तब हमारा यह तात्पर्य नहीं होता कि उस काल के सभी भारतीयों, यूनानियों या फ्रांसीसियों के विचार, भाव या मनोवेग एक-से थे। उससे हमारा यही तात्पर्य होता है कि व्यक्तिगत विभिन्नता को छोड़कर जो साधारण भाव किसी काल में अधिकता से वर्तमान होते हैं, वे ही भाव जातीय प्रकृति के व्यंजक या बोधक होते हैं और उन्हीं को जातीय भाव कहते हैं, चाहे उन्हें कोई दोष समझे चाहे गुण। उन्हीं जातीय भावों का विवेचनापूर्वक विचार करके हम इस सिद्धान्त पर पहुँचते हैं कि अमुक काल में अमुक जाति के जातीय भाव ऐसे थे। उन्हीं के आधार पर हम किसी जाति की शक्ति, उसकी त्रुटि और उसकी मानसिक तथा नैतिक स्थिति का ज्ञान प्राप्त करते हैं तथा इस बात का अनुभव करते हैं कि उस जाति ने संसार की मानसिक तथा आध्यात्मिक उन्नति में कहाँ तक योग दिया। मध्यकाल, अर्थात सन् ईसवी की दसवीं से चौदहवीं शताब्दियों के बीच यूरोप में किसी नवयुवक की शिक्षा तब तक पूर्ण नहीं समझी जाती थी जब तक वह यूरोप के सभी मुख्य-मुख्य देशों में पर्यटन

न कर आता था। इसका उद्‌देश्य यही था कि वह अन्य देशों के निवासियों, उनकी भाषाओं, उनके रीति-रिवाजों तथा उनकी सार्वजनिक संस्थाओं आदि का ज्ञान प्राप्त कर ले जिसमें पारस्परिक तुलना से वह अपने जातीय गुण-दोषों का ज्ञान प्राप्त कर सके और अपने शील-स्वभाव तथा व्यवहार को परिमार्जित और सुन्दर बना सके। साहित्य का अध्ययन भी एक प्रकार का पर्यटन या देश-दर्शन ही है। उसके द्वारा हम अन्य देशों और जातियों के मानसिक तथा आध्यात्मिक जीवन से परिचय प्राप्त करते और उनसे निकटस्थ -सम्बन्ध स्थापित करके उनके उपार्जित ज्ञान-भंडार के रसास्वादन में समर्थ होते हैं। देश-दर्शन के लिए की गयी साधारण यात्रा और साहित्यिक यात्रा में बड़ा भेद है। साधारण यात्रा तो हम किसी निर्दिष्ट काल में ही कर सकते हैं; पर साहित्यिक यात्रा के लिए काल का कोई बन्धन नहीं। इस यात्रा को हम चाहे जिस काल में कर सकते हैं। तात्पर्य यह कि हम किसी भी जाति की, किसी भी काल की विद्वमंडली से, जब चाहें, परिचय प्राप्त कर सकते हैं। इसके लिए किसी प्रकार का अवरोध या बन्धन नहीं है।

इस प्रकार दूसरी जातियों के साहित्य के इतिहास का अध्ययन करके हम उस जाति की प्रतिभा, उसकी प्रवृत्ति, उसकी उन्नति आदि के क्रमिक विकास का इतिहास जान सकते हैं। इस दशा में साहित्य इतिहास का सहायक और व्याख्याता हो जाता है। इतिहास हमें यह बताता है कि किसी जाति ने किस प्रकार अपनी सांसारिक सभ्यता को बढ़ाया और वह क्या-क्या करने में समर्थ हुई। साहित्य बताता है कि जाति-विशेष की आन्तरिक वासनाएँ, भावनाएँ, मनोवृत्तियाँ तथा कल्पनाएँ क्या थीं, उनमें क्रमशः कैसे परिवर्तन हुआ, सांसारिक जीवन के उतार-चढ़ाव का उन पर कैसा प्रभाव पड़ा और उस प्रभाव ने उस जाति के मनोविकारों और मानसिक तथा आध्यात्मिक जीवन को नये साँचे में कैसे ढाला। साहित्य ही से हमें जातियों के आध्यात्मिक, मानसिक और नैतिक विकास किंवा उन्नति का ठीक-ठीक पता मिलता है।

❑

सूर्यकान्त त्रिपाठी निराला

कवीन्द्र रवीन्द्रनाथ ठाकुर और कला की नयी आँखें

उपसर्ग से धातु का अर्थ जिस तरह भी परिवर्तित हो, 'अ' का प्रयोग प्रकट भाव में आता है। प्रभाव को यहाँ हम विशद् भाव में लेते हैं! सापेक्षता के बिना किसी भी वस्तु या विषय का अस्तित्व, विकास या जाति विवेचन सिद्ध नहीं हो सकता। हिन्दी काल के लिए इसी तरह प्रतिभा, विकास, अध्ययन, पर्यवेक्षण, विशालता, सूक्ष्मता, कला, सौन्दर्य आदि गुणों के आधार रवीन्द्रनाथ ठाकुर की किरणों की सापेक्षता आवश्यक थी। महत की तरफ़ खिंचने के प्राकृतिक नियम को लघु तोड़ नहीं सकता। प्राचीन हिन्दी अर्थात ब्रजभाषा-अवधी की जैसी सम्पत्ति प्राचीन बांग्ला में नहीं, शायद इसीलिए, अथवा उस समय की प्रचलित प्रथा के अनुसार राम और कृष्ण की भूमि को संस्कृति की रक्षा के लिए या कान्यकुब्ज और इन्द्रप्रस्थ को अपनी सभ्यता मानकर उसके चिह्न अपने में डालकर रखने के कारण बांग्ला हिन्दी से प्रभावित हुई थी। अँग्रेज़ी आधिपत्य के होने पर किस तरह साहित्यिक रुचि बदली, इसके विवेचन को विद्वानों की नज़र कर हम इस विषय पर उतरते हैं कि हिन्दी नये रूप में निखरती हुई बांग्ला की सहकारिता लिए हुए इस ध्वनि अलंकार आदि की पुरानी परिपाटी छोड़कर कला की नयी आँखों से देखती है। बांग्ला की अनुवादातिशयता के प्रभाव पार कर हिन्दी की आधुनिक कविता अपनी मौलिकता से पल्लवित होती हुई भी रवीन्द्रनाथ ठाकुर की किरणों का राज्य पार नहीं कर पाती। यह अधिकांश आलोचकों का मत है। इसमें सन्देह नहीं कि इन आलोचकों की आँखों में जितनी छायावाद की चकाचौंध है, उतना रवीन्द्रनाथ ठाकुर की रचना का प्रकाश नहीं; ये बांग्ला के जितने गहरे पानी में ठाकुर जी की छप्परवाली नाव खेते हैं, उतने में नाव चलती ही नहीं, घिसटती है। जो अँग्रेज़ी की लकड़ी टेककर ठाकुर की कविता-मंज़िल तय करते हैं, वे असाध्य साधन करते हैं। जो मर्मज्ञ हैं उन्होंने देखा है, फूल की शोभा वृन्त पर है। फिर भी प्रभाव पड़ता है, जैसे कालिदास का जयदेव पर बिलकुल बदला हुआ, शेक्सपीयर का कीट्स पर, रवीन्द्रनाथ का हिन्दी की कविता पर सुन्दर दिव्य स्वप्न की तरह।

हिन्दी साहित्य के इतिहास लेखक कहते हैं, विश्व कवि रवीन्द्रनाथ ठाकुर की चित्रांगदा का अनुवाद पहले हुआ गोपालराम गहमरी द्वारा। पंडित रूपनारायण जी पांडेय ने राजा-रानी का पद्यमय अनुवाद किया। पंडित गिरिधर शर्मा 'नवरत्न' ने कवीन्द्र की कुछ स्फुट कविताओं का अभिन्न छन्द में अनुवाद किया। इसी समय सुप्रसिद्ध कलावेत्ता साहित्यिक ने रायकृष्णदास जी की साधना निकाली। इसकी मौलिकता ने हिन्दी भाषियों को मुग्ध कर दिया। यह गद्यकाव्य है पर काफी सफल। हिन्दी के इतिहास लेखकों का कहना है, इस पर रवीन्द्रनाथ ठाकुर की गीतांजलि का प्रभाव प्रत्यक्ष है। इसके साथ-साथ हिन्दी के नवीन काव्य के प्रवर्त्तक कवि प्रसाद जी का हिन्दी में आगमन होता है। पहले प्रसाद जी ब्रजभाषा में कविता लिखते थे। रवीन्द्रनाथ ठाकुर के नोबेल पुरस्कार मिलने के बाद से या कुछ पहले से रहस्यवादिनी रचनाएँ करने लगे। कुछ उदाहरण देता हूँ। रवीन्द्रनाथ—

महारजि, कोनो दिल
पारे नाई तोमारे घर्रित
समुद्र स्तवित पृथ्वी, है विराट
तोमोर भरिते
नाही पारे
ताई एक घररे
जीवन उत्सव-शेषे दई पाचे ढेले
मृत्पाथर मत जाओ फूले
तोमार कीर्तिर चेर्य तुम जे महत्,
ताई तब जीवनेर रथ
पश्चाते फेलिया जाए कीर्तिर तोमार बारम्बारा ताई
चिह्न तब पड़े आदे तुमि हैथा नाई।"

प्रसाद जी का ऐसा भी भाव—

"चढ़कर मेरे जीवन रथ पर
प्रलय चल रहा अपने पथ पर
मैंने निज दुर्बल पद-बल पर
उससे हारी होड़ लगाई।"

दूसरा भाव रवीन्द्रनाथ और सुमित्रानन्दन पन्त का—

"द्विधाय जड़ितपदे कम्प बसे नम्र ते भपात नहि
चल सुलज्जित वासर शय्याते स्तब्ध अर्ध राजे।" (ठाकुर)

अरे वह प्रथम मिलन अज्ञात
विकम्पित मृदु उर पुलकित गात
सशंकित ज्योत्सना-सी चुपचाप
जड़ित पद नमित पलक दृग पात
पास जब आ न सकोगी प्रान
लाज की छुई-मुई सी म्लान
प्रिये! प्रानो की प्रान। (पन्त)

रवीन्द्रनाथ ठाकुर से मैंने कुछ अनुवाद किया है, अपनी कविता में कुछ भाव भी लिए हैं। उन्हें मनोयोग से पढ़ने के कारण मेरे अज्ञात भाव से भी रवीन्द्रनाथ ठाकुर के भाव आ गये होंगे। एक उदाहरण—

कितने ही बन्दों में कितने छन्दों में वही लड़ी
कितने ही ग्रन्थों में कितने पन्थों में गयी है पड़ी

हिन्दुस्तान के यथार्थ जातीय कवि रवीन्द्रनाथ ठाकुर ही कहे जा सकते हैं। इनमें भारतीय भावों का मार्जन अच्छे ढंग से हुआ है, जिसकी हद नहीं। सौन्दर्य, दर्शन, प्रेम आदि का जो निर्झर रवीन्द्रनाथ ठाकुर की कविता में मिलता है, वह अनुकरणीय है। हिन्दी का विकास अपने ढंग से होने पर भी छायावाद में रवीन्द्रनाथ ठाकुर का प्राधान्य स्वीकार करना ही होगा।

रवीन्द्रनाथ के स्वर का प्रभाव भी हिन्दी कविता पर पड़ा है। 'मेरी गीतिका' की भूमिका में रवीन्द्रनाथ के स्वर का थोड़ा-सा विवेचन है, जिसे उन्होंने स्वयं किया है।

कला का विवेचन थोड़े समय में नहीं हो सकता। इस पर एक जगह शायद लिख चुका हूँ। चिरमानता के साथ सामयिक कविता भी है। दोनों का वही, सापेक्ष्य सम्बन्ध है। भिन्न-भिन्न साहित्य के विकास के साथ, कभी-कभी कला का भी भिन्न विकास हुआ है, मन के साथ एक क्रम, एक परम्परा भी है। फिर दृश्यमान संसार के अनेकानेक पेड़ों, पत्तियों, फूलों-फलों की तरह उसकी रूप-रेखाएँ भी अलग-अलग हैं। भाव-भाषा के अलग-अलग प्रकाशन हैं; लेकिन तने, डालों पत्तियों, फूलों और खुशबू की तरह विषय का सम्बन्ध होना चाहिए और क्रम विकास। फिर भी कोई नियम कला के विकास में लगाया नहीं जा सकता। रवीन्द्रनाथ ठाकुर उसके बड़े आचार्य हैं। उनके इस ज्ञान का भी प्रभाव हिन्दी पर पड़ा है।

शैली को मैं यह कहकर पढ़ता हूँ कि हर आदमी की अपनी शैली होती है। रवीन्द्रनाथ ठाकुर की गद्य-पद्य की शैलियाँ अनेक हैं, जब भी एक सम्बन्ध उनमें

दृष्टिगोचर होता है। इस शैली का, मुमकिन है, हिन्दी में वैसा समावेश न हो सका हो, इसके सम्बन्ध में कवीन्द्र स्वयं कह चुके हैं— यह बंगला की विशेषता है, दार्शनिकता, समाजोन्नयता, विश्व-मानवता आदि के रवीन्द्रनाथ की साधना हिन्दी में यथेष्ट प्रतिपालित हुई है। इन विषयों पर इतना कहा गया है कि श्रोता अच्छी तरह परिचित होंगे। भारत तथा संसार के कविगुरु आज हम में नहीं हैं।

❑

हरिशंकर परसाई

टार्च बेचनेवाले

वह पहले चौराहों पर बिजली के टार्च बेचा करता था। बीच में कुछ दिन वह नहीं दिखा। कल फिर दिखा। मगर इस बार उसने दाढ़ी बढ़ा ली थी और लम्बा कुरता पहन रखा था।

मैंने पूछा, ''कहाँ रहे ? और यह दाढ़ी क्यों बढ़ा रखी है ?''

उसने जवाब दिया, ''बाहर गया था।''

दाढ़ीवाले सवाल का उसने जवाब यह दिया कि दाढ़ी पर हाथ फेरने लगा।

मैंने कहा, ''आज तुम टार्च नहीं बेच रहे हो ?''

उसने कहा, ''वह काम बन्द कर दिया। अब तो आत्मा के भीतर टार्च जल उठा है। ये 'सूरज छाप' टार्च अब व्यर्थ मालूम होते हैं।''

मैंने कहा, ''तुम शायद संन्यास ले रहे हो। जिसकी आत्मा में प्रकाश फैल जाता है, वह इसी तरह हरामखोरी पर उतर आता है। किससे दीक्षा ले आये ?''

मेरी बात से उसे पीड़ा हुई। उसने कहा, ''ऐसे कठोर मत बोलिए। आत्मा सबकी एक है। मेरी आत्मा को चोट पहुँचाकर आप अपनी ही आत्मा को घायल कर रहे हैं।''

मैंने कहा, ''यह सब तो ठीक है। मगर यह बताओ कि तुम एकाएक ऐसे कैसे हो गये ? क्या बीबी ने तुम्हें त्याग दिया ? क्या उधार मिलना बन्द हो गया ? क्या साहूकारों ने ज्यादा तंग करना शुरू कर दिया ? क्या चोरी के मामले में फँस गये हो ? आखिर बाहर का टार्च भीतर आत्मा में कैसे घुस गया ?''

उसने कहा, ''आपके अन्दाज गलत हैं। ऐसा कुछ नहीं हुआ। एक घटना हो गयी है, जिसने जीवन बदल दिया। उसे मैं गुप्त रखना चाहता हूँ। पर क्योंकि मैं आज ही यहाँ से दूर जा रहा हूँ, इसलिए आपको सारा किस्सा सुना देता हूँ।''

उसने बयान शुरू किया—

पाँच साल पहले की बात है। मैं अपने दोस्त के साथ हताश एक जगह बैठा था। हमारे सामने आसमान को छूता हुआ एक सवाल खड़ा था। वह सवाल था—

'पैसा कैसे पैदा करें?' हम दोनों ने उस सवाल की एक-एक टाँग पकड़ी और उसे हटाने की कोशिश करने लगे। हमें पसीना आ गया, पर सवाल हिला भी नहीं। दोस्त ने कहा, 'यार, इस सवाल के पाँव जमीन में गहरे गड़े हैं। यह उखड़ेगा नहीं। इसे टाल जाएँ।'

हमने दूसरी तरफ मुँह कर लिया। पर वह फिर हमारे सामने आकर खड़ा हो गया। तब मैंने कहा, 'यार, यह सवाल टलेगा नहीं। चलो, इसे हल ही कर दें। पैसा पैदा करने के लिए कुछ काम-धन्धा करें। हम इसी वक्त अलग-अलग दिशाओं में अपनी-अपनी किस्मत आज़माने निकल पड़े। पाँच साल बाद ठीक इसी तारीख को इसी वक्त हम यहाँ मिले।'

"दोस्त ने कहा, 'यार, साथ ही क्यों न चलें'?"

मैंने कहा, "नहीं। किस्मत आजमानेवालों की जितनी पुरानी कथाएँ मैंने पढ़ी हैं, सब में वे अलग-अलग दिशा में जाते हैं। साथ जाने में किस्मतों के टकराकर टूटने का डर रहता है।"

"तो साहब, हम अलग चल पड़े। मैंने टार्च बेचने का धन्धा शुरू कर दिया। चौराहे पर या मैदान में लोगो को इकट्ठा कर लेता और बहुत नाटकीय ढंग से कहता, 'आजकल सब जगह अँधेरा छाया रहता है। रातें बेहद काली होती हैं। अपना ही हाथ नहीं सूझता। आदमी को रास्ता नहीं दिखता। वह भटक जाता है। उसके पाँव काँटों से बिंध जाते हैं, वह गिरता है और उसके घुटने लहूलुहान हो जाते हैं। उसके आसपास भयानक अँधेरा है। शेर और चीते चारों तरफ घूम रहे हैं, साँप जमीन पर रेंग रहे हैं। अँधेरा सबको निगल रहा है। अँधेरा घर में भी है। आदमी रात को पेशाब करने उठता है और साँप पर उसका पैर पड़ जाता है। साँप उसे डस लेता और वह मर जाता है'।"

"आपने तो देखा ही है, साहब, कि लोग मेरी बातें सुनकर कैसे डर जाते थे। भरी दोपहरी में वे अँधेरे के डर से काँपने लगते थे। आदमी को डराना कितना आसान है!"

"लोग डर जाते, तब मैं कहता, 'भाइयो, यह सही है कि अँधेरा है। मगर प्रकाश भी है। वही प्रकाश मैं आपको देने आया हूँ। हमारी 'सूरज छाप' टार्च में वह प्रकाश है, जो अन्धकार को दूर भगा देता है। इसी वक्त 'सूरज छाप' टार्च खरीदो और अँधेरे को दूर को। जिन भाइयों को चाहिए, ऊँचा हाथ करें।"

"साहब, मेरे टार्च बिक जाते और मैं मज़े में ज़िन्दगी गुजारने लगा।"

"वायदे के मुताबिक ठीक पाँच साल बाद मैं उसी जगह पहुँचा जहाँ मुझे दोस्त से मिलना था। वहाँ दिन-भर मैंने उसकी राह देखी, वह नहीं आया। क्या हुआ? क्या वह भूल गया? या अब वह इस असार संसार में ही नहीं है?"

मैं उसे ढूँढ़ने निकल पड़ा।

''एक शाम जब मैं एक शहर की सड़क पर चला जा रहा था, मैंने देखा कि पास के मैदान में खूब रोशनी है और एक तरफ मंच सजा है। लाउडस्पीकर लगे हैं। मैदान में हजारों नर-नारी श्रद्धा से झुके बैठे हैं। मंच पर सुन्दर वस्त्रों में सजे एक भव्य पुरुष बैठे हैं। वे खूब पुष्ट हैं, सँवारी हुई लम्बी दाढ़ी है और पीठ पर लहराते लम्बे केश हैं।''

''मैं भीड़ के एक कोने पर जाकर बैठ गया।''

''भव्य पुरुष फिल्मों के सन्त लग रहे थे। उन्होंने गुरु-गम्भीर वाणी में प्रवचन शुरू किया। वे इस तरह बोल रहे थे जैसे आकाश के किसी कोने से कोई रहस्यमय सन्देश उनके कानों में सुनाई पड़ रहा है जिसे वे भाषा दे रहे हैं।''

''वे कह रहे थे, 'मैं आज मनुष्य को एक घने अन्धकार में देख रहा हूँ। उसके भीतर कुछ बुझ गया है। यह युग ही अन्धकारमय है। यह सर्वग्राही अन्धकार सम्पूर्ण विश्व को अपने उदर में छिपाए है। आज मनुष्य इस अन्धकार से घबरा उठा है। वह पथभ्रष्ट हो गया है। आज आत्मा में भी अन्धकार है। अन्तर की आँखें ज्योतिहीन हो गयी हैं। वे उसे भेद नहीं पातीं। मानव-आत्मा अन्धकार में घुटती है। मैं देख रहा हूँ, मनुष्य की आत्मा भय और पीड़ा से त्रस्त है।'

''इसी तरह से बोलते गये और लोग स्तब्ध सुनते गये।''

''मुझे हँसी छूट रही थी। एक-दो बार दबाते-दबाते भी हँसी फूट गयी और पास के श्रोताओं ने मुझे डाँटा।''

''भव्य पुरुष प्रवचन के अन्त पर पहुँचते हुए कहने लगे, 'भाइयो और बहनो, डरो मत। जहाँ अन्धकार है, वहीं प्रकाश है। अन्धकार में प्रकाश की किरण है, जैसे प्रकाश में अन्धकार की किंचित् कालिका है। प्रकाश बाहर नहीं है, उसे अन्तर में खोजो। अन्तर में बुझी उस ज्योति को जगाओ। मैं तुम सबका उस ज्योति को जगाने के लिए आवाहन करता हूँ। हमारे 'साधना मन्दिर' में आकर उस ज्योति को अपने भीतर जगाओ।

''साहब, अब तो मैं खिलखिलाकर हँस पड़ा। पास के लोगो ने मुझे धक्का देकर भगा दिया। मैं मंच के पास जाकर खड़ा हो गया।

''भव्य पुरुष मंच से उतरकर कार पर चढ़ रहे थे। मैंने उन्हें ध्यान से पास से देखा। उसकी दाढ़ी बढ़ी हुई थी, इसलिए मैं थोड़ा झिझका। पर मेरी तो दाढ़ी नहीं थी। मैं तो उसी मौलिक रूप में था। उन्होंने मुझे पहचान लिया। बोले, 'अरे तुम!' मैं पहचानकर बोलने ही वाला था कि उन्होंने मुझे हाथ पकड़कर कार में बिठा लिया। मैं फिर कुछ बोलने लगा तो उन्होंने कहा, 'बँगले तक कोई बातचीत नहीं होगी। वहीं ज्ञानचर्चा होगी।'

''मुझे याद आ गया कि वहाँ ड्राइवर है।''

''बँगले पर पहुँचकर मैंने उसका ठाठ देखा। उस वैभव को देखकर मैं थोड़ा झिझका, पर तुरन्त ही मैंने अपने उस दोस्त से खुलकर बातें शुरू कर दीं।''

''मैंने कहा, 'यार, तू तो बिलकुल बदल गया!'

उसने गम्भीरता से कहा, ''परिवर्तन जीवन का अनन्त क्रम है।''

मैंने कहा, ''फिलॉसफी मत बघार। यह बता कि तूने इतनी दौलत कैसे कमा ली पाँच सालों में?''

उसने पूछा, ''तुम इन सालों में क्या करते रहे?''

मैंने कहा, ''मैं तो घूम-घूमकर टार्च बेचता रहा। सच बता, क्या तू भी टार्च का व्यापारी है?''

उसने कहा, ''तुझे क्या ऐसा ही लगता है?''

मैंने उसे बताया कि जो बातें मैं कहता हूँ वही तू कह रहा था। मैं सीधे ढंग से कहता हूँ; तू उन्हीं बातों को रहस्यात्मक ढंग से कहता है। मैं अँधेरे का डर दिखाकर लोगो को टार्च बेचता हूँ। तू भी अभी लोगो को अँधेरे का डर दिखा रहा था, तू भी जरूर टार्च बेचता है।

उसने कहा, ''तुम मुझे नहीं जानते। मैं टार्च क्यों बेचता हूँ! मैं साधु, दार्शनिक और सन्त कहलाता हूँ।''

मैंने कहा, ''तुग कुछ भी कहलाओ, बेचते तुम टार्च हो। तुम्हारे और मेरे प्रवचन एक जैसे हैं। चाहे कोई दार्शनिक बने, सन्त बने या साधु बने, अगर वह लोगो को अँधेरे का डर दिखाता है, तो जरूर अपनी कम्पनी का टार्च बेचना चाहता है। तुम जैसे लोगो के लिए हमेशा ही अन्धकार छाया रहता है। बताओ तुम्हारे जैसे किसी आदमी ने हज़ारों में कभी भी यह कहा है कि आज दुनिया में प्रकाश फैला है? कभी नहीं कहा। क्यों? इसलिए कि उन्हें अपनी कम्पनी का टार्च बेचना है। मैं खुद भरी दोपहरी में लोगो से कहता हूँ कि अन्धकार छाया है। बता किस कम्पनी का टार्च बेचता है?''

मेरी बातों ने उसे ठिकाने पर ला दिया था। उसने सहज ढंग से कहा, ''तेरी बात ठीक ही है। मेरी कम्पनी नयी नहीं है, सनातन है।''

मैंने पूछा, ''कहाँ है तेरी दुकान? नमूने के लिए एकाध टार्च तो दिखा। 'सूरज छाप' टार्च से बहुत ज्यादा बिक्री है उसकी?''

उसने कहा, ''उस टार्च की कोई दुकान बाजार में नहीं है। वह बहुत सूक्ष्म है। मगर कीमतें उसकी बहुत मिल जाती हैं। तू एक-दो दिन रह, तो मैं तुझे सब समझा देता हूँ।''

''तो साहब मैं दो दिन उनके पास रहा। तीसरे दिन 'सूरज छाप' टार्च की पेटी

को नदी में फेंककर नया काम शुरू कर दिया।''

वह अपनी दाढ़ी पर हाथ फेरने लगा। बोला, ''बस एक महीने की देर और है।''

मैंने पूछा, ''तो अब कौन-सा धन्धा करोगे?''

उसने कहा, ''धन्धा नहीं करूँगा—यानी टार्च बेचूँगा। बस कम्पनी बदल रहा हूँ।''

❑❑❑

णाणं पयासयं

वीर नि.सं. 2470

ई.सन् 1944

भारतीय ज्ञानपीठ